사춘기
부모 공부

아이의 운명은 사춘기가 결정한다

사춘기 부모 공부

1판 1쇄 2025년 2월 10일

글 안정희

펴낸이 모계영 **펴낸곳** 가치창조 **출판등록** 제406-2012-000041호
주소 경기도 고양시 일산동구 중앙로1347, 228호(장항동, 쌍용플래티넘)
전화 070-7733-3227 **팩스** 031-916-2375 **이메일** shwimbook@hanmail.net

ISBN 978-89-6301-404-3 (03330)

아이의 운명은 사춘기가 결정한다

사춘기 부모 공부

안정희

가치창조

차례

9장 사춘기 부모 십계명

프롤로그

"혹시 사춘기 자녀를 키우고 있나요? 그렇다면 디즈니 픽사의 애니메이션 영화 〈인사이드 아웃〉을 강력하게 추천합니다."

오해하지 마시라. 이 영화 관계자도 아니고 투자자는 더더욱 아니다. 다만 사춘기 내 아이를 이해하기에 더없이 좋은 영화이기에 강력하게 추천하는 바다. 작년에 개봉된 〈인사이드 아웃2〉는 사춘기 뇌 안에서 실시간으로 벌어지는 감정적 충돌과 혼란스러운 마음을 알록달록하게 그려냈다. 2015년에 개봉된 전작보다 한층 더 업그레이드되어 사춘기의 심리적 변화를 아주 섬세하고 적나라하게 묘사한다. 특히 '사춘기'라는 빨간 버튼이 눌러지면서 소용돌이 속으로 휘말려 들어가는 장면이 인상적이다. 사춘기 자녀 하나쯤 보유한 집이라면 이 장면에서 아마도 고개를 끄

덕이지 않을 수 없을 것이다. 매 순간 혼란과 방황을 거듭하는 주인공 라일리는 우리 곁에서 주위를 활보하는 여느 사춘기를 빼닮았다.

〈인사이드 아웃2〉는 전작에 비해 생소한 감정들이 더해진 게 특징이다. 열세 살이 된 라일리에게는 이전의 '기쁨', '슬픔', '버럭', '까칠', '소심'에 더해 '불안', '당황', '따분' 그리고 '부럽'까지 나타났다. 당연하지 않겠는가? 사춘기가 되면 이전과는 다른 범위의 삶이 펼쳐진다. 인간관계는 점점 복잡해지고 행동반경도 넓어질 뿐 아니라 사고의 폭 또한 이전과는 비교가 안 될 정도로 깊어진다. 그러니 아동기까지는 경험하지 못한 여러 섬세한 감정을 맞닥뜨릴 수밖에!

영화 전반을 이끌어 가는 감정은 단연 '불안'이다. '사춘기'라는 버튼이 눌러지면서 불안이라는 감정이 주인공 라일리의 뇌 속을 지배한다. 이후 그녀는 걷잡을 수 없는 선택으로 떠밀리고 끊임없이 후회와 갈등을 반복한다. 비단 영화 속 라일리만이 아니다. 사춘기는 이처럼 불안을 등에 업고 좌충우돌 시행착오를 반복하면서 자기 정체를 다듬어 간다. 마치 도자기 하나를 빚어내기 위해서는 수백 번의 어루만짐과 두들김이 꼭 필요한 것처럼, 사춘기는 다양한 경험을 통해 자기라는 존재를 좀 더 분명하게 깨닫는다. 그도 그럴 것이 스스로 어떤 사람인지를 알아야만 자기에게 가장 알맞은 삶을 살 수 있기 때문이다. 영화에서는 이를 '신념 저장소'라고 표현했다. 사실 영화에서 주는 메시지는 간단하다. 사춘기라는 소용돌이를 피할 수는 없지만, 아이는 스스로 성장한다는 것이다. 결국 '좋은 아이'든 '나쁜 아이'든 선택은 아이의 몫이다. 제아무리 사랑한다고 한들 부모가 아이 인생을 대신 살아 줄 수는 없는 노릇이다. 마찬가지로 아이의 사춘기 성장통을 대신 앓아 줄 수도 없다. (사춘기의 뾰족한 가시에 찔려서 부모가 시도 때도 없이 상처받는 건 별개다.) 안타깝지만, 부모가 할 수 있는 것은 그저 아이 곁에서 묵묵히 응원하고 견뎌 주는 일이 전부다.

아마도 지금 이 책을 집어 든 부모라면 크게 둘 중 하나라고 본다. 첫 번째, 사춘기와의 전쟁에서 우위를 선점하기 위해 적(?)에 대한 정보를 최대한 캐내려는 부모. 두 번째, 사춘기와의 전쟁을 코앞에 두고 미리 싹을 자르겠다고 벼르는 부모. 이도 저도 아니라면 심호흡을 가다듬으면서 사춘기 내 아이의 성장을 함께하려는 부모. 어떤 부모든 이 책이 도움이 되기를 바라는 마음이다. 사실 사춘기와 관련한 책은 이번이 두 번째다. 작가는 책을 낼 때마다 이번이 마지막이라는 생각을 하기 마련이다. 2021년에 《사춘기 자존감 수업》을 쓰면서도 그랬었다. 하지만 숨 쉬듯이 부딪히는 사춘기 자녀와의 갈등을 어떻게 대처해야 할지를 몰라 부모들은 여전히 하소연한다. 이론을 넘어서 구체적이고 실질적인 방법을 갈구하는 그들의 한숨과 하소연을 외면할 수 없었다. 그래서 이 책에서는 《사춘기 자존감 수업》에서 다 못 한 이야기를 풀어냈다. 마치 주머니 속 먼지를 탈탈 털어내는 심정으로 썼음을 고백한다.

1장에서는 사춘기 자녀를 둔 부모들에게 해 주고 싶은 당부와 조언을 담았다. 무엇보다 본격적으로 사춘기에 관한 이야기를 하기에 앞서, 사춘기 부모의 마음을 나누고 위로와 응원을 전하고 싶었다. 식당에 비유한다면 주요리가 나오기 전에 맛보는 에피타이저라고 생각하면 될듯하다.

요즘 즐겨 듣는 노래 중에 FT아일랜드의 〈사랑앓이〉가 있다. 특히 '내가 더 많이 사랑한 죄, 널 너무나 많이 그리워한 죄'라는 가사가 가슴을 후벼판다. 더 많이 사랑하고 그리워하기에 '그 죄로 인해 눈물로 앓고 있다'고 절절히 고백한다. 부모의 사랑도 별반 다르지 않다. 양육에서의 모든 문제는 부모가 더 많이 사랑하기 때문에 일어나는 게 아닐까? 밑져야 본전이라는 말은 양육에서는 어림도 없다. 마치 기울어진 운동장과 같다. 아니 기울어진 운동장이라기보다는 놀이공원에 있는 '디스코팡팡'이 좀 더 적합한 표현일 것 같다. 기울어진 디스코팡팡에서 부모는 이리저리 휘청이며 넘어지고 엎어진다. 사춘기가 되면 정말이지 남사스러울 정도로 허우적댄다. 하지만 어쩌랴. 그게 사춘기 부모의 숙명인 것을!

2장에서는 사춘기 부모라면 꼭 염두에 두어야 할 사춘기의 발달 특성을 일목요연하게 정리했다. 사람들이 비슷한 상황에서도 다르게 느끼고,

다르게 행동하는 이유는 '생각의 각도' 때문이다. 같은 사춘기 터널을 지나고 있지만 부모의 마음은 제각각이다. 누구는 느긋하게 사춘기의 발달을 바라보는 한편, 누구는 조바심에 어쩔 줄 몰라 하며 사춘기를 다그치기에 바쁘다. 특히 우리가 사춘기를 삐딱한 시선으로 바라보는 가장 큰 이유는 아이의 발달을 제대로 이해하지 못하기 때문이다. 생각의 각도를 살짝만 틀어도 세상은 다르게 보인다. 마찬가지다. 사춘기를 바라보는 부모의 시선을 살짝만 조율해도 마음은 한결 가벼워진다. 아이의 발달을 제대로 안다면, 발달상 나타나는 자연스러운 현상 또한 좀 더 부드럽고 느긋하게 바라볼 수 있으리라 믿는다. 사춘기를 건너뛰고 어른이 될 수는 없다. 인생은 퍼즐과 같다. 어느 한 조각이라도 빠지면 완성되지 않는 것처럼, 사춘기 또한 우리 인생에서는 없어서는 안 되는 중요한 조각이다. 사춘기는 어쩌면 전체 퍼즐 모양을 결정짓는 가장 중요한 시기일지도 모른다. 완성된 퍼즐이 풍경화가 될지, 인물화가 될지 또는 추상화가 될지는 어쩌면 사춘기의 경험이 결정한다 해도 과언이 아니다.

3장부터 8장까지는 주로 부모 교육 현장에서 만나는 부모들의 고민을 토대로 사춘기 부모가 궁금해하는 사춘기의 모든 것을 정리했다. 버릇없이 대들고 말대꾸하는 아이, 부모 앞에서 '입꾹닫'(?)하는 아이, 어느 장단에 춤을 춰야 할지 모를 정도로 감정 기복이 심한 아이 등 사춘기의 대표적 행동 특성을 분석하고 부모가 알아야 할 대처와 전략을 자세히 정리했다. 여기에 그치지 않고 사춘기 아이의 훈육과 친구 관계까지 광범위하게 정리해 보았다. 특히 성적 충동이 그 어느 때보다 강렬해지는 이 시기, 부모라면 꼭 알아두어야 할 이성 교제에 대해서도 빠짐없이 꼼꼼하게 다루었다.

앞서도 말했지만, 사춘기 부모는 아이가 왜 그러는지는 알지만 어떻게 대처하고 도와야 할지를 몰라 속 터진다고 볼멘소리한다. 그래서 3장에서 8장까지는 이론적 설명에서 그치지 않고 되도록 실질적이고 구체적인 사례와 전략을 담고자 노력했다. 각 장의 끝에는 '사춘기 사용 설명서'를 추가해서 실질적인 대화 방법을 별도로 정리해 두었다. 마음이 바쁜 부모라면 '사춘기 사용 설명서'만 읽어도 도움이 되리라 믿어 의심치 않는다.

우리는 사춘기가 부모에게서 독립하는 시기라는 걸 잘 안다. 반면에 부모 또한 동시에 자녀로부터 독립해야 한다는 사실은 까맣게 모른다. 자녀만 부모에게서 분리되는 것이 아니라 부모 또한 자녀로부터 이별하는 시기라는 사실을 잊어서는 안 된다. 잘 헤어지기 위해서는 부모와 자녀의 관계 또한 재정립해야 한다. 이별은 누구에게나 어려운 일이다. 잘 헤어지는 데도 기술이 필요하다. 사실 부모는 온통 사춘기 자녀에게만 신경이 쏠리기 마련이지만, 이 시기 부모 또한 상처받고 고통받는다. 사춘기가 호르몬의 급격한 변화로 성장통을 앓는 그때, 부모 또한 호르몬의 급격한 변화를 맞는다. 인생의 절반을 살아오면서 근육이 빠지고 주름이 생겼다. 마음은 지치고 우울하다. 순간순간 울컥하기도 하고 이유도 없이 화가 나기도 한다. 이런 부모의 마음은 나 몰라라 처박아 두고 아이를 돌본다는 것은 말이 안 된다. 사춘기 부모는 자녀의 성장뿐 아니라 부모 자신의 웰빙과 웰에이징을 위해서 물심양면 힘써야 한다.

사실 사춘기 자녀를 키우는 일은 엄청난 에너지를 요구하는 일이다. 모든 부모가 그렇겠지만, 특히 사춘기 부모라면 부부가 서로 의지하고 기댈 수 있어야 한다. 아이를 키우는 일이 부모 중 어느 한쪽의 일이 되어서는 안 된다. 따라서 마지막 9장에서는 중년의 위기를 함께 극복하고 사춘기 자녀를 안전하게 독립시키기 위해 부부가 알아야 할 '사춘기 부모 십계명'을 정리해 두었다.

경제학자 교수인 피터 드러커는 이렇게 말했다.

'내일 무엇을 할 것인가'가 아니라 '내일을 위해 오늘 무엇을 할지'를 결정해야 한다. 계획을 성공적으로 실천하려면 계획 속에 어떤 식으로든 오늘을 끼워 넣어야 한다.

부모는 이제 질문을 바꾸어야 한다. 도무지 어디로 튈지 모르는 사춘기와 씨름하며 오늘을 허투루 보내는 대신, 성숙한 어른이 되어 독립된 삶을 살아가는 '미래 속 내 아이'를 떠올려야 한다. 그리고 그 미래 속 내 아이를 위해 아이와의 이 순간을 어떻게 보낼지를 심각하게 고민해야 한다. 이 책이 이런 부모의 고민을 한층 가볍게 만들어 주기를 바라는 마음이다.

저자 **안정희**

1장

어쩌다 사춘기 부모가 되다

어쩌다 사춘기 부모

어쩌다 사춘기 부모

우리는 대체로 멋모르고 부모가 된다. 그리고 부모가 되는 순간부터 고군분투한다. 그렇게 10년가량 아이를 키우다 보면 서서히 부모 노릇에 익숙해진다. 이제 제법 부모가 된 듯하다. 하지만 뿌듯함도 잠시, 생각지도 못한 복병이 나타난다. 바로 사춘기라는 허들 앞에서 다시 한번 좌절한다. 그래서일까? 우리 사회에서는 사춘기 부모를 안타까운 시선으로 바라본다. "어머, 어쩌다……." 정말이지 어쩌다 사춘기 부모가 되어 손쓸 틈 없이 여기저기 상처를 입는다.

언젠가부터 중2병 또는 초4병이라는 말이 유행처럼 번지고 있다. 그래서일까? 사춘기 부모를 대상으로 하는 부모 교육에는 초등학교

3학년 자녀를 둔 부모들이 가장 많이 참여한다. 곧 초4병에 걸릴 내 아이가 심히 걱정된다. 그래서 예방 주사를 맞듯이 미리 사춘기에 대해 만반의 준비를 하고자 한다. 말 그대로 초4병을 미리 예방하고자 한다. 물론 사춘기의 성장 과정을 이해하고 미리 마음의 준비를 할 수 있다는 측면에서는 긍정적이다. 하지만 병이라는 말이 주는 부정적인 뉘앙스를 무시할 수 없다. '우리 아이가 사춘기를 너무 심하게 앓으면(?) 어떻게 하지?'라는 생각이 부모를 불안으로 몰아간다. 불안에 휩싸이면 제 할 일을 하기가 어렵다. 아직 일어나지도 않은 일에 대한 부모의 과도한 불안은 양육 효능감을 야금야금 갉아먹는다.

사춘기 부모라면 부모 자신의 정서를 민감하게 살피고 스스로 돌보는 게 먼저다. 또한 자녀의 발달과 성장을 이해하고 변화에 적절히 대처할 수 있어야 한다. 어쩌다 사춘기 부모가 되었지만, 주변에서 날아드는 속삭임에 우왕좌왕해서는 안 된다. 제아무리 컴컴한 사춘기 터널을 들어가도 눈을 크게 뜨고 앞만 집중하면 된다. 호랑이 굴에 들어가도 정신만 바싹 차리면 살 수 있다고 하지 않는가? 호랑이 굴에서 어쩌면 호랑이랑 친구가 될지도 모를 일이다. 한 가지 확실한 건 호랑이 굴을 들어갈 때와 나올 때는 삶의 모든 면이 확연히 달라진다는 점이다. 사춘기의 기나긴 여정을 마치고 나면 부모 또한 성장해 있음을 깨닫는다.

무관심이 약이다?

2022년 항저우 아시안게임 롤러스케이트 스피드 남자 대표팀 3,000미터 계주에서 일어난 일이다. 우리나라의 마지막 대표 계주 선수는 1등으로 달리고 있었다. 금메달이 코앞이었다. 하지만 그는 결승점을 채 밟기도 전에 허리를 곧추세우고 때 이른 세리머니를 했다. 바로 그때였다. 뒤따라오던 대만 선수가 결승점을 먼저 통과했다. 결국 눈앞에서 금메달이 날아가고 말았다. 정말이지 뼈아픈 순간이 아닐 수 없었다.

그런데 비단 운동 경기만이 아니다. 양육을 마라톤에 비유한다면, 사춘기는 이제 결승점에 거의 다다른 상태다. 우리가 흔히 말하는 부모 역할, 즉 미성년 자녀에게 부모의 권위를 실어서 가르치고 돕는 마지막 시기가 바로 사춘기다. 어른이 되기 위해 사춘기는 내·외적으로 급격한 변화를 맞는다. 신체적 성장뿐 아니라 심리·정서적 차원에서 혼란을 겪다 보니, 부모는 아이의 변화에 당황한다. 어제까지만 해도 '눈에 넣어도 안 아픈 내 새끼'가 어느새 '눈엣가시'가 되어 버렸다. 하루가 멀다고 생각지도 못한 사건 사고 속으로 휘말린다. 부모고 뭐고를 다 내려놓고 싶을 때가 한두 번이 아니다. 앞서 계주 경기는 흥분해서 실수를 저질렀다면, 사춘기는 지쳐서 포기하고 싶은 마음이 든다. 사춘기를 지나고 나면 몸 안에서 사리가 나온다는 우스갯소리가 있다. 그만큼 사춘기의 격정을 견뎌 내기란 쉽지 않다. 최근 모 기관에서 진행되는 부모 교육에서 "사춘기 부모에게 가장 필요한 능력은 무엇일까요?"라는 질문을 했을 때였다. 많은 답변 틈에서 '모른 척', '무관심' 그리고 '방임' 등의 답변이 유독 눈에 띄었다. 몇몇 부모는 사춘기는 자연재해와 같으므로 그냥 시간이 가기를 기다리는 것밖에는 별수가 없다고 푸념한다. 그래서 그들은 숟가락을 내려놓듯이 부모의 역할을 조용히 내려놓는다. 아이의 모든 행동을 통제나 제재 없이 그저 그러려니 한다. 하지만 이때야말로 아이와의 소통이 중요하다. 부모는 아이를 모른 척하거나 아이에게 무관심해서는 안 된다. '이제는 다 컸으니 알아서 하겠지'라는 안일한 마음으로 아이를 방임해서도 안 된다. 사춘기는 겉보기에는 누가 봐도 어른이지만, 속은 아직 어른만큼 성숙하지 못한 상태다. 따라서 모든 걸 혼자 알아서 척척 해내기에는 역부족이다. 자칫 무분별하고 위험한 판단을 할 수도 있다.

물론 시간이 흐르면 아이는 어른이 된다. 하지만 어떤 어른이 되느냐가 중요하다. 어른이라고 다 같은 어른이 아니다. 우리 사회에는 껍데기만 어른인 사람이 너무 많다. 사춘기를 어떻게 보냈느냐에 따라서 어떤 어른으로 성장하느냐가 결정된다고 해도 과언이 아니다. 사춘기야말로 양육에서 가장 중요한 시기다. 부모는 사춘기 아이를 위해 남아 있는 혼신의 힘을 다해야 한다.

사춘기와의 동상이몽

"도무지 말이 안 통해!"

사춘기가 되면 아이와 부모는 한목소리로 토로한다. 아이는 엄마, 아빠와 말하는 것보다 벽 보고 대화하는 게 더 잘 통한다고 한다. 속사포로 이어지는 랩 가사는 찰떡같이 알아들으면서 부모의 말은 도무지 못 알아듣는다. 부모는 아이가 대체 왜 이러는 건지 몰라 속이 문드러진다. 사춘기 자녀와 소통이 어려운 이유는 여러 가지가 있다. 이 중 부모와 자녀 간의 세대 차이가 가장 큰 장벽이라고 해도 과언이 아니다. 같은 시대를 살아가고 있지만 의식과 가치관은 세대마다 다르다. 한 지붕 아래에 살고 있지만, 사춘기 자녀와 부모는 서로 다른 세상을 살아간다. 10년이면 강산이 변한다. 요즘은 30대에 첫 출산을 하는 게 일반적이다. 그렇다면 부모와 자녀 간에는 세 개의 다른 강산이 가로막고 있다. 그만큼 살아가는 방식뿐 아니라 세상을 대하는 방식 또한 다른 게 당연하다.

먼저 음식을 예로 들어 보자. 부모 세대에서 끼니는 밥이 반드시 포함된다. "오늘은 한 끼도 못 먹었네"라고 아빠는 푸념한다. 그런데 사실 아빠는 과일, 빵, 요거트 그리고 샌드위치 등을 간간이 챙겨 먹었다. 다만 밥을 먹지 않았기 때문에 끼니를 걸렀다고 생각한다. 반면 아이는 다르다. "저녁 안 먹을 거야?"라는 엄마의 역정에 딸은 "아까 먹었다고!"라고 짜증스럽게 답한다. "그게 무슨 저녁이야? 그렇게 굶어서 어쩌려고 그래?" 사실 딸은 좀 전에 간단하게 샐러드를 먹었다. 이처럼 부모와 자녀는 끼니에 대해 갖는 생각 자체가 다르다. 무작정 밥을 먹으라고 다그치기에 앞서 아이가 주로 무엇을 먹고 있는지를 먼저 살펴보자. 밥그릇을 사이에 두고 얼굴을 붉히며 싸우는 건 부모에게도 아이에게도 전혀 도움이 되지 않는다. 오히려 밥이 점점 더 지겨워질 뿐이다. 만약 영양 측면에서 부족하다고 생각되면, 부모는 아이가 좀 더 균형 잡힌 식사를 할 수 있도록 도와줄 수 있다.

밥뿐 아니라 학교나 공부에 대한 관점도 부모와 자녀 간 세대 차이는 뚜렷하다. 부모에게 공부는 죽으나 사나 하는 것이라면, 아이에게 공부란 잘하는 아이들이나 해야 하는 것에 불과하다. 학교도 마찬가지다. 부모에게 학교는 몸이 아파도 가야 하는 곳이다. 부모 세대에는 개근상이 곧 성실함의 척도였다. 개근상이 우등상만큼, 아니 어쩌면 그보다 더 귀했다. 하지만 요즘 아이들에게 학교는 가도 그만 안 가도 그만이라는 인식이 팽배해졌다. 특히 코로나19를 겪으면서 비대면 등교에 익숙해진 탓에 지각이나 결석하는 아이들이 점점 증가하는 추세다. 아이들은 학교를 왜 꼭 가야 하냐고 묻는다. 예전에는 중도에 학교를 포기하는 아이들을 문제아 또는 학교 부적응자로 보는 시각이 강했다. 하지만 세상은 바뀌고 있다.

부모 세대는 하교하고 나면 책가방은 아무렇게나 던져두고 산으로 들로 뛰어다녔다. 좁은 골목에 옹기종기 모여 앉아 놀기에 바빴다. 하지만 요즘은 산도 들도 골목도 사라진 지 오래다. 더군다나 이 시대를 살아가는 사춘기 아이들의 하루는 분 단위로 잘게 쪼개진다. 집과 학교와 학원을 마치 다람쥐 쳇바퀴 돌 듯이 돈다. 부모가 빈틈없이 짜 준 시간표에 따라 움직이는 것만으로도 하루가 너무 벅차다. 자기 주도적으로 생각할 짬도 없다. 왜 이렇게 살아야 하는지를 묻고 따질 겨를도 없다. 뭐든 하고 싶다고 말하면 부모는 어김없이 '다음에'라는 말로 구슬린다. "지금은 딴생각하지 말고 공부나 해. 이다음에 기말고사 끝나면 그때 생각해 보자." '지금'이 중요한 사춘기 아이와 앵무새처럼 '다음에'를 되풀이하는 부모는 끝이 없는 평행선을 달린다. 대부분 사춘기 아이에게 부모가 입버릇처럼 내뱉는 '다음에'는 그저 자신을 가두는 '말 감옥'에 불과할 뿐이다.

현수 이야기

고등학교 2학년인 현수는 주민등록증이 나오자마자 학교를 자퇴하고 말았다. 아들의 학교 자퇴도 청천벽력인데, 현수는 자퇴 후 자원해서 입대했다. 고등학생이 입대라니 부모는 억장이 무너졌다. 그래도 아들과 충분히 이야기를 나눈 아빠는 아들의 뜻을 존중해 주기로 했지만, 현수 엄마는 그야말로 하늘이 무너졌다. 이러는 아들이 도무지 이해되지 않았다. 현수는 누가 뭐래도 속 한번 썩이지 않던 모범생이었다. 어디에 내놔도 자랑스러운 아들의 갑작스러운 일탈(?)에 엄마는 정신이 혼미했다. 급기야 실신하고 병원에 입원하기에 이르렀다. 하지만 현수의 뜻은 확고했다. 앞으로 자신이 하고자 하는 일을 위해서는 일단 학교보다는 학교 밖에서 배울 것들이 많았다. 무엇보다 시간을 효율적으로 쓰기 위해서는 군대 문제부터 처리하는 게 낫다고 판단했다. 엄마는 아들의 결정을 받아들이기 어려웠다. 현수네는 매일 고성이 오가며 협박과 회유가 되풀이되었다. 하지만 현수는 결국 자기 뜻을 굽히지 않고 입대했다.

사실 학교와 공부에 대한 부모의 관점을 살짝만 틀어도 보이지 않던 아이의 가능성이 확연하게 나타난다. 10대 아이가 군대를 스스로 간다는 것은 엄청난 용기와 자신감이 없고서는 불가능하다. 잘 적응할 수 있다는 자기 확신이 부족하다면 엄두도 못 낼 일이다. 스스로 자신의 미래를 개척해 가는 현수라면 뭘 해도 제대로 해낼 아이임이 틀림없다. 하지만 고등학교 졸업장이 시야를 가리면 이마저도 보이지 않는다. 부모 눈에는 그저 불구덩이로 걸어가는 철없는 아이의 뒷모습만 보일 뿐이다.

어느 부모도 자신이 수십 년 동안 입었던 옷이나 신었던 신발을 아이에게 물려주지 않는다. 부모에게는 아무리 잘 맞던 옷과 신발이라도 아이에게는 맞지 않을 가능성이 크다. 설령 사이즈가 맞더라도 유행이 지났을 수도 있다. 아이에게는 자기에게 딱 맞는 옷과 신발이 필요하다. 하지만 많은 부모는 은연중에 자신의 신념과 가치관을 아이에게 강요한다. 아이의 생각 따위는 들어 볼 필요도 없이 부모의 생각을 무조건 따르라고 윽박지른다. 부모에게는 꼭 맞았던 신념과 가치관은 아이에게는 맞지 않을 수도 있다는 걸 인정해야 한다. 자녀를 이해한다는 것은 시대를 이해하는 것이다. 세대 간에는 의식과 가치관에서도 분명히 차이가 있음을 인정하자. 우리 아이가 세상에 잘 적응하면서 자기만의 삶을 살아가기를 바란다면, 부모는 적어도 아이의 세상에 관심을 가져야 한다. 아이는 오늘이 아니라 내일을 살아갈 주역들이다. 아이들의 관점을 이해하려고 노력하지 않으면 세대 간의 소통과 공감은 어렵다.

사춘기 vs 갱년기

중2와 싸우면 갱년기가 이긴다?

"저도 갱년기라 힘든데 아이가 사춘기라서 뭘 어떻게 해야 할지 도무지 모르겠어요. 그냥 다 포기하고 싶을 때가 한두 번이 아니에요."

우리 사회는 사춘기와 갱년기를 대립 관계로 놓고 보는 경향이 강하다. 심지어 갱년기와 사춘기가 싸우면 갱년기가 이긴다는 말까지 있다. 갱년기도 사춘기와 마찬가지로 발달 단계 중 한 과정이다. 호르몬의 급격한 변화로 인해 신체적, 정서적으로 커다란 변화를 맞이하는 시기가 바로 갱년기다. 사춘기 때 몸에서는 이차 성징을 돕는 호르몬이 분비된다. 여자아이의 경우, 유방과 자궁 등의 성장을 돕는 에스트로젠과 수정란을 자궁에 착상시키고 돕는 프로게스테론이 분비된다. 그런데 나이가 들어 난소가 노화하면 배란과 여성 호르몬의 생산이 더 이상 이루어지지 않는다. 이를 예전에는 폐경이라고 불렀고 요즘은 완경이라고 부른다. 완경이 일어나기 몇 년 전부터 변화는 점진적으로 시작된다. 이때부터 월경이 완전히 없어진 후 1년 정도까지를 갱년기라고 부른다. 갱년기에 나타나는 증상은 사람마다 차이가 있다. 급성 여성 호르몬의 결핍으로 인한 증상으로 안면 홍조, 빈맥, 발한과 같은 현상을 겪는다. 이와 같은 신체적 증상과 함께 피로감, 불안감, 우울, 기억력 감퇴 등의 증상도 동반되며 수면 장애를 겪기도 한다.

문제는 호르몬의 급격한 변화가 정서에도 영향을 미친다는 점이다. 사춘기는 정서적으로 불안정해진다. 하루에도 수십 번 기분이 오락가락하는 건 기본이고 불안하고 우울하다. 이유도 없이 불쑥 화가 났다가도 금방 헤헤거리는 게 사춘기다. 그런데 갱년기 부모 또한 정서적으로 불안정해진다. 몸이 해저로 가라앉는 것 같은 느낌이다. 왠지 모르게 불안하고 우울하다. 작고 사소한 일에도 화가 난다. 한번 화가 나면 감당이 안 된다. 사춘기는 감정이 흘러넘쳐서 문제라면, 갱년기는 콩쥐의 깨진 물항아리처럼 결핍으로 고통받는다. 다소 과격하게 들리겠지만, 사춘기 자녀는 호르몬 부자가 되는 시기에 공교롭게도 부모는 호르몬 거지가 된다. 이런 사춘기 자녀와 갱년기 부모가 한 집에 거주한다는 것은 호랑이와 사자가 한 우리에 사는 것과 같다. 그 결과로 집안 분위기는 늘 살얼음판이 된다.

많은 부모는 사춘기 아이에게 엄포를 놓는다. "엄마 갱년기야. 건들지 마라!" 하지만 아이에게 선전 포고하기 전에 차분하게 현실을 돌아보자. 부모는 언제든 어른이어야 한다. 갱년기라고 해서 예외가 될 수는 없다. 하루도 잠잠할 날 없는 집에서 부모는 늘 자녀를 탓한다. "너 때문에 못 살겠다. 너는 도대체 언제 철이 들 거니?" 어른에 비한다면, 아이는 당연히 철이 부족하다. "이 녀석 말하는 철딱서니 하고는, 쯧쯧." 철딱서니는 철을 속되게 부르는 표현이다. 아이는 철이 들어가고 있는 존재다. 반면에 부모는 이미 철로 가득 차 있다. 철든 부모가 철딱서니 없는 아이를 올바르게 행동하도록 가르치는 건 지극히 당연하다. 아이 탓을 하기에 앞서 부모 스스로 역할을 제대로 수행하고 있는지를 돌아볼 일이다. 갱년기가 부모 역할을 소홀히 하는 것에 대한 면죄부가 될 수는 없다.

안타깝게도 우리 사회는 아이가 사춘기가 되면 부모는 자동으로 갱년기의 대열에 합류하는 분위기다. 결론부터 말하자면, 사춘기 자녀를 둔 모든 부모가 갱년기는 아니다. 앞서 말한 바와 같이 갱년기 또한 발달 과정 중 한 단계다. 예전 부모 세대에 비해 사춘기는 빨라지고 있다. 즉 이차 성징의 시기가 점차 빨라진다. 반면 완경기는 점차 늦어지고 있다. 수십 년 전에는 40대에 완경을 경험하는 여성이 많았다면 요즘은 50대에 주로 완경을 맞는다. 다시 말하면, 사춘기와 갱년기는 점점 벌어지고 있다. 아이가 사춘기라고 해서 부모 또한 갱년기가 되지는 않는다. 물론 갱년기인 부모도 있다. 이들은 자녀의 사춘기를 견디는 것이 일반 부모보다 훨씬 더 힘겹고 고통스러울 수밖에 없다. 깊은 애도를 표하는 바다. 하지만 사춘기 자녀와 갱년기 부모 조합은 소수에 불과하다. 대부분 부모는 자녀의 사춘기가 끝날 즈음 또는 그보다 훨씬 이후에 호르몬의 변화를 겪는다. 따라서 사춘기 아이에게 "엄마는 갱년기다! 어쩔 건데?"라는 식으로 으름장을 놓아서는 안 된다. 대신 차분하게 상황을 살펴보아야 한다. 만약 아이 앞에서 분노 조절이 도무지 안 된다면 죄 없는 갱년기를 탓할 게 아니라 자기 내면을 돌아봐야 한다. 부모 먼저 감정을 조절할 수 있도록 애써야 한다. 앞뒤 없이 애꿎은 갱년기만을 탓하면 정작 부모는 무기력해진다. 만에 하나 갱년기 증상으로 고생한다면 아이와 거리를 두자. 일단 나부터 살고 보자. 증상이 심각하다면 아이를 잡기 전에 전문의와 상의하자. 그때는 만사 제쳐 두고 내 몸부터 돌보는 걸 권한다.

굳이 갱년기를 들먹이지 않더라도 중년은 힘들다. 사춘기 못지않게 중년도 인생의 중대한 변화를 맞는다. 인생의 절반을 겪었다. 지금이야말로 인생의 터닝 포인트다. 그동안 살아온 인생을 돌아보면 흡족하게 이뤄 놓은 것도 있겠지만, 해 놓은 게 아무것도 없다는 생각에 우울해지기도 한다. 비단 부모 역할뿐 아니라 사회 활동이나 노동 등에서 성과를 냈는지를 따져 보며 침체에 빠지기도 한다. 따라서 사춘기 아이를 둔 부모는 사춘기의 발달 전반에 대해서 미리 공부해 두는 만큼 중년의 변화에 대해서도 살펴야 한다. 자녀를 키우는 일과 별개로, 자기 내면을 돌보는 것을 게을리해서는 안 된다. 사춘기 아이를 키우는 일은 절대 녹록지 않다. 아이의 사춘기를 잘 나기 위해서 아이와 부모 둘 중 하나는 반드시 어른이어야 한다.

그래도 부모

이 또한 지나가리라

사춘기 부모들은 '이 또한 지나가리라'라는 말을 참 좋아한다. 아무리 힘들어도 시간은 흐른다. 다만 '하루가 십 년 같다'와 '십 년이 하루 같다'의 차이이다. 그렇다면 조금이라도 시간이 더 빨리 흐르도록 하려면 어떤 방법이 있을까?

서울에서 부산까지 가장 빠르게 가는 방법은 무엇일까? 혹자는 비행기를 떠올리며 시간 계산을 할 수도 있겠다. 하지만 이 질문에 대한 답은 '사랑하는 사람과 함께 가는 것'이다. 비행기를 타고 가든, KTX를 타고 가든, 누구와 함께 가느냐는 아주 중요하다. 실질적인 시간보다 체감하는 시간은 다르기 때문이다. 사랑하는 사람과 함께라면 눈 깜짝할 사이에 도착한다. 반면에 몸서리치게 싫거나 불편한 사람과 함께 간다면 시간은 더디게 간다. 그렇다면 사춘기 시기를 빠르게 지나가려면 두 가지 방법이 가능하다. 사춘기 우리 아이를 열렬히 사랑하던가 혹은 사춘기 과정 자체를 즐기는 것이다. 둘 다라면 눈 깜짝할 사이에 사춘기가 끝나지 않겠는가?

첫 번째, 사춘기 아이를 사랑하도록 노력해 보자. 사춘기가 되면 괜스레 아이가 미워진다고 말하는 부모가 많다. 아이의 뒤통수뿐 아니라 하다못해 발뒤꿈치도 꼴 보기 싫다. 하지만 아이가 미울수록 사춘기는 길게 느껴진다. 솔직히 말해 시도 때도 없이 대들면서 눈을 부라리는 사춘기 아이를 사랑하기는 영 어렵다. 그래도 일단 노력은 해 보자. 아무리 노력해도 안 되는가? 그렇다고 낙담하기에는 아직 이르다. 우리에게는 두 번째 방법이 있다. 사춘기를 피할 수 없다면 즐기는 수밖에! 사춘기라는 과정을 호기심 가득한 눈으로 바라보자. 사춘기 아이의 신체적 변화에 관심을 가져 보자. 아주 작은 변화라도 놓치지 않고 관찰하다 보면 참으로 신기한 것투성이다. 아이가 처음으로 목을 가누고 뒤집고 배밀이를 하는 걸 보는 순간 우리는 모두 감격했다. 이렇듯 아이의 성장을 즐겁게 바라보던 부모는 어디로 갔을까? 사춘기 아이 역시 하루가 다르게 성장한다. 딸은 가슴이 나오고 골반이 커진다. 아들은 골격이 아빠 못지않게 단단해진다. 딸의 월경과 아들의 몽정도 신기한 일이다. 이런 작은 변화에도 주의를 기울일 때 아이의 성장은 반갑게 다가온다.

석가모니는 '인생은 폭풍우가 지나가기를 기다리는 것이 아니라 그 폭풍우 속에서 춤을 추는 것이다'라고 했다. 부모는 아이의 사춘기가 하루빨리 지나가기를 기다리는 대신, 사춘기 풍랑 속에서 함께 춤을 출 수 있어야 한다. 몸치이면 어떤가? 즐기려는 마음이면 충분하다. 즐기면 즐길수록 사춘기는 순식간에 지나간다.

사춘기와 함께하는 2인 3각 달리기

사춘기는 의존과 자율 사이를 오락가락하며 서서히 의존에서 자율로 이동하는 중이다. 마치 괘종시계 추가 좌우로 흔들리면서 시곗바늘이 움직이는 것과 같다. 아무리 사춘기라도 여전히 부모가 필요한 나이다. 아이가 지치고 힘들어 부모에게 기댈 때는 부모는 넉넉한 품으로 안아 주어야 한다. "얘가 징그럽게 왜 이래?"라고 기겁하며 밀어내서는 안 된다. 아직은 내 품 안의 자식이다. 부모의 따뜻한 품은 아이에게 안전 기지와 같다. 에베레스트산을 등반하는 등반가에게는 꽁꽁 언 몸을 녹이고 마음의 위안을 얻을 수 있는 공간이 필요하다. 사춘기야말로 인생이라는 에베레스트산을 오르고 있다. 따라서 안전 기지가 어느 때보다도 필요한 시기다. 우리의 사춘기 아이는 겉으로는 까칠하게 부모를 밀어내고 있지만, 여전히 부모의 관심이 고프다. 그들은 부모의 간섭은 몸서리치게 싫어하지만, 따뜻한 눈길은 언제나 환영이다.

하지만 무조건 오냐 오냐 안아 주기만 해서는 안 된다. 이는 나약한 아이를 키우는 지름길이다. 양육의 궁극적인 목표는 아이의 독립이다. 부모라면 아이가 혼자서도 세상을 헤쳐 갈 수 있도록 도와야 한다. 사자는 새끼를 강하게 키우기 위해 절벽 아래로 밀어뜨린다. 이때 새끼는 극한의 어려움을 극복해 내기 위해 온 힘을 다한다. 이 과정에서 회복 탄력성은 자란다. 물론 멀쩡한 아이를 절벽 아래로 밀어뜨리라는 말이 아니다. 그냥 두어도 사춘기가 되면 넘어지고 좌절할 일 천지다. 다만 절벽 아래로 떨어진 아이에게 무조건 손을 내밀어 잡아 주지 말자. 대신 아이 스스로 오를 수 있도록 기다려 주자. 문제 상황에서 득달같이 부모가 개입하다 보면 아이는 스스로 문제 해결 능력을 키우기가 어렵다. 혹시라도 내 아이가 위축될까 봐 걱정되는 마음으로 흔들린다면, 그 마음이 때로 아이에게 독이 된다는 사실을 잊어서는 안 된다.

아이는 부모가 예측하는 대로 자라지 않는다. 부모라고 해서 내 아이에 관한 모든 답을 알지 못한다. 특히, 사춘기 아이는 끊임없이 부모의 무능함을 일깨운다. 사춘기 아이들은 부모의 민낯을 들추는 데 도가 텄다. 부모 노릇을 포기하고 싶을 때가 한두 번이 아니다. 사춘기는 부모와 아이가 함께하는 2인 3각 달리기다. 둘이 발목을 단단히 묶고 같은 목표를 향해 달려야 한다. 2인 3각 달리기에서는 속도보다 호흡이 중요하다. 자칫 속도를 내기 위해 무리하면 넘어지거나 다칠 우려가 있다. 반드시 상대방의 호흡에 집중하고 함께 구령을 맞추어야 한다. 자칫 호흡이 맞지 않으면 완주는커녕 먼지를 일으키며 뒤엉켜 구르기 마련이다. 따라서 부모와 아이는 호흡을 맞춰서 한 발 한 발 떼야 한다. 부모가 서둘러 뛰어가서도, 아이에게 끌려가서도 안 된다. 이제 골인 지점이 얼마 남지 않았다. 아이에게는 운동 신경이 뛰어난 부모가 아니라 함께 호흡하며 발맞추는 부모가 필요하다. 다시 말해, 아이에게는 완벽한 부모가 아니라 함께하는 부모가 필요하다. 특히 사춘기 아이에게는 말이다.

2장

벌써 사춘기?
드디어 사춘기!

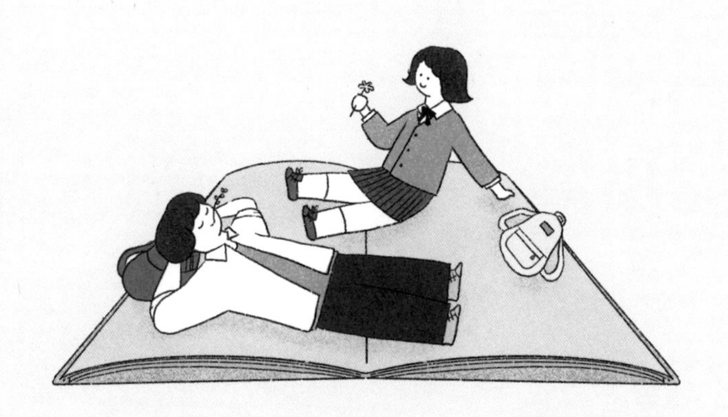

내 아이의 사춘기가 두려운 부모에게

내 아이는 '공사 중'

이 세상에 '사춘기'만큼 억울한 단어는 없다. 사춘기에 대한 숱한 오해는 그 역사가 깊다. 아이가 말을 안 듣거나 반항하면 사춘기라고 생각한다. 마치 사춘기가 문제 행동을 하는 모든 아이를 지칭하는 단어가 된 지 오래다. 얼마 전 강연에서 만난 어머니의 말이다.

"아이가 갑자기 표정이 사나워지고 말을 안 듣는데, 담임 선생님도 사춘기인 것 같다고 하시더라고요. 어쩌면 좋죠?"

아이는 이제 갓 초등학교 2학년이다. 당연히 사춘기일 리가 없다. 사춘기는 성장 과정 중 한 단계로 어른의 몸으로 변화되는 시기를 말한다. 이때 이차 성징이 나타나며 성장에 필요한 호르몬이 분비된다. 즉, 사춘기의 몸은 아이를 임신하고 출산할 준비를 갖춘다. 주로 사춘기의 발달은 초경과 몽정의 평균 연령을 기준으로 본다. 사단법인 보건교육포럼의 자료에 따르면 1970년대는 14.4세, 1980년대는 13.5세에 이차 성징이 나타났다면, 2000년에 들어서서 11.98세로 빨라졌다. 예전에는 중2병이라고 부르던 것이 요즘은 초4병이라고 불리는 이유다. 부모 세대에 비해 물질적으로 풍족해지다 보니 신체 발육도 빨라지고 있다.

사춘기가 되면 뇌와 호르몬은 '어른 만들기 프로젝트'에 돌입한다. 몸이 커지면 옷도 커져야 하는 것처럼, 뇌 또한 어른의 삶에 적합하도록 변화가 필요하다. 그동안은 작고 아담한 집에서 사는 게 문제가 없었다면, 이제는 좀 더 넓고 쾌적한 공간이 필요해진 셈이다. 따라서 뇌에서도 여러 가지 확장 공사가 일어난다. 어른이 되기 위해서는 이전까지는 경험하지 못한 여러 변화를 겪게 된다. 아이로서는 어리둥절함을 넘어서 혼란스럽고 당황스럽기 그지없다. 아이뿐 아니라 그 아이를 바라보는 부모 또한 애가 탄다. 생전 겪어 보지 못한 아이의 변화에 안절부절못한다.

우리는 '공사 중'이라는 팻말만 봐도 멀리 돌아가거나 주변을 살피며 조심스럽게 걸음을 뗀다. 대부분 공사 자체가 우당탕탕 시끄럽고 위험하기 때문이다. 조용하고 세련된 공사는 어디에도 없다. 내 아이에게서 사춘기의 징조가 보인다면, 일단 '공사 중'이라는 팻말을 떠올리자. 그리고 호흡을 고르고 5초만 생각해 보자. 우리 아이는 사춘기다. 눈에 띄게 성장하는 중이다.

아프니까 사춘기다

살아가는 모든 순간은 성장의 과정이다. 우리는 겉뿐 아니라 속도 성장하고 발달한다. 어른이 된 지금도 성장 중이다. 대체로 성장과 발달은 쥐도 새도 모르게 일어난다. 거울을 통해서 보는 어제의 나와 오늘의 나는 같다. 하지만 1년 전의 나와 오늘의 나는 미세하게 다르다. 그런데 우리 인생을 통틀어 눈에 띄는 성장기가 두 번 있다.

1차 성장 급등기는 두 돌 전후, 흔히 '미운 네 살'이라고 불리는 시기다. 이때 아이는 일어서서 걷고 뛴다. 사족 보행을 하던 아이가 두 발로 직립 보행을 한다는 건 획기적인 변화다. 학창 시절 역사책에서 만난 '곧선사람'이라 불리는 호모 에렉투스Homo erectus를 떠올리면 이해가 쉽다. 직립 보행을 하는 순간 우리의 삶은 180도로 달라진다. 누워서 보는 세상과 일어서서 경험하는 세상은 천지 차이다. 이제는 스스로 방향을 틀어서 어디든 이동이 가능해진다. 이는 스스로 선택과 결정이 가능해졌다는 의미다. 이렇게 1차 성장 급등기를 거쳐서 우리는 비로소 자율적인 존재로 변모한다.

2차 성장 급등기는 바로 사춘기다. 이때는 신체적으로도 눈에 띄는 변화를 맞지만, 인지가 급속도로 발달한다. 내 몸을 자유자재로 움직이는 걸 넘어서 생각에도 날개를 단다. 이전과는 생각하는 차원이 다르다. 현생 인류의 조상인 호모 사피엔스Homo sapiens는 비로소 인간의 본질인 지성, 즉 이성적 사고를 하게 되었다. 이제 우리 아이도 최종 진화 단계로 진입한 것이나 다름없다. 사춘기가 되면 단순한 사고 수준에서 고차원적인 인지 능력을 갖추게 된다. 피아제의 인지 발달 이론에 의하면, 이때를 형식적 조작기라고 부른다. 이 단계가 되면 추상적인 사고와 논리적 추론이 가능해진다. 개념들을 추상적으로 다루며 가설을 세우고 검증하는 능력이 발달한다.

당신이 책을 읽는 이 순간도 우리 아이들은 성장하고 있다. 성장이라는 말은 단순 명료하게 들린다. 그래서일까? 우리는 성장에 수반되는 고통을 등한시할 때가 많다. 고통이 따르지 않는 성장은 없다. 신체가 급격히 자라는 시기 무릎이나 발목 등에 통증을 경험한다. 이를 성장통이라고 부른다. 심한 경우 성장통 때문에 밤잠을 설치기도 한다. 성장통은 신체에만 국한되지 않는다. 인지적으로 급격하게 발달하는 사춘기 아이는 통증으로 고통받는다. 하지만 눈에 드러나지 않다 보니 이해받기도 어렵다. 성장통으로 몸부림치는 아이를 보는 부모의 시선은 곱지 않다. 부모는 아이의 덩치가 커질수록 아이에게 어른스러움을 기대한다. 아이가 부모의 기대에 미치지 못하면 한심하게 쳐다본다. "덩치는 산만 한 게 하는 짓은 어린애만도 못하냐?"라며 핀잔을 주기 일쑤다. '아프니까 청춘이다'라는 말이 한동안 유행했다. 우리 사회는 청춘의 아픔은 공감하면서, 정작 사춘기의 고통은 나 몰라라 한다. 사춘기는 아프다. 아프니까 사춘기다. 아픈 것보다 힘든 건 이해받지 못하는 데서 오는 외로움이다. 사춘기는 참 외롭다.

사춘기와 전두엽

뇌를 크게 구분하면 구피질과 신피질로 나눠 볼 수 있다. 구피질은 우리 뇌 깊숙한 데 위치했다. 변연계와 뇌간이 이에 해당한다. 구피질은 본능적인 반응과 습관을 제어하는 기능을 담당한다. 우리가 갑자기 끼어드는 차를 보며 깜짝 놀라거나, 깜깜한 밤길에서 시커먼 물체에 놀라 나자빠지는 건 구피질의 기능이다. 만약 우리 뇌에서 구피질만 기능한다면, 세상은 온통 혼란으로 뒤덮여 아수라장이 되었을 것이다. 다행히 우리 인간에게는 신피질도 있다. 놀라 나자빠졌다가도 그 검정 물체가 고양이라는 사실을 알고 나면 심장을 쓸어내린다. 신피질 중에서도 특히 이마 바로 뒤쪽에 있는 전두엽은 생각하고 판단하고 분별하는 등 모든 이성적이고 논리적인 사고 기능을 담당한다. 뇌로 전달되는 온갖 신호 자극과 정보는 전두엽의 판단과 사고의 과정을 거칠 때 조절하고 통제하는 게 가능하다. 즉, 시커먼 물체라는 자극이 전두엽의 판단 과정을 거쳐서 고양이라는 사실이 밝혀지면 비로소 안도하고 마음이 진정된다. 속된 말로 뇌를 거쳐서 말하라고 할 때, 그 뇌는 전두엽을 일컫는다. 외부로부터의 자극과 정보는 전두엽을 거쳐서 판단되고 성찰되어야 한다. 전두엽을 거치지 못하면 충동적이고 본능적으로 반응한다. 우리가 아무 때나 과하게 반응하거나 덤벙대지 않으려면 구피질과 신피질 간의 연결이 중요하다. 다시 말해, 좀 더 성숙한 인간으로 기능하려면 이 둘 간의 연결은 필수적인 조건이다.

그 외에도 자기 행동으로 인해 벌어질 일을 예측하거나 먼 미래를 내다보는 것도 전두엽의 기능이다. 자기 내면을 깊이 성찰하거나 다른 사람의 입장을 고려하는 것도 마찬가지다. 이처럼 우리를 좀 더 어른스럽게 만드는 건 전두엽이다. 전두엽의 발달에 따라 인격의 성숙 정도를 가늠해 볼 수 있다. 사회적으로 어른에게 기대하는 행동이나 태도는 모두 전두엽과 상관있다고 해도 과언이 아니다. 사춘기에는 특히 전두엽이 활발하게 발달한다. 어른의 문턱에 선 사춘기 시기에 전두엽이 대대적으로 발달한다는 것은 지극히 당연한 이치다.

발달은 두 가지 측면이 있다. 발달이 끝나면 제법 어른스럽고 성숙해진다. 하지만 발달이 끝난 상태와 발달 중인 상태는 엄연히 다르다. 발달 중이라는 의미는 다소 어수선하고 복잡한 상태를 말한다. 리모델링 중인 건물을 떠올려 보면 이해하기 쉽다. 리모델링 공사가 끝나면 이전보다 훨씬 나아진 상태가 된다. 확장된 공간은 기능적인 측면에서도 이전과는 비교가 안 될 정도로 좋아진다. 하지만 한창 리모델링 공사 중일 때는 이야기가 다르다. 배관도 제대로 안 깔린 데다가 창문도 없다. 전기선도 연결되지 않은 채 여기저기 바닥에 엉겨 있다. 공사 중인 상태에서 그 건물은 일시적으로 기능을 상실한다. 사춘기 시기 전두엽이 발달한다는 의미는 전두엽이 제 기능을 하기 어렵다는 뜻이다. 사춘기 뇌는 한창 공사 중이다. 몸이 커지는 만큼 아이의 뇌 또한 성장에 여념이 없다. 사춘기 아이의 어처구니가 없는 행동이나 막가파식(?) 행동도 그 이유는 뇌에 있다. 뇌와 호르몬은 아이의 성장과 발달에 총력을 기울이는데 어찌 된 영문인지 부모는 아이의 성장을 가로막는 기이한 현상을 자주 본다. 아이의 뇌 안에서 벌어지는 중대한 공사를 이해하지 못하기 때문에 벌어지는 참사다. 사춘기 부모는 아이의 뇌가 하는 일에 토 달지 말고 부모가 할 수 있는 선에서 최대한 협조하고 협력해야 한다.

다시 말하지만, 사춘기는 어른의 뇌로 변모하는 중이다. 어쩌면 일생일대 가장 중요한 시기라 해도 무방하다. 부모는 아이의 성장 과정을 허투루 여기지 말아야 한다. 내 아이가 사회 구성원으로서 어엿하게 살아가기 위해서는 전두엽의 협조가 절대적으로 필요하다. 아이와 달리 어른은 스스로 생각하고 판단하고 분별해야 한다. 그리고 그 모든 결과에 대해서는 온전히 책임져야 한다. 아직 어린아이라면 겁먹고 부모 뒤에 숨어 버릴 수도 있지만, 적어도 어른이라면 자기 문제를 당당히 직면해야 한다.

사춘기 뇌는 가지치기 중

사춘기 시기가 되면 뉴런에서는 필요 이상으로 수상 돌기가 뻗어 나오는데, 연구에 따르면 평소보다 약 열 배가량이 된다고 한다. 뉴런에서 가장 긴 수상 돌기를 축삭이라고 부른다. 뉴런에서 뻗어 나온 축삭은 다른 뉴런의 축삭과 연결되는데 이를 시냅스라고 한다. 사춘기는 시냅스 현상이 활발하게 일어난다. 필요하든 안 하든 일단은 연결하고 본다. 그런데 필요 이상으로 많이 연결되다 보니 어수선하기 짝이 없다. 마치 나무에 가지가 웃자라는 것과 같다. 이런 어수선한 뇌 상태는 사춘기 아이들의 행동 특성에도 직접적인 영향을 미친다. 바로 뒤에서 다루겠지만, 사춘기는 이전보다 행동이 굼뜨고 느려지는 건 물론이고 멍 때리거나 엉뚱한 짓을 하기도 한다. 무엇보다 사춘기가 되면 약속이라도 한 듯이 방이 돼지우리가 되어 간다.

우리는 수목의 생장이 멈추는 늦가을이나 초봄까지 가지치기한다. 가지치기는 전지剪枝라고도 하는데, 가장 길게 뻗은 가지는 그대로 두고 잔가지들은 잘라 주는 것을 말한다. 가지치기를 적기에 하지 않으면 나무가 약해지고 시간이 지나면 고사할 수도 있다. 사춘기 뇌에서도 가지치기가 일어난다. 우리 뇌만큼 효율성을 추구하는 건 없다. 필요 이상으로 연결되어 어수선하고 복잡해진 신경망을 정리하고 좀 더 빠르고 효율적으로 기능하기 위해서 가지치기는 필수다. 이것은 마치 수풀로 무성하게 뒤덮여서 길을 찾기 어려운 곳을 정리해서 반듯한 길을 내는 것과 같다.

그런데 어디를 잘라 내고 어디를 남겨 두어야 하는 걸까? 간단하다. 자주 사용하는 뇌세포의 신경망은 남겨 두고 쓰지 않는 영역은 과감하게 잘라 버린다. 많이 걸어 다닌 흔적이 있는 곳으로 길을 내는 것과 같은 이치다. 얼마나 자주 많이 사용하느냐는 바로 경험이 결정한다. 사춘기 시기 다양한 긍정적인 자극이 필요한 이유다. 생각도 경험에 포함된다.

쉽게 예를 들어 보자. 사춘기 때 다른 사람의 입장을 많이 생각해 본 아이라면, 공감과 관련한 신경망은 기능적으로 살아남는다. 하지만 다른 사람에 대해서 전혀 생각해 보지 않은 아이라면 이 영역은 가지치기가 된다. 감정 조절과 관련한 신경망도 마찬가지다. 사춘기 시기에 감정을 적절하게 처리하고 조절하는 등의 경험이 많을수록 이와 관련한 신경망은 발달한다. 하지만 반대로 감정 조절을 배워 본 적이 전혀 없다면, 뇌에서는 이 영역을 불필요하다고 여기고 과감하게 잘라 내 버린다. 그렇게 되면 어른이 되어서도 감정적인 부분에서 문제를 겪을 확률이 높아진다.

안타깝게도 사춘기가 되면 많은 부모는 '다른 건 다 필요 없고 오로지 공부만'이라는 마음으로 심기일전한다. 물론 중학교에 들어가면서 공부는 중요해진다. 공부를 빼고 사춘기를 이야기할 수는 없다. 하지만 공부만큼 중요한 건 바로 다양한 양질의 경험이다. 사춘기 아이를 책상머리에만 묶어 둔다면, 사회생활 능력은 떨어지는 범생이(?)가 될 확률이 99퍼센트다. 이 사회에서 살아남기 위해서는 공부뿐 아니라 사회적 기술, 문제 해결 능력, 정서 지능, 대인 관계 능력 또는 도덕성 등 다양한 능력이 요구된다. 우리 주변에는 다른 사람은 아랑곳하지 않고 제멋대로 행동하는 사람들이 있다. 또한, 불특정 다수를 향해 폭력을 가하거나 자기 잘못에 대해 부끄러움을 전혀 못 느끼는 사람들도 부지기수다. 이들은 자라는 과정에서 이와 관련한 경험이 전무했을 가능성이 높다. 이는 어쩌면 사춘기 때 전두엽을 방치한 결과일지도 모른다. 성장 과정에서 제때 제대로 교육받지 못했을 때, 우리는 사회가 기대하는 인간다운 삶이 아니라 본능에만 충실한 동물에 가까운 삶을 살아간다. 인간다움을 갖출 수 있는 적기는 바로 사춘기다.

경험에도 질이 있다고?

'양질의 경험'이라고 하면 많은 부모는 눈을 동그랗게 뜨고 어떤 경험인지를 묻는다. 사춘기 시기 겪는 모든 경험이 양질의 경험이 될 수도 또는 그 반대가 될 수도 있다. 경험 그 자체는 별로 중요하지 않다. 꿈보다 해몽이라는 말이 있다. 같은 꿈이라도 길몽이 될 수도 흉몽이 될 수도 있다. 이는 꿈을 어떻게 해석하느냐에 달렸다. 이와 마찬가지로, 경험 그 자체가 아니라 경험에 대한 해석이 중요하다. 어떤 경험이라도 경험 속에서 뭔가를 배울 수 있다면 양질의 경험이 될 수 있다.

가령 아이의 성적이 떨어진 상황을 떠올려 보자. 10년 넘게 학교생활을 하다 보면 성적은 올라가기도 떨어지기도 한다. 학생이라면 누구나 겪는 경험이다. 이때 떨어진 성적을 어떻게 해석하느냐가 중요하다. 아이의 성적표를 보는 부모의 반응은 다양하다.

	해석	행동
부모 A	성적이 떨어진다는 것은 실패이고 실패는 곧 끝이다.	불같이 화를 내며 아이를 주눅 들게 만든다.
부모 B	공부를 잘하든 못하든 그건 부모가 알 바 아니다. 아이가 알아서 할 일이다. 또는 인생에서 공부는 중요하지 않다.	아이의 성적에 관심이 없다.

부모 C	성적은 떨어질 수 있다. 부모가 조금만 도와주면 성적은 올라갈 수 있다. 오히려 이 상황이 아이의 공부 방법이나 환경 전반을 점검해 볼 절호의 기회다. 실패는 성공으로 가는 이정표다.	아이와 머리를 맞대고 성적을 함께 분석해 본다. 지난번보다 성적이 떨어진 이유를 살펴보고 향후 공부 방법을 수정해 보거나 공부 환경을 점검해 본다.

어떤 부모가 아이의 성장에 도움이 될까? 부모 A처럼 불같이 화를 내거나 아이를 비난하면, 아이는 자신을 탓하며 열등감에 빠진다. '내가 그렇지 뭐. 제대로 하는 게 아무것도 없는데, 이거라고 다르겠어?'라는 생각에서 헤어 나오지 못한다. 이런 생각은 자존감을 야금야금 갉아먹는다. 부정적으로 자기를 인식하면 할수록 부정적인 행동으로 이어질 가능성이 높다. 그렇다면 부모 B의 반응은 어떨까? 대체로 우리는 부모가 성적에 무관심하면 아이가 행복할 거라 착각한다. 그래서 내 아이의 행복을 위해서 과감하게 공부에서 관심을 거둬버린다. 하지만 이는 부모의 착각에 지나지 않는다. 사춘기 초기까지 아이가 공부하는 이유는 자기 존재가 얼마나 괜찮은지를 증명하기 위해서다. 물론 부모나 선생님 또는 또래들에게 말이다. 이때 가

장 중요한 대상은 바로 부모다. 부모에게 인정받고 싶어서 공부한다고 해도 과언이 아니다. 비록 선생님이나 또래가 인정해 주지 않더라도 부모가 인정하면 그걸로 충분하다. 따라서 부모가 성적에 일절 관심이 없다면 공부할 이유도 사라진다. 마지막으로 부모 C는 아이를 비난하는 대신 성적 향상을 위해 함께 노력한다. 부모의 이런 반응은 아이가 자기 경험을 다른 각도에서 보도록 돕는다. 아이는 떨어진 성적은 과정에 불과할 뿐이라는 사실을 깨닫는다. 나아가 무엇이 부족한지를 알아차리고 보완할 필요를 느낀다. 결과적으로 떨어진 성적은 좌절이 아니라 부족한 부분을 보완하고 다시 일어설 기회로 탈바꿈한다.

아무리 훌륭하고 능력 있는 부모라고 해도 아이의 경험을 일일이 통제하는 건 불가능하다. 하지만 부모의 노력 여하에 따라 경험의 질을 바꿀 수는 있다. 이처럼 같은 경험이라도 어떻게 바라볼 것인가가 중요하다. 아무리 좋지 않은 경험일지라도 경험 속에서 배울 점을 찾는다면 양질의 경험이 될 수 있다. 부모는 경험 자체를 바꿀 수는 없지만, 아이가 경험을 어떻게 해석할지는 도와줄 수 있다. 이런 해석들이 모여서 아이의 자존감은 결정된다.

이게 다 뇌 탓이요!

이게 방이니? 돼지우리지!

"야! 이게 방이니? 돼지우리지. 빨리 치우지 못해?"

정아 엄마는 아이의 방을 여는 순간 퀴퀴한 냄새에 미간을 찌푸린다. 제자리를 잃어버린 온갖 물건들이 여기저기 어수선하게 널브러져 있다. 침대 위에는 가방과 옷가지들이 뒤엉켜 있고, 책상 위에는 책과 노트들이 뒤죽박죽 섞여 있다. 그뿐인가? 책상 한 귀퉁이에는 어제 쓴 듯한 우산과 언제서부터 있었는지 모를 칫솔까지 덩그러니 놓여 있다. 그리고 막 먹은 듯한 컵라면 용기까지 보란 듯이 한 자리를 차지했다. 아이의 방문을 연 순간 정아 엄마의 혈압은 머리끝까지 치솟는다. "금방 치우려고 했단 말이야." 아이의 퉁명스러운 말에 엄마는 비꼬면서 말한다. "금방? 금방 언제? 네가 잘도 알아서 치우겠다." 엄마의 말이 끝나기가 무섭게 아이가 엄마를 노려보며 날카롭게 쏘아붙인다. "에잇 엄마가 그러니까 더 하기 싫어. 내 방이야. 내가 알아서 할 테니 그냥 내버려 둬!" 아이는 엄마 코앞에서 방문을 쾅 소리가 나도록 닫아 버린다.

사춘기 방은 뇌를 반영한다

사춘기 부모에게는 너무나 익숙한 장면이다. 마치 약속이나 한 듯이 사춘기 아이의 방은 지저분해진다. 안 그러던 아이가 갑자기 정리 정돈을 못 하는 게 혹시 정신적인 문제가 있어서인가 걱정이 되어 아이를 상담실로 데리고 오는 부모도 있다. 물론 아이마다 정도의 차이는 있지만, 사춘기가 되면 대체로 방이 지저분해지는 경향이 있다. 부모의 잔소리를 못 이겨서 나름 치운다고 치워도 부모의 눈에 사춘기의 방 정리는 여전히 못마땅한 수준이다. "이게 치운 거야? 발로 대충해도 이것보다는 잘 치우겠다."

먼저 소중한 혈압을 지키기 위해서라도 아이의 방문을 닫자. 그리고 조용히 생각해 보자. 사춘기가 되면 아이의 방은 왜 돼지우리처럼 변하는 걸까? 이유를 알면 흥분을 가라앉힐 수 있다. 사실 주위를 둘

러보면 내 아이만이 아니라 대부분 사춘기 아이가 겪는 문제라는 걸 쉽게 알 수 있다. 사춘기가 되면 정리 정돈이 어려워진다. 아동기까지 깔끔했던 아이라도 예외는 아니다. 앞서도 말했지만, 사춘기는 뇌와 호르몬의 급격한 변화를 맞는다. 필요 이상으로 뻗어 나오는 수상돌기와 과도한 시냅스 현상으로 인해 전반적으로 혼란스럽고 어지럽다. 사춘기의 방은 아이의 뇌를 고스란히 반영한다. 아이는 일부러 청소를 안 하는 게 아니다. 하고 싶어도 제대로 안 된다. 누구라도 마음이 심란하거나 뭔가에 정신을 뺏기면 정리를 깜빡하거나 제대로 못 할 때가 많다.

정돈에도 훈련이 필요하다

몇 년 전 〈신박한 정리〉라는 TV 프로그램이 있었다. 전문가가 연예인의 집을 찾아가서 깔끔하게 정돈해 주는 내용이었다. 이 프로그램을 보다 보면 두 번 놀란다. 첫 번째는 온갖 짐이 점령해 버린 집 상태를 볼 때다. 모든 방은 짐들이 차지한 지 오래되었고 사람은 쫓겨나 거실 한구석에서 생활한다. 심지어 어디에 무엇이 있는지조차 몰라서 같은 물건을 여러 번 구매하기도 한다. 두 번째는 도저히 손쓸 수 없을 것 같은 집을 단 며칠 사이에 180도 다른 집으로 변신시키는 걸 보는 순간이다. '아하 저렇게 정리를 하면 되는구나!' 생각지도 못한 정리의 기술 앞에서 유레카를 외친다.

정리 정돈은 기능적인 면에 속한다. 공간을 잘 활용하기 위해서는 공간 감각에 더해 배열과 배치에 대한 이해도 필요하다. 물론 도형과 구조에 대해서도 알아야 한다. 즉, 정리를 위해서는 뇌의 여러 영역이 협력해야만 한다. 하지만 사춘기의 뇌는 협력하기에는 도무지 정신이 없다. 그나마 가장 기본적으로 해 오던 것조차도 버겁다.

사실 정리 정돈은 나이가 든다고 저절로 되지 않는다. 정리도 습관에 해당한다. 습관이 되지 않는다면 아무리 나이가 들어도 여전히 어렵다. '어른이 되면 스스로 알아서 하겠지'라는 기대는 금물이다. 사춘기 때 제대로 해 본 적 없는 건 이후로도 마찬가지다. 한 번도 제대로 배운 적 없고 해 본 적 없는 아이가 나이가 든다고 어느 날 갑자기 깔끔하게 정리하기는 어렵다. 늦었다는 생각이 들더라도 지금부터라도 하나부터 열까지 가르쳐야 한다. 더군다나 사춘기는 정리 정돈 자체가 어려운 시기라는 걸 고려해서 부모의 인내가 어느 때보다도 절실하게 요구된다. 하나씩 가르칠 때마다 영혼이 털릴 각오를 해야 한다. 따라서 심호흡은 필수다.

한 번에 한 가지씩!

우리가 살아가는 이곳은 동화가 아니다. 동화 속처럼 말 한마디로 뚝딱 해결되는 건 없다. 천 리 길도 한 걸음부터라는 말이 있다. 아이의 행동을 교정할 때도 '한 번에 한 가지씩'이라는 원칙을 잊지 말아야 한다. 아이의 습관 하나를 위해서 지금을 투자한다고 생각하자. "깨끗이 치워"라든가, "말끔하게 정리해라"라는 말은 씨알도 안 먹힌다. 이 말 한마디로 될 것 같았으면 애초 어지르지를 않았다.

일단 한 번에 한 가지만을 정리하도록 해 보자. 앞서 정아 엄마의 경우를 보자. 아이의 방은 어디 한 곳만 짚어서 말할 수 없을 정도로 총체적 난국이다. 바닥부터 침대 그리고 책상까지 모두가 지저분한 상태다. 이럴 때는 "싹 다 치워"라는 말 대신에 특히 한 곳을 정해 보자. 엄마가 보기에 가장 참기 어려운 곳이 어디인지를 생각해 보고 그곳에 집중하면 좋다. 정아 엄마는 침대가 가장 눈에 거슬렸다. 그렇다면 침대부터 시작하면 된다. "정아야, 엄마는 네 방 침대 위에 이불 외에 옷가지나 가방이 올려져 있는 걸 볼 때마다 숨이 막히고 답답해. 적어도 침대 위에는 이불과 베개만 두도록 해 보자." 이때 아이를 비난해서는 안 된다. 이마에 내 천 자를 그리며 인상을 써서도 안 된다. 차분하고 담담하게 말하라. 그저 아이의 어질러진 방이 엄마에게 미치는 영향을 전달하면 된다. 그리고 엄마가 원하는 바를 간결하게 전하자. 정아는 엄마의 이런 요구가 과하다는 생각은 들지 않는다. “방을 싹 다 치워”라는 말은 숨이 막히지만, “침대 위에는 이불과 베개만 두자”라는 부탁은 들어줄 만하다고 느낀다. 이후 방에서도 침대만 유심히 관찰하면 된다. 침대가 잘 정리되어 있다면 칭찬을 아끼지 말자. 혹시라도 정리가 되지 않았다면 “오늘은 침대 위에 옷이 올려져 있네”라고 있는 그대로 사진 찍듯이 상황을 말해 주면 된다.

침대 정리에 어느 정도 익숙해지면, 이제 책상으로 옮겨 가자. 이렇게 해서 어느 세월에 방이 정리되냐고 따지고 싶겠지만, 이게 가장 안전하고 확실한 방법이다. 물론 부모의 인내심이 볼모가 되어야 하니 마냥 쉬운 길은 아니다. 침대가 정리되고, 책상도 정리된다면 이후로는 좀 더 속도가 붙는다. 첫 번째 단계는 시간도 오래 걸리고 어렵게 느껴지지만, 단계를 이어 갈수록 훨씬 더 수월해진다는 걸 기억하자. 행동 하나를 교정하기에는 반드시 시간이 필요하다. 이런 시간을 견뎌 내는 게 사춘기 부모의 숙명이다.

그런데 이런 부모의 눈물 어린 노력에도 불구하고 전혀 미동도 하지 않는 사춘기 아이도 있다. 전혀 치울 마음이 없는 아이를 강제로 움직이게 하는 방법은 없다. 그럴 때는 조용하고 단호하게 말하라.

"교복 상의를 옷걸이에 걸어야 하기까지 너에게는 시간이 좀 더 필요한 것 같구나. 하지만 언젠가는 너도 알게 될 거야. 늦어도 아마 스무 살이 되면 네 상의가 옷걸이에 걸리겠지." 물론 비꼬듯이 말하는 게 아니라 차분하게 말하는 게 중요하다.

너는 게을러서 문제야

"너는 왜 이렇게 게을러터진 거야?"

사춘기 아이들은 이 말 때문에 귀에서 피가 날 지경이라 한다. 대부분의 부모는 아이가 게으른 꼴을 못 본다. 아이가 아무것도 안 하고 침대에 누워 있으면 불같이 화를 내는 부모도 있다. 사실 사춘기 아이들을 유심히 관찰하면 확실히 초등학교 때보다 느려지고 둔해진 건 사실이다. 컴퓨터로 치면 렉이 걸리는 것과 같다. 잘 작동되던 게 갑작스럽게 렉이 걸리면 누구나 답답하기 이를 데 없다. 사춘기 부모에게 아이가 그렇다. 초등학교 때까지는 잔소리하지 않아도 제 할 일을 스스로 알아서 하던 아이가 사춘기가 되더니 영 딴사람이 된다. 사춘기가 되면 어쩐 일인지 행동이 굼뜨고 게을러진다. 알아서 하기는커녕 시키는 일도 제대로 처리하지 못한다. 덩치는 어른과 진배없는 아이가 행동이 느려지면 부모로서는 속이 터질 지경이다. 어디 행동뿐이랴. 사춘기가 되면 생각에도 렉이 걸린다. 쌈박한 답변은 기대하지도 않는다. 매번 엉뚱한 소리를 하거나 말도 안 되는 궤변을 늘어놓는 아이를 볼 때마다 속에서 천불이 난다. 자신이 방금 한 말을 뒤집는 것도 다반사다. 때로는 거짓말을 하는 것처럼 들린다.

그렇다면 사춘기 아이들이 이렇게 느려지는 이유는 뭘까? 앞서도 말한 바 있지만, 사춘기 때는 뇌 속에서 엄청난 변화가 일어난다. 무엇보다 전두엽이 급격하게 발달한다. 전두엽은 몸 전체로 명령을 하달하는 총사령 본부에 해당한다. 본부에 문제가 생긴다면, 그의 명령에 따르는 신체는 우왕좌왕할 수밖에 없다.

따라서 사춘기 부모는 아이의 게으름을 탓하기보다는 성장에 따르는 통증이라고 여기는 게 바람직하다. "너는 왜 이렇게 느려 터진 거니?"라는 부모의 호통은 오히려 아이를 더 위축되게 만들 뿐이다. 아이의 성장을 이해한다면, 속도를 좀 더 느긋하게 기다려 줄 수 있다. 부모는 엉킨 실타래를 푸는 마음으로 하나하나씩 풀어 가야 한다. 사춘기 부모는 인내심을 가지고 아이를 바라보아야 한다. 부모가 다그치거나 몰아붙일수록 아이의 스텝은 더 꼬일 뿐이다. 사춘기는 비난이 아니라 격려가 필요한 때다. 아이 스스로 복잡하게 얽힌 생각의 실마리를 차근히 풀어 가도록 기다려 주자. '느려 터졌네'가 아니라 '생각이 아주 많이 복잡하구나'라고 말해 주자. 부모는 아이가 자기 행동을 돌아볼 수 있도록 거울이 되어 주어야 한다. 아이의 행동을 있는 그대로 읽어 주자. "뭐부터 어떻게 해야 할지 정리가 안 되는구나"라는 부모의 말은 아이가 차분히 정리할 수 있는 틈을 허락한다.

대체 생각이 있는 거야? 없는 거야?

사춘기 때는 아무 생각 없이 멍해지는 때가 자주 있다. 아이 방문을 살짝 열고 들여다보면 멍하니 창밖을 바라보거나, 천정을 보고 있을 때가 많다. "뭐 하냐?"라고 물으면 귀찮은 듯이 "아무것도 안 해요"라고 대답한다. "지금 그러고 있을 시간이 있니? 공부 안 해?" 마치 기다렸다는 듯이 부모는 아이를 향해 잔소리를 쏟아낸다. 부모는 아이가 아무것도 하지 않는 꼴을 못 본다. 부모에게 아이의 '멍 때리기'는 시간 낭비에 불과하다. 그렇다면 아무 생각 없는 멍은 그저 무용지물일까?

우리 뇌는 깨어 있을 때가 아니라 깊이 잠든 시간에 활발히 일을 한다. REM 수면 상태에 도달해서야 그날 하루 있었던 일들을 재구성하고, 장기 기억 저장소로 옮기는 등의 작업을 한다. 멍 때린다는 것은 뇌에 아무런 정보가 들어오지 않는 순간이다. 외부로부터 정보가 차단되면 뇌는 비로소 기지개를 켜면서 본격적으로 일을 시작한다. 아이가 멍청하게 창밖을 쳐다보고 있다면, 멀찌감치 떨어져서 기다려 주라. 아이가 침대에 누워서 천정을 하염없이 바라보고 있다면, 아이의 뇌를 떠올려라. 뇌는 지금 어느 때보다도 분주하다.

참고로 부모가 아이의 멍 때리는 시간을 견디기 어려운 이유는 시간에 대한 개념이 다르기 때문이다. 부모가 체감하는 시간의 속도와 아이가 느끼는 속도는 다르다. 우스갯소리로 나이만큼 속도가 붙는다고 말한다. 부모에게 시간은 시속 50킬로미터라면, 아이에게 시간은 시속 10킬로미터라고 보면 된다. 갈 길이 먼 부모는 '빨리빨리'가 입에 붙었다. 미래를 미리 당겨서 살아가는 부모에게는 지금이 아니라 앞으로가 더 중요하다. 그래서 아이를 끊임없이 다그친다. 하지만 사춘기 아이에게 시간은 그다지 중요하지 않다. 시속 10킬로미터밖에 달리지 못하는 아이에게 부모의 속도에 맞춰서 오라고 닦달해 봤자 아무 소용 없다. 부모의 속만 터질 뿐이다. 아이에게는 숨 쉬고 있는 현재가 훨씬 더 중요하다. 답은 간단하다. 부모의 속도를 늦출 수밖에! 아이와 부모가 다르다는 걸 인정하자. 속도의 차이를 받아들이자. 힘들겠지만 부모의 속도를 조절해 보자. 앞서가는 부모가 아니라 아이 바로 옆에서 함께 호흡하는 부모가 되어야 한다. 왜 따라오지 못하느냐고 아이를 다그치지 말자. 아이는 대체 왜 빨리 가야 하는지조차 이해하지 못한다. 그저 숨을 헐떡이며 부모가 원망스럽게 느껴진다.

나만 모르는 내 아이의 마음

용기와 불안의 사이

앞서 1차 성장 급등기와 2차 성장 급등기에 대해서 말한 바 있다. 성장 급등기를 다른 말로는 독립기라고도 부른다. 두 돌 전후에 부모로부터 한 번 분리된 아이들은 사춘기에는 완전히 분리된다. 지금까지는 부모와 자신을 동일시했던 아이들은 이제 각성하기 시작한다.

'나는 독립적인 존재야. 누구도 나를 함부로 대해서는 안 돼. 나의 삶은 내가 스스로 개척해 나가야 하는 거야.'

사춘기 아이들의 독립 대상은 바로 부모다. 사춘기가 되면 부모에게 불편한 반응을 보이기 시작한다. 소파에 잘 앉아 있다가도 엄마가 와서 옆에 앉으면 화들짝 놀라 자리를 뜬다. 걷는 중에 팔이라도 잡을라치면 슬쩍 빼 버린다. 사춘기 아이에게는 부모와 함께하는 자체가 스트레스다. 스트레스를 받을수록 부모에게 불친절하고 퉁명스러워진다. 사춘기는 부모에게서 되도록 멀어지고 싶다. 그렇지만 부모가 너무 멀어지면 불안해진다. 부모가 다가와서 살갑게 굴면 어린 아이처럼 대할까 봐 겁이 난다. 하지만 동시에 부모가 자기 존재를 무시하면 화가 난다. 두 가지 상반된 마음이 오락가락한다.

어쨌든 사춘기가 되면 부모를 보는 시각이 달라진다. 이전 아동기까지만 해도 부모는 완벽한 신에 가까운 존재였다. 하지만 사춘기가 되면 아이들의 눈에 씐 콩깍지가 벗겨진다. 부모 또한 자기들과 하등 다를 바 없이 불완전하고 결점투성이라는 사실을 알아챈다. 그래서 부모의 허점을 찾아내서 사사건건 시비를 건다. 중학생이 된 딸은 언제부턴가 아빠에게 불평을 늘어놓기 시작한다. "아빠는 왜 맨날 먹을 때마다 쩝쩝 소리를 내는 거야? 아빠랑 같이 식사하기 짜증 나!" 아이가 부모의 결점을 들추며 비난하면, 부모는 화가 난다. 부모가 화를 낼수록 아이는 "거 봐! 내가 바른말 하는데도 아빠는 화만 내잖아"라며 오히려 적반하장으로 나온다.

사춘기는 스스로 독립된 존재라고 믿는다. 하지만 이런 으스대는 마음 이면에는 두려운 마음이 숨어 있다. '나는 모르는 것이 너무 많고 특별히 잘하는 것도 별로 없어. 만약 문제가 생기면 혼자서는 해결하지 못할지도 몰라. 앞으로 과연 혼자서 잘 살아갈 수는 있을까?' 이들은 자신이 어른이면서도 동시에 불완전한 존재임을 알아차린다. 이들의 눈앞에 가장 많이 등장하는 어른은 부모다. 이들의 불안을 잠재워 줄 사람 또한 부모다. 부모는 완전하지도 완벽하지도 않지만, 여전히 잘 살아가고 있다. '우리 부모도 나랑 똑같아. 완벽하지 않아. 이 세상에서 살아남기 위해서 그렇게 완벽할 필요가 없는 거잖아. 그렇다면 나도 할 수 있어.' 부모가 자신의 결점을 인정하고 받아들이는 모습에서 아이는 안도한다. 이처럼 사춘기 아이가 부모의 결점을 자꾸만 들춰 내는 이유는 자기 마음 안의 불안을 잠재우고 안심하기 위해서다. 아이가 부모의 결점을 지적하면, 방어하거나 역습하는 대신 쿨하게 인정하자. 앞서 식탁에서 아이로부터 불평을 들었던 아빠라면, "아빠가 씹을 때 소리를 내나 보구나"라고 하면 된다. 아이가 기대하는 뻔한 반응을 멈출 때, 아이에게 휘둘리지 않는다는 사실을 기억하자.

나도 이제 어른이라고요

사춘기는 발달 과정상 아동과 어른의 사이이다. 아동도 어른도 아니라고 해서 '주변인'이라는 별명으로 불린다. 누구나 어른이 되어 간다. 하지만 어떤 아이는 너무 빨리 어른이 되고자 몸부림친다. 미처 어른이 되기도 전에 어른처럼 행동한다. 몸의 변화를 겪으면서 '나도 어른'이라는 생각이 들면 브레이크가 고장 난 자동차처럼 어른의 세계로 돌진한다. 아이가 너무 빨리 어른이 되려고 한다면, 부모는 아이를 주의 깊게 살펴야 한다. 너무 빨리 어른이 되려는 데는 숨겨진 이유가 있다.

대표적으로 강압적인 부모에게서 자란 아이들이 이에 해당한다. 아이의 의사를 무시하고 부모의 뜻대로만 아이를 밀어붙이면 아이는 반발한다. 마치 용수철을 누르면 누를수록 튀어 나가려는 속성이 강해지는 것과 같다. 간혹 가출을 감행하는 아이도 있다. 양육에는 무관심한 부모, 즉 방임하는 부모에게서 자라는 아이도 빨리 어른이 되어 부모를 떠나려고 한다. 아이 존재 자체에 관심이 없는 부모는 자신도 모르는 사이 아이 존재를 폄훼한다. '나는 세상에서 아무짝에도 쓸모없는 사람이구나'라는 생각은 아이의 자존감을 손상한다. 이들은 부모에게서 충족하지 못한 욕구를 다른 곳에서 찾으려 든다. 혹은 왜곡된 방식으로 손상된 자존감을 회복하려고 발버둥 친다. 아직은 분별력과 판단력이 영글지 않은 아이는 위험한 상황으로 제 발로 걸어 들어가기도 한다. 주로 물질 중독에 빠지기 쉬우며, 어른 흉내를 내며 힘을 과시하기도 한다.

사춘기, 그게 뭔가요?

간혹 아이가 사춘기 증상이 전혀 없다고 자랑삼아 말하는 부모를 본다. 해맑은 얼굴로, "사춘기, 그게 뭔가요? 우리 애는 아직도 여전히 귀엽고 사랑스러운데요"라고 말한다. 턱수염이 난 중학생 아들이 엄마와 손을 잡고 다닌다. 중학생 딸이 엄마 품에 파고들어 잠을 자려고 한다. 이런 부모의 자랑에 마냥 부러운 눈으로 쳐다보는 부모가 많다. 물론 인상을 찌푸리며 징그럽다고 여기는 부모도 있다.

너무 빨리 어른이 되려는 아이들도 있지만, 어른이 되기를 거부하는 아이들도 있다. 몸은 어른이 되어 가고 있지만, 마음은 아직도 어린아이에 머무르려고 한다. 부모를 떠나기는커녕 오히려 부모의 품속으로 파고든다. 부모는 내심 안도가 된다. 험한 사춘기의 격랑을 겪지 않고 있으니 한편 안심되기도 한다. 하지만 모든 성장에서 양극

단은 위험하다. 지나치게 부족한 것도, 넘치는 것도 모두 문제다. 너무 빨리 어른이 되려고 하는 아이도 위험하지만, 어른이 되지 않으려고 몸부림치는 아이도 위험하기는 매한가지다.

아이가 성장을 거부하는 이유는 부모와 심리적·정서적으로 꽁꽁 묶여 있기 때문이다. 이들이 부모에게 묶인 이유는 둘 중 하나다. 하나는 '우리 엄마는 나 없이는 안 돼'며, 다른 하나는 '나는 엄마 없이는 아무것도 못 해'다. 전자는 나약하고 유약한 엄마를 보호하기 위해서 엄마의 정서적 배우자를 자처하는 아이들이다. 이들은 엄마 곁에서 엄마를 지키기 위해 독립을 거부한다. 다시 말해, 정상적인 성장을 거부한다. 자라면서 줄곧 "엄마는 너 하나만 보고 살아"라는 말을 들었기에 차마 엄마를 떠나지 못한다. 후자는 반대로 강압적이고 위력적인 부모에게서 자란 아이들이다. 부모 없이 혼자서는 아무것도 제대로 할 수 없다고 여긴다. 이들은 부모와의 분리가 두렵다. 불편하고 힘들어도 부모에게 붙어 있어야 안정감을 느낀다. 부모를 떠나는 건 있을 수가 없는 일이라 스스로 위안 삼는다. "너 혼자서 뭘 할 수 있겠니?"라는 부모의 말은 결국 혼자서는 아무것도 못 하는 아이를 만든다. 아이는 부모의 말을 먹고 자란다. 부모가 어떤 말을 하느냐에 따라 아이의 성장은 영향을 받을 수밖에 없다.

부모 세대는 대체로 '민족 중흥의 역사적 사명을 띠고 이 땅에 태어난' 반면, 우리 아이들은 '사랑받기 위해 태어난' 존재들이다. 출발점부터가 다르다. 부모 세대는 집단주의적 가치가 중요했다면, 요즘 아이들에게 중요한 건 자기실현이다. 무슨 일이든 자기 자신에게 중요하고 의미가 있어야 움직인다. 제아무리 공부가 중요하다고 부모가 잔소리한들 스스로 재미를 찾지 못하면 소용이 없다. 이토록 존재감이 중요해진 요즘, 사춘기로 살아간다는 건 힘들다. 학교에서도 가정에서도 아이들은 괴롭다. 더군다나 중학교만 들어가도 모든 게 급격하게 변한다. 학교 체제는 더욱 엄격해지고 실질적인 경쟁에 내몰리게 된다. 많은 또래 사이에서 존재감을 드러내는 일은 쉽지 않다. 이때 자존감이 높은 아이는 어떻게든 헤쳐 나가기 위해 몸부림친다. 실수나 실패에 좌절하지 않고 딛고 일어서고자 애쓴다. 반면에 자존감이 낮은 아이는 위축되고 주눅이 든다. 하루에도 몇 번씩 좌절을 경험한다. 이들은 안타깝게도 실패를 적절하게 승화시키는 방법을 알지 못한다. 그래서 그들 앞에 닥친 도전을 꺼리며 자꾸만 물러선다. 이 때문에 아이들은 크고 작은 우울을 겪는다.

사춘기의 우울은 어른의 우울과 다르다. 어른은 우울해지면 정서적으로 둔감해진다. 반면에 사춘기는 오히려 주변 감정에 상당히 민감하게 반응한다. 까칠해지는 현상도 사춘기 우울 증상 중 하나다. 특히 주변 사람들의 시선에 더욱 예민해진다. 누가 쳐다만 봐도 대들 듯 달려든다. 우울한 어른은 전반적으로 의욕이 저하되고 무기력해진다. 주로 잠을 설치거나 식욕이 감퇴한다. 하지만 우울한 사춘기는 생활 패턴이 불규칙해지고 충동성이 강해진다. 많이 자고 늦게 일어나거나 아예 자지 않기도 한다. 음식을 거부하거나 마구 먹어 대기도 한다. 겉으로만 보면 여느 사춘기의 특성을 그대로 닮았다. 하지만 부모는 '사춘기라서 그래' 라고 가볍게 여겨서는 안 된다. 부모는 사춘기 아이의 변화에 관심과 주의를 기울여야 한다. 만약 아이가 잠을 못 자거나 너무 많이 잔다면 잘 살펴보아야 한다. 너무 많이 먹거나 너무 먹지 않아도 우울을 의심해 볼 수 있다. 또한, 아이의 성적이 급격하게 떨어지거나 학교 선생님으로부터 자주 수업 태도나 학교생활 등에 대해서 지적을 받는다면 주의를 기울여야 한다. 친구 관계에서도 어려움을 겪는다는 신호가 나타나면 언제든 도울 준비가 되어 있어야 한다. 어쩌면 사춘기라서 그런 게 아니라 우울해서 그런 것일 수도 있다.

죽겠다고 말하는 아이

한 달 전 모 기관에서 사춘기 부모를 대상으로 강연할 때였다. 한 엄마가 손을 들고 질문했다. "중학교 1학년인 아들이 날마다 10년 뒤에는 죽을 거라고 말하는데 어떻게 해야 하나요?" 아들은 사는 게 재미없다고 한다. 아이는 어제와 오늘이 똑같은데 더 살아봐야 뻔한 거 아니냐고 묻는다. 아들의 말에 엄마는 말문이 막힌다. 뭐라고 말해 주어야 할지 도무지 모르겠다. 부모는 아이의 이 말에 하루하루 살얼음판을 걷는다. 행여 아이가 나쁜 마음이라도 먹을까 봐 심장이 조여든다. 어떨 때는 화가 불쑥 난다. "그런 소리 하면 못써! 너 자꾸 그러면 너보다 엄마가 먼저 죽어 버릴 거니까 다시는 그런 말 하지 마!" 마음에도 없는 회유와 협박을 일삼기도 한다.

부모는 아이의 죽고 싶다는 말을 허투루 들어서는 안 된다. 아이에게 구체적인 자살 계획이 있다고 판단되면, 아이에게는 반드시 상담이나 치료가 필요하다. 그런데 입버릇처럼 죽고 싶다고 표현하는 사춘기 아이들이 의외로 많다. 때로 사춘기의 '죽고 싶다'라는 말은 '살고 싶다'라는 말로 해석해야 한다. 그것도 재미있고 행복하게 살고 싶다는 말이다. 그렇게 살도록 도와 달라는 SOS다. 만약 아이가 이렇게 말한다면, "사는 게 영 재미가 없구나"라고 그 마음을 읽어 주는 게 필요하다. 살아가는 모든 순간이 재미있고 활기찰 수는 없는 노릇이다. 만약 그렇다면 그건 병이다. 누구나 삶이 지루하고 고단할 때 '죽으면 마음이 좀 더 편할까?'라고 생각한다. 사실 죽고 싶다는 말은 이 순간 가슴 뛰는 일이 없다는 말이다. 그렇다면 회유나 협박이 아니라 심폐 소생이 필요하다. 부모는 두 손 모아 아이의 가슴 한가운데를 힘주어 눌러야 한다. 세상을 온통 비관적으로 바라보는 아이라면 부모가 할 일은 단 1퍼센트라도 낙관적인 세상을 보여 주어야 한다. 아이와 부둥켜안고 삶을 비관해 봤자 단 1그램도 도움 되지 않는다.

내일 당장 지구가 멸망한다고 해도 한 그루의 사과나무를 심겠다고 말한 사람도 있다. 혹자는 스피노자가 말했다고 하고 또 다른 사람은 루터가 한 말이라고도 한다. 누가 말했느냐가 중요한 게 아니다. 사과나무 한 그루가 지닌 가치를 생각해 보아야 한다. 부모는 내 아이에게서 '사과나무'를 찾아내고자 노력해야 한다.

"그래도 네가 10년은 더 살아 보겠다고 하니 엄마는 안심돼. 그러면 그 10년 동안은 뭘 해 보고 싶어? 시간이 얼마 안 남았는데, 이 시간만큼이라도 정말 너에게 소중하고 중요한 일을 해야 하지 않을까?"

부모의 이 말은 아이에게 생각할 여지를 준다. '나에게 가장 중요한 것은 무엇인가?' '나를 가슴 뛰게 하는 일은 무엇인가?' 비록 거창한 것은 아니더라도 그 작은 무엇이 우리 아이의 심장을 뛰게 한다는 걸 기억하라. 심장이 뛰면 거기서부터 시작하면 된다. 내일 지구가 멸망한다면 내 아이는 무엇을 하고 싶을까? 아이에게 물어보자.

싸우거나 도망가거나

앞서 뇌 부분에서도 다루었지만, 전두엽은 공사 중이다. 그리고 감정과 관련된 변연계도 호르몬과 신경 전달 물질 등으로 인해 불안정하다. 따라서 사춘기의 뇌는 뇌간이 주로 활성된다. 뇌간은 호흡이나 맥박 또는 몸의 균형을 잡는 등 신체적 기능과 관련이 있는 영역이다. 파충류도 뇌간의 기능을 한다고 해서 뇌간을 파충류의 뇌라고도 부른다. 우리가 사춘기의 뇌를 '파충류의 뇌'라고 부르는 이유다. 파충류는 외부로부터 공격을 받으면 싸우거나 도망가거나 둘 중 하나를 선택한다. 이런 측면에서 본다면, 사춘기 남자아이와 여자아이는 상반된 태도를 보인다.

아들들은 주로 도망가기를 선택한다. 마치 부부 싸움 도중 감정이 격해지면 문을 박차고 나가 버리는 남편과 같다. 아들들은 되도록 말하지 않고 대화 자체를 회피한다. 바로 앞에 있어도 입을 꾹 닫고 도무지 반응하지 않는다. 버틸 수 있을 때까지 버틴다. 아들들은 엄마가 잔소리하는 동안 의식을 저 멀리 우주 밖으로 보내 버리는 방법 한두 개쯤은 알고 있다. 부모는 아들들과 대화하다가 고구마 백 개 먹고 물을 한 모금도 마시지 못한 기분을 주로 느낀다. 아들들은 공부가 힘들면 쉽게 포기한다. 그리고 되도록 부모의 눈에 띄지 않기 위해 애쓴다. 이처럼 아들들은 문제가 발생하면 대체로 사라지거나 거리 두기를 선택한다. 사라진 아들들이 속속 모여드는 곳은 바로 온라인 게임 세상이다. 자칫 게임에 과의존하기도 한다. 물론 여자아이들도 게임을 하기는 하지만, 주로 게임으로 인해 문제를 겪는 건 남자아이들이 압도적으로 많다. 게임 공간만큼 훌륭하고 달콤한 도피처는 없다. 현실의 고통스럽고 복잡한 생각으로부터 피할 수 있기 때문이다.

아들들과 달리 딸들은 싸우기를 선택한다. 딸들은 먼저 자기 자신과 싸운다. 문제로부터 도망가는 아들들과 달리 자신을 미워하고 할퀸다. 스스로 부모의 기대에도, 친구들의 기대에도, 자신의 기대에도 미치지 못하는 부족한 존재라고 생각하며 자신을 혐오한다. 딸들은 상대적으로 더 높은 목표나 성과를 자신에게 요구하고 더 완벽하게 성공해야 한다고 자신을 채찍질한다. 긴장감이 높고 정서적으로 예민하다 보니 늘 가시가 곤두선 고슴도치 같다. 잘못 건드리면 공격의 화살은 부모를 향한다. "엄마 얼굴만 봐도 토 나와!"라고 바락바락 소리를 지르는 딸 앞에서 엄마는 그야말로 속수무책이다. 많은 연구에 의하면, 남자아이들에 비해 여자아이들의 우울 지수가 높게 나타난다. 특히, 스트레스를 받을 때 자해하는 빈도도 여자아이들이 압도적으로 높다. 자기 몸을 자해하거나 폭식증이나 거식증에 시달리기도 한다. 아들들은 투박한 질그릇 같아서 속을 알 수가 없는 반면에 웬만큼 충격이 가해지지 않고서는 꿈쩍도 하지 않는다. 아들들의 반응을 끌어내려다가 결국 부모가 지쳐 나가떨어지는 일이 다반사다. 반면에 딸들은 얇디얇은 유리그릇 같다. 스치기만 해도 금이 가거나 깨지기 쉽다. 딸들과 함께하는 모든 순간이 살얼음판이라 부모로서는 숨이 막힐 지경이다.

내 탓 아니라고요!

30분 넘게 엄마와 실랑이하던 딸이 급기야 얼굴이 발갛게 달아올라서는 벌떡 일어나 자기 방으로 들어간다. '쾅!' 문짝이 떨어질 정도의 소리에 깜짝 놀란 엄마는 딸의 등 뒤에서 소리친다.

"너 지금 방문을 왜 그렇게 세게 닫는 거야?"

"아 바람 때문이라고!"

그렇다. 사춘기 아이들은 한 번도 자기 잘못에 대해서 순순히 시인하는 법이 없다. 늘 탓하기에 바쁘다. 사춘기로부터 "잘못했어요"라는 말을 듣는 건 태어난 지 6개월도 안 된 아이에게 엄마, 아빠라는 소리를 기대하는 것과 다를 바 없다.

사춘기가 잘못을 시인하지 않는 이유는 간단하다. 일단 다른 사람이나 환경 탓을 하면 당장은 부모의 화를 피할 수 있기 때문이다. 이들은 자신에게 쏟아질지 모를 비난을 피하기 위한 다른 뾰족한 수가 없다. 사춘기 아이는 양심의 가책을 느끼기를 아주 싫어한다. 죄책감은 기분 나쁘고 찜찜한 감정이다. 죄책감을 인정한다는 말은 앞으로 자기 행동을 바꿀 필요가 있다는 뜻이다. 따라서 사춘기는 어떤 잘못이라도 그 잘못을 인정하는 대신 할 수 있는 한 따지려 든다. "그렇게 한심한 눈으로 쳐다보지 말라고!", "엄마는 왜 맨날 나한테 짜증 내는 건데?"라고 말꼬리를 잡고 늘어지면서 본질 자체를 흐리게 만든다. 이때 부모가 아이를 지나치게 추궁하면, 아이는 더 교묘하게 남 탓하는 기술을 익힌다. 사춘기 부모는 아이의 말꼬리 잡기 전략에 걸려

들지 말아야 한다. 무턱대고 시시비비를 가리려 들어서도 안 된다. 설령 시시비비를 가려서 이겼다고 한들 상처뿐인 영광이다. 아이가 남 탓한다고 부모마저 덩달아 남 탓해서는 안 된다. "네가 방문을 세게 닫았잖아!"라는 말 대신, "앞으로는 방문을 살살 닫았으면 좋겠다"라고 말하자. 이때 아이가 바람 탓을 한다면 한 귀로 듣고 한 귀로 흘려라.

참고로 사춘기 아이들은 뭐든 부모 탓으로 돌리는 경향이 있다. "이게 다 엄마(아빠) 때문이야"라고 말할 때마다 부모는 어이가 없다. 아이 입장에서는 엄마와 아빠를 가해자로 몰아가면 더 이상 자신은 가해자의 말을 들을 이유가 없어진다. 그러면 도덕적으로 부모에게 순종할 이유도 함께 사라진다. 따라서 사춘기의 뇌 속에서 자신은 늘 피해자, 부모는 언제나 가해자로 이미 판결이 나 있다. 이때도 마찬가지다. 부모의 억울함을 아무리 항변해 봤자 소용이 없다. 어디다 고소할 수도 없는 노릇이다. 혈압만 치솟을 뿐이다. 아이는 이미 부모의 말을 듣지 않기로 작정했다. 그렇다면 그냥 아이의 말을 들어주면 그뿐이다. "엄마 때문이라고 생각하는구나." 때로 지는 게 이기는 것이다. 사춘기 부모는 현명하게 지는 법을 연구할 필요가 있다.

3장

사춘기의 반항 :
내가 알아서 한다고요

지금은 독립 중입니다만

미운 네 살, 처음으로 독립하다

인간은 태어나서 얼마 동안은 혼자서 생존하고 적응할 수 없다. 다시 말해 누군가 도와주지 않으면 이 세상에서 잘 적응하는 건 물론, 살아남는 것조차도 어렵다. 인간에게 가장 적합하고 살기 좋은 환경은 엄마의 자궁이다. 천혜의 환경에서 어느 날 갑자기 세상 밖으로 내쫓기면서 시작하는 게 바로 인생이다. 이렇듯 우리는 취약한 상태에서 세상에 첫발을 딛는다. 세상에서 살아남으려면 누구에게든 의존해야만 한다. 갓 태어난 아이는 양육자로부터 분리되는 순간 위협을 느낀다. 하지만 성장이란 양육자로부터 분리되는 과정이다. 전적으로 양육자에게 의존하던 아이는 자라면서 부모로부터 서서히 독립한다.

아이가 맞는 인생의 첫 독립은 양육자로부터 신체적으로 분리되는 때, 즉 두 돌 전후에 일어난다. 이 시기가 되면 아이들은 자유롭게 걷고 뛴다. 계단을 오르내리는 것도 가능해진다. 온종일 누워서만 지내는 아기는 스스로 선택할 게 그다지 많지 않다. 그저 내 눈앞에 나타나는 대상을 관찰한다. 누운 채 고개는 고작 180도 정도 돌려서 볼 수 있을 뿐이다. 엄마와 아빠가 나를 안고 놀이터에 가면 놀이터를 구경할 수 있다. 하지만 두 발을 땅에 딛고 서는 순간 세상은 다르게 다가온다. 이제는 360도 방향을 틀어서 움직일 수 있을 뿐 아니라 스스로 선택이 가능해진다. 자유로워진 손발로 무엇이든 해 볼 수 있다. 이때 자율성이 싹튼다. 자율성과 더불어 자의식도 자란다. 이전보다 '나'가 커졌다. 무엇보다 자기 경계가 점차 뚜렷해져서 내 것과 남의 것이 구분된다. 이제는 '내 장난감', '내 엄마' 그리고 '내 것'에 대한 주장이 강해진다. 더불어 자기 의지와 욕구가 도드라진다. 비로소 스스로 하고 싶은 게 생긴다. 내 마음이 무럭무럭 자라서 좋고 싫은 게 명확해진다. 양육자와 생애 처음으로 갈등에 부딪히기도 한다. "내가! 내가!"를 외치고, 자기 의사를 분명하고 또렷하게 표현하기도 한다. "싫어!", "안 해!", "미워!"와 "나빠!" 등의 미운 말만 골라서 한다. 이 시기 언어가 급격하게 발달하는 건 자기를 표현하기 위해서다. 부모는 고집불통, 떼쟁이에 급기야 '싫어병'에 걸린 아이들이 밉다. 이들이 '미운 네 살'이 된 이유다. 부모에게는 정말이지 성가시고 힘든 미운 네 살일지 모르지만, 이 과정에서 이들은 드디어 부모의 품을 벗어나 당당하게 생애 첫 독립을 한다.

반쪽짜리 독립

어렵사리 이뤄 낸 독립이지만, 유아기까지의 독립은 반쪽짜리에 불과하다. 신체적으로 독립을 했을지라도 심리·정서적으로는 여전히 부모의 품을 벗어나지 못한다. 무엇보다 아동기까지 아이들은 부모의 신념이나 가치관을 마치 제 것인 것처럼 동일시하면서 살아간다. 쉽게 말해, 부모의 생각에 자신을 맞춰서 살아간다. 부모가 지시하면 군말 없이 따른다. 교회를 가라면 가는 게 맞다. 신이 있고 없고를 논리적으로 따질 수는 없지만, 부모가 있다고 하면 철석같이 믿는다. 이들에게는 부모의 말이 곧 진리다. 아이의 1차 독립을 혹독하게 치러 낸 부모는 이제 좀 숨통이 트인다. 말귀도 곧잘 알아듣고 순종적인 아이를 보면서 양육에서의 효능감도 커 간다. 잘만 하면 부모가 원하는 대로 아이를 키워 낼 수 있으리라는 장밋빛 환상에 빠진다. 하지만 이것도 2차 독립 전까지다. 부모가 방심하는 틈을 타고 더 큰 폭풍이 몰아친다. 바로 사춘기가 그것이다.

2차 독립은 사춘기에 이루어진다. 이전까지는 부모의 신념이나 가치관을 꿀꺽 삼키며 살아오던 아이들은 이제 스스로 생각하기 시작한다. 커질 대로 커진 '나'는 점차 부모의 생각에서 분리되고자 애쓴다. 지금까지 엄마의 껌딱지였던 아이는 이제 엄마를 '씹던 껌'처럼 쳐다본다. 일단 부모의 말은 무조건 거부하고 본다. "아니, 나는 교회 가기 싫다고요. 신은 없다고요"라는 말로 부모에게 도전장을 내민다. 놀라지 말라. 이제 시작이다. 이들은 사사건건 부모의 말에 토를 달고 거친 반항을 시작한다. 부모의 말이라면 팥으로 메주를 쑨다고 해도 믿던 순한 아이는 온데간데없다. 눈을 치켜뜨고 으르렁거리는 맹수 한 마리가 그 자리를 대신한다. 부모가 한 마디를 하면 열 마디로 응수한다. 청개구리도 이런 청개구리가 없다. 작정이라도 한 듯 부모가 하자는 반대로만 하려고 든다. 도무지 고분고분 대답하는 법이 없다. 대답이라도 해 주면 고마울 따름이다. 부모는 피가 되고 살이 되는 말을 하는데도 듣는 시늉조차도 하지 않는다. 이쯤 되면 '어쭈, 한번 해 보자는 거지'라는 생각이 스멀스멀 고개를 든다. 그야말로 피가 되고 살이 되는 말을 하려다가 피를 토하고 살이 마르는 현실이다. 부모로서는 머리 좀 굵어졌다고 반항하는 아이가 못마땅하고 화가 난다. 드디어 기나긴 전쟁의 서막이 시작된다.

사춘기는 독립투사?

사춘기는 신체적 독립에 이어 생각 독립이 이루어지는 때다. 사춘기思春期라는 말에서도 알 수 있듯이 사춘기는 '생각이 봄을 맞는 시기'다. 봄은 새로운 시작을 의미한다. 사춘기는 드디어 자기만의 생각이 싹트는 때다. '생각 독립'이란 자기만의 가치관을 형성하는 심리적 독립을 말한다. 만약 사춘기 때 온전히 독립하지 못한다면 이후로도 주체적이고 자주적인 삶을 기대하기는 어렵다. 생각 독립이 되지 않은 사람은 나이 스무 살이 넘어서도 매사 부모에게 의존한다. 파파걸이나 마마보이가 이에 해당한다.

얼마 전 만난 한 엄마는 대학 다니는 딸 때문에 고민이 많다고 토로했다. 딸은 하루에도 수십 차례 엄마에게 전화한다. 어떤 색의 립스틱을 고를지부터 어떤 음식을 주문할지에 이르기까지 전화하는 이유도 다양하다. 어느 순간 지친 엄마가 버럭 화를 냈다. "이제는 네가 알아서 좀 결정하면 안 돼?" 그랬더니 딸은 흠칫 물러서며 기어들어 가는 목소리로 답했다. "아니…… 난 그래도 엄마가 골라 주는 게 안심이 되고 편하단 말이야." "도대체 언제까지 이거 해라, 저거 해라 말해야 하는 걸까요?"라며 그녀는 짜증이 뒤섞인 얼굴로 묻는다.

우리는 일상에서 작고 소소한 것부터 시작해서 중대한 사안에 이르기까지 매 순간 선택과 결정의 순간에 놓인다. 립스틱 색깔부터 결혼 상대자에 이르기까지 말이다. 자신에게 적합한 선택과 결정이 쌓여 갈 때 삶의 만족도는 높아지며 행복감도 덩달아 올라간다. 하지만 선택의 기로에서 어떤 결정을 내려야 할지 모르고 방황하는 사람이 있다. 이들은 매 선택에서 무력감을 느끼며, 자신의 선택에 회의를 느낀다. 이렇게 쌓인 회의감과 무력감은 자존감을 야금야금 갉아먹는다.

신체적인 성장은 시간이 지남에 따라 저절로 자란다. 즉, 어느 정도 나이가 되면 걷고 뛰는 게 가능해진다. 물론 그 과정에서 숱한 연습과 훈련을 반복해야 하지만, 다리 근육이 충분히 자라면 걷는 게 가능해진다. 하지만 마음 성장은 다르다. 어른이 된다는 것은 단순히 나이만 먹는 게 아니라 성숙해진다는 뜻이다. 성숙의 한자를 풀어 보면 이룰 성成, 익을 숙熟이다. 한자 그대로를 보면, 단계를 거쳐 일반적으로 기대되는 정도에 이르는 것을 의미한다. 경험이나 훈련을 쌓아 익숙해지는 것이 바로 성숙이다. 익을 숙熟에는 '상세히 생각하다'라는 뜻도 숨어 있다. 깊이 생각한다는 뜻의 심사숙고에도 이 글자가 들어가는 걸 알 수 있다. 결국 성숙해진다는 것은 생각이 깊어진다는 의미다. 그도 그럴 것이 자기에게 알맞은 선택과 결정은 결국 자신의 가치 판단 기준에 따를 때 가능하다. 우리 주변에는 미처 자라지 못한 어른이 너무 많다. 겉이 어른이라고 해서 속까지 모두 어른일 수는 없다. 특히 사춘기 시기 부모로부터 제대로 독립하지 못해 무늬만 어른인 사람이 점점 늘고 있다. 손만 살짝 대도 우수수 부서지는 쿠크다스 과자처럼, 이들은 서른이 되고 마흔이 되어도 여전히 부모에게 의존하며 살아간다. 부모는 자녀가 어른이 되기 전 독립심은 물론 책임감도 길러 주어야 한다. 책임감과 독립심은 특별한 능력을 발휘할 때 길러지는 게 아니다. 아이에게 혼자서 해내라고 닦달한다고 독립심이 길러지는 것도 아니다. 오히려 자기 능력보다 과도한 요구를 받다 보면 실패와 좌절감만 맛볼 뿐이다. 책임감과 독립심을 키워 주기 위해서는 아이가 해낼 수 있는 일을 맡기고, 그것을 끝까지 마무리 짓는 경험을 쌓게 해 주는 게 중요하다. 아이가 스스로 책임지도록 기다린다면, 결국 아이는 책임지는 행동을 하게 된다. 물론 결과는 눈앞에 바로 나타나지 않는다. 나중에 서서히 나타난다.

지는 법을 가르칠 것인가? 이기는 법을 가르칠 것인가?

어떤 부모는 아이가 사춘기가 되어도 여전히 아이 위에 군림하려고 든다. 아이의 자아가 커진 만큼 부모의 억압과 강요도 커진다.

"잔말 말고 시키는 대로나 해!"

"한 번만 더 말대꾸하면 가만 안 둘 줄 알아!"

이처럼 강압적인 부모에게 오랜 세월 익숙해진 아이라면 '잔말 없이 복종하는 법'을 배운다. 그리고 되도록 의사 표현하지 않고 시키는 대로 하는 법을 배운다. 부모에게는 더없이 좋은 자녀가 된다. "우리 아이는 얼마나 순하고 착한지 몰라요. 진짜 손이 안 간다니까요"라며 자랑삼아 말하는 부모를 종종 만난다. 나는 그럴 때마다 아이의 짓이겨진 마음이 보인다. 명령하고 지시하는 부모에게서 자란다면, 아이는 명령에 복종하고 지시에 따르는 사람이 되는 것밖에 별수가 없다. 물론 세상을 살아가다 보면 질 때도 있다. 하지만 어떻게서든 온 힘을 써서라도 이겨야 할 때도 있다. 이기고 지는 것 사이에서 균형을 잡으며 살아가는 게 인생이다. 하지만 지는 법만을 배운 아이는

지는 것에 익숙해진다. 그래서 늘 지는 쪽을 선택한다. 그게 속 편하니 어쩔 수 없다. 궁극에는 자신이 뭘 할 수 있는지조차 모른다. 친구 관계에서도 늘 양보하기 마련이다. 누군가 큰 목소리로 말하면 주눅이 든다. 한껏 움츠러든 아이를 보면 부모는 오히려 아이에게 역정을 낸다. "넌 왜 매번 친구들에게 양보만 하니? 너 바보야? 네가 친구 꼬봉이야?" 부모 자신이 그렇게 만들었다는 생각은 전혀 하지 못한 채 애꿎은 아이에게 화살을 돌린다. 단 한 번도 부모에게 이겨 본 적이 없는 아이, 즉 이기는 법을 배운 적이 없는 아이는 이기는 법을 알 수 없다.

그렇다면 아이가 늘 이기는 법을 배우도록 하면 도움이 되지 않을까? 혹시라도 이렇게 생각한다면 오산이다. 아주 어릴 때부터 부모가 아이에게 쩔쩔매면서 아이가 원하는 대로 하도록 방치했다면 문제는 더 심각해진다. 어린아이에게 세상은 부모가 거의 전부다. 이 작은 세상에서는 아이가 군주로 군림할 수 있다. 하지만 아이가 자라서 세상 밖으로 나간다면 이야기는 달라진다. 하다못해 유치원에만 가도 상황은 달라진다. 유치원에서 공동생활을 하다 보면 아이 뜻대로 되지 않는 상황이 비일비재하다. 혹여 아이가 양보해야 하거나 마음대로 할 수 없는 상황이 된다면 아이는 견딜 수가 없다. 좌절을 견딜 만한 내성을 전혀 기르지 않았기 때문이다. 이런 아이는 조그만 좌절 상황에서도 그 자리에서 주저앉는다. 부모가 아무리 일으켜 세워도 소용없다. 초등학교에 가도 마찬가지다. 자신이 할 수 없다고 여겨지면 아예 시도조차 하지 않는다. 실패의 상황을 견딜 수가 없기 때문이다. 부모는 우리 아이가 세상을 당당히 살아가도록 하려면 이기는 법을 가르쳐야 한다. 하지만 졌을 때 일어서는 법 또한 가르쳐야 한다. 인생은 시소와 같다. 오를 때도 있지만 내려갈 때도 있다. 발이 땅에 맞닿을 때도, 머리카락이 하늘 가까이 휘날릴 때도 그 순간을 온전히 즐길 수 있어야 한다. 이렇게 오르내리다 보면 시소를 온전히 즐길 수 있다.

아이와 심리적 거리 두기

얼마 전 지방 도서관에서 강연할 때였다. 맨 앞에 앉은 어머니는 고민을 토로했다. 초등학교 5학년 딸이 도무지 엄마 말을 듣지 않아 미워 죽을 지경이라고 한다. 도대체 무엇이 엄마에게 이토록 미운 마음이 들도록 했을까? "아니 글쎄, 저는 독서가 중요해서 독서 클럽에 가입하도록 했는데, 아이는 자기가 좋아하는 뮤지컬 클럽에 가입하겠다고 우기는 거예요. 아무리 설득하고 혼을 내도 소용이 없어요."

독서가 중요하다는 데는 이견이 없다. '책 육아'라고도 있지 않은가? 문제는 강요에 있다. 엄마에게는 독서가 일생일대의 가장 큰 가치이겠지만 아이에게는 독서가 그다지 중요하지 않다. 오히려 아이에게는 자신의 끼를 한껏 발산할 수 있는 뮤지컬이 끌린다. 춤과 노래를 좋아하는 딸에게 독서보다는 뮤지컬이 훨씬 더 매력적이라는 건 지극히 당연하다. 사실 엄마는 독서광이라 불릴 만큼 독서에 진심이다. 인생을 살아가는 데 있어서 책만큼 유용한 건 없다고 믿어 의심치 않는다. 그렇다면 엄마가 책을 읽으면 된다. 책이 엄마에게 그렇게 중요한 가치라면 엄마는 스스로 자신의 가치에 부합되는 삶을 살면 된다. 그게 엄마의 행복이다. 하지만 딸은 엄마와 다르다. 딸에게는 책보다 더 중요한 가치가 있다. 무대 위에서 자신을 표현하고 다른 사람의 인생을 살아 보는 것 자체가 딸에게는 행복의 원천이다. 부모는 다만 독서가 왜 중요한지에 대해서 충분히 설명해 줄 필요는 있다. 이때 '뮤지컬 따위 아무 소용 없으니까'라고 말해서는 안 된다. "뮤지컬 얘기를 할 때마다 우리 딸 눈이 반짝반짝하네. 뮤지컬이 그렇게 좋은 이유가 뭘까? 궁금하네." 이 정도면 충분하다. 아이의 마음을 그대로 읽어 주고 인정해 주는 게 중요하다. 그리고 엄마가 생각하는 중요한 가치를 살짝 보태면 좋다.

우리는 누구나 자기만의 삶이 있다. 다른 누구의 삶을 대신 살아갈 수는 없다. 엄마가 엄마의 행복을 좇을 권리가 있듯이 딸에게도 자기의 행복을 추구할 권리가 있다. 부모는 부모의 삶을 아이에게 강요할 수는 없다. 부모 자신이 하지 못한 일을 아이에게 강요해서도 안 된다. 아이와 심리적으로 너무 밀착되어 있을 때 부모는 아이의 삶 전반을 간섭하려 든다. 따라서 부모와 자녀 사이에는 심리적 거리가 필요하다. 너무 가까워도, 너무 멀어도 안 된다. 딱 적당한 정도의 거리가 필요하다. 존중을 위해서 꼭 필요한 거리임을 기억하자. 부모와 아이의 삶이 서로 분리되지 않을 때 양육에서 길을 잃고 방황함은 물론 서로에게 상처를 주게 된다. 양육의 모든 순간은 아이를 위한 일이어야 한다. 부모의 자기만족을 위해서 하는 양육은 위험하다.

사춘기 부모라면 귀머거리 5년? 벙어리 5년!

내가 알아서 한다고요

"내가 알아서 한다고요!"

사춘기 전과 후를 가르는 말이 있다면 바로 이 말이 아닐까? 독립에는 어느 정도의 반항과 저항이 따를 수밖에 없다. 남이 대신 알아서 해 주는 독립은 어디에도 없다. 독립을 당할 수는 없지 않은가? 1차 독립을 했던 미운 네 살을 떠올려 보자. 이 시기 아장아장 걷기 시작한 아이들은 "내가! 내가! 내가!"를 숨 가쁘게 외친다. 손발이 자유로워진 아이들은 이제 무엇이든 스스로 하겠다고 막무가내로 고집을 피우고 떼를 쓴다. 엄마 아빠의 손을 거칠게 뿌리치는 건 물론 자기 마음대로 되지 않으면 바닥에 드러누워 필사 항쟁하기도 한다.

2차 독립이 이루어지는 사춘기 또한 고집스러워진다. 이제야말로 스스로 알아서 할 때라는 생각이 팽배해진다. 미운 네 살이 "내가! 내가!"를 외치는 것과 턱수염 난 사춘기 아들이 "내가 알아서 한다고요!"라고 내뱉는 것은 같은 맥락이다. 다만 귀엽고 징그럽고의 차이만 있을 뿐이다. 물론 부모의 반응에도 온도 차이가 확실하다. 미운 네 살에게는 '어쭈!'라는 반응을 보였던 부모는 사춘기 자녀에게는 '으이그'라며 온갖 인상을 찌푸린다.

사춘기 부모는 아이의 반항이 낯설다. 독립은 내 알 바 아니고 그저 아이가 시키는 대로 고분고분하기를 바란다. 따라서 스스로 알아서 한다는 아이의 말이 반갑기는커녕 못마땅하기 일쑤다. 이때 "잘도 알아서 하겠다. 닥치고 시키는 대로나 해"라는 말은 어린아이 취급하는 태도다. 이런 부모의 말은 오히려 아이의 반항을 더 부추길 뿐이다. 그렇다고 "오냐, 이제는 네가 알아서 해. 그리고 뒷감당도 네가 하는 거야"라는 말도 시기상조다. 아이는 아직 어른이 아니다. 사춘기는 아이와 어른의 사이 어디쯤이다. 다시 말해 아이를 떠나 어른이 되어 가는 과정으로 아직 어른이 되지 못한 상태다. '어른인 듯, 어른 아닌, 어른 같은'이라는 말만큼 사춘기를 표현하는 말이 있을까? 물론 작고 소소한 일에 대해서는 스스로 결정하고 책임지는 법을 배워야 하지만, 크고 중대한 일은 여전히 부모의 도움이 필요하다.

아이가 어느 날 대들 듯이 “내가 알아서 한다고요”라고 말한다면 ‘우리 아이가 벌써 이렇게 자랐구나’라고 생각하며 환영하라. 아이가 부모에게 반항한다고 무턱대고 혼을 내는 대신 아이의 성장을 호기심 어린 눈으로 바라볼 수 있는 부모가 되자. 물론 쉽지 않다. 하지만 불가능한 것도 아니다. 일단 호흡하라. 심호흡 한두 번이면 된다. 부모와 사춘기 아이가 유치찬란하게 싸우는 이유는 단 하나다. 아이의 반항적인 태도에 부모가 즉각적이고 충동적으로 반응하기 때문이다. 급할수록 돌아가라는 옛말이 괜히 있는 게 아니다. 대화에서도 급발진은 위험하다. 준비되지 않은 상황에서 급하게 돌진하면 사고 나기 십상이다. 사춘기 아이의 반항과 저항은 성장상 본능적이라는 걸 이해하자. 아이가 본능적일수록 부모는 이성적이어야 한다는 점만 유념하자. 아이와 똑같을 수는 없지 않은가?

충고와 조언은 사양합니다

몇 년 전 〈유 퀴즈 온 더 블럭〉이라는 TV 프로그램에 출연한 초등학교 5학년 여자아이의 말이 한동안 유행된 적이 있다. “잔소리와 조언의 차이가 뭘까요?"라는 진행자의 말에 그녀의 대답은 통쾌했다. "잔소리는 기분 나쁘지만, 충고는 더 기분 나빠요!" 자기 생각의 뿌리를 단단히 내려야 하는 사춘기 아이에게 부모의 충고와 조언은 달가울 리 없다. 많은 사춘기 부모는 혹시라도 아이가 엇나갈까 봐 충고와 조언을 아끼지 않는다. 하지만 자기의 생각과 판단을 보란 듯이 증명하고 싶은 사춘기 아이에게 부모의 잔소리는 물론 충고와 조언은 못마땅하다. 이는 한창 걸음마를 시작하는 아이가 엄마의 손을 뿌리치는 것과 같다. 엄마는 아이가 넘어질까 봐 걱정되는 마음에 손을 내밀지만, 아이는 제힘으로 걸어 보이려 애쓴다.

충고와 조언은 부모의 생각을 아이에게 은근하게 강요하는 것과 다름없다. 좀 더 근사하게 포장지를 바꿔 봤자 아이는 더 이상 속지 않는다. "그러면 부모가 아이에게 충고나 조언도 못 한단 말입니까?" 흥분하지 말자. 물론 할 수 있다. 다만 아이가 원할 때다. 충고와 조언을 하기 전에 몇 가지만 주의하자. 첫째, 충고와 조언은 부모가 아니라 아이가 원할 때 한다. 부모가 원할 때 하는 건 잔소리에 불과하다. 둘째, 충고와 조언은 짧고 간결해야 한다. 마치 기다렸다는 듯이 구구절절 늘어놓아서는 안 된다. 길어질수록 잔소리로 전락할 위험이 있다. 셋째, 아이는 부모의 충고를 따를 수도, 따르지 않을 수도 있다. 이는 아이의 선택이다. 충고와 조언은 부모가 아무 조건 없이 아이를 위해서 주는 선물이다. 내가 준 선물을 상대가 마음에 들어 하지 않는다고 해서 화내는 건 옳지 않다. 마찬가지로 부모는 충고에 대한 아이의 반응에 상처받지 말아야 한다. '엄마가 이 정도로 말하는데도 듣지 않는다고?'라는 마음은 충고와 조언이 아니라 강요와 협박에 가깝다.

아이가 도무지 말을 안 들어요

아이가 사사건건 토를 달고 반항하면 부모로서는 당황스럽기 그지없다. 사춘기 아이는 '굵어진 머리'로 하루가 멀다고 부모를 치받는다. 부모의 말에 알레르기 반응을 보이는 아이를 볼 때마다 부모는 상처받는다. 하지만 한 가지만 기억하자. 사춘기는 부모 개인을 공격하는 게 아니다. 사춘기가 반항하는 대상은 눈앞에 있는 부모가 아니라 아이의 내면 깊은 곳에 자리한 부모에 대한 투사다. 앞서도 말했듯이, 사춘기는 독립을 이루기 위해 사생결단한다. 그들에게 부모라는 존재는 자신의 독립을 가로막고 선 방해꾼이자 허물어야 할 벽이다. 방해꾼을 물리치지 않는 한 독립은 물 건너간다고 여긴다. 그래서 부모라는 거대한 존재를 향해 끊임없이 달려든다.

사춘기 아이가 부모의 말을 안 듣는다는 것은 지극히 잘 성장하고 있다는 방증이다. 어른이 되기 직전의 아이에게 중요한 것은 자기만의 생각과 가치관이다. 자기만의 가치 기준이 있어야 뭐든 스스로 선택하고 결정할 수 있다. 어떤 부모도 이제 갓 걷기 시작하는 아이를 뒤뚱거린다고 주저앉히거나 비난하지 않는다. 오히려 아이의 동작 하나하나에 집중하며 성장의 순간을 놓치지 않으려고 애쓴다. 생각의 근육도 마찬가지다. 사춘기 때는 생각에 근육이 생긴다. 뒤뚱거리며 걸음마를 시작하는 것처럼 생각의 걸음마를 시작한다. 걸음마 시기 어떤 부모도 아이 대신 걸어 주거나 억지로 등에 업지 않는다. 이와 마찬가지로 생각이 자라는 사춘기 시기에는 부모가 아이 대신 생각해 주지 않아야 한다. 오히려 부모는 아이의 생각을 적극적으로 지지하고 격려해 주어야 한다. 어떤 자세로 걷든지 무조건 지켜봐 주고 응원했던 것처럼, 어떤 생각이라도 격려를 아끼지 않아야 한다. 그게 비록 '귀신 씻나락 까먹는' 생각이라도 말이다.

모든 성장은 앞을 향한다. 특별한 사건 사고를 겪지 않고서는 뒤로 가는 성장이란 없다. 잘 걷고 뛰던 아이가 어느 날 갑자기 배밀이를 하거나 기어다니지 않는다. 심리적 성장도 마찬가지다. 연어가 강물을 거꾸로 거슬러 오르는 건 가능해도 부모가 아이의 성장을 돌리거나 막기는 어렵다. 부모가 할 수 있는 유일한 것은 아이의 성장에 따라 부모 역할이 달라진다는 걸 이해하는 일이다. 그리고 부모와 자녀 관계를 재정립하는 일이다.

묻지도 따지지도 말고 존중하라

사춘기는 아직 어른은 아니지만, 곧 어른이 된다. 부모는 어린아이 대하듯 해서는 안 된다. 예비 어른으로서 존중하는 마음이 필요하다. 존중이 빠진 소통은 전쟁만 부추길 뿐이다. 사춘기를 예비 어른으로 존중하라는 말은 아이에게 모든 걸 떠맡기고 나 몰라라 하라는 게 아니다. 오히려 사춘기야말로 생각의 허점을 발견하고 다듬는 과정들이 꼭 필요하다. 사춘기 부모는 아이가 자기 생각을 신뢰할 수 있도록 아이의 생각을 있는 그대로 존중해야 한다. 존중이라는 말은 말 그대로 평가나 판단하지 않는다는 의미다.

"말이 되는 소리를 해라."

"그걸 생각이라고 하고 있니?"

"도무지 네 머릿속에는 뭐가 들어 있는 거야? 한심한 것 같으니라고!"

이런 부모의 말은 모두 생각을 판단하고 평가하는 것이다. 아이의 생각에 엄격한 잣대를 들이대고 부모의 기준으로 재단하는 것과 같다. 이런 부모에게서 자란다면, 아이로서 낼 수 있는 최고의 결과물은 딱 부모만큼 성장하는 것이다. 어쩌면 부모 스스로 자기 삶에 만족하기에 아이도 자신처럼 키우고 싶을지도 모른다. 하지만 부모의 가치 기준은 부모 세대에 적합한 것이었음을 잊지 말아야 한다. 아이는 현재에 머물지 않고 미래를 살아갈 존재다. 부모가 살아온 과거는 부모의 시간이다. 부모에게 잘 맞았다고 해서 아이에게까지 적합하리라는 보장은 없다.

만약 아이가 알아서 하겠다고 우긴다면, 일단 아이의 생각을 존중하라. "이제는 네 생각대로 하고 싶다는 거지? 그래, 그럴 때도 됐지." 여기서 멈추지 말고 한 걸음 더 나아가 아이의 생각을 자극하라. "그렇다면 어떻게 알아서 할 건지 자세한 계획을 들어 볼 수 있을까?" 아 다르고 어 다르다는 말이 있다. 사춘기 아이와 대화할 때는 아와 어의 구분을 명확히 하는 게 좋다. "어쭈 그래, 어디 한번 들어나 보자"라는 태도로 몰아붙이듯이 말한다면 그건 생각을 존중하는 것과는 거리가 멀다. 정말 아이의 생각이 궁금하다는 태도가 필요하다. 이렇게 부모가 구체적인 계획을 묻는다면 대부분 아이는 당황한다. 알아서 하겠다고 큰소리는 쳤지만 딱 거기까지다. 자세한 계획 따위는 안중에 없다. 아이가 우물쭈물할 때 부모가 해서는 안 될 말이 있다. "내 그럴 줄 알았다. 아무 생각도 없으면서 큰소리만 친 거야?" 이런 부모의 말은 싸우자고 도전장을 내미는 것과 같다. 생각이고 뭐고 일단 싸움터로 변질되고 만다. 부모도 아이도 얻는 게 없다. 관계에 금만 갈 뿐이다. 이때도 마찬가지다. 사춘기 부모는 무조건 아이의 생각을 존중하라. "아직 거기까지는 생각 안 했구나. 이제부터 생각해 보자. 엄마도 고민해 볼게. 이따가 다시 이야기해 보자." '함께 고민해 보자'라는 말만큼 사춘기 아이에게 힘을 주는 것은 없다.

"됐어요!"라는 아이의 말

부모가 뭐라고 말이라도 할라치면, 1초도 생각하지 않고 "됐어요"라고 말하는 아이들이 있다. 부모의 말이라면 무조건 경기를 일으키는 아이를 볼 때마다 부모는 열불이 난다. 하지만 부모가 화를 낼수록 아이의 증상은 심해진다. 앞서도 말했지만, 이때 부모가 화를 낸다고 해서 도움 될 게 없다. 일단 호흡을 가다듬고 아이의 눈을 보면서 천천히 말해 보자.

"그럼 이제 우리 어떻게 하면 좋을까?"

"엄마(아빠) 말이 싫으면, 너에게는 뾰족한 수가 있니?"

사춘기 아이들이 부모의 말 한마디로 순한 양이 되지는 않지만, 적어도 아이에게는 자기 행동에 대한 책임을 지도록 하는 게 좋다. 아이에게는 거부할 권리도 있지만, 대안을 내야 할 책임도 있다는 점을 상기시키자. 무조건 하기 싫다는 것은 대안이 아니다. 부모의 제안이 못마땅할 수는 있다. 그렇다면 지금 당장 부모가 시키는 것을 하지 않는 대신, 아이는 그에 대한 대안을 낼 수 있어야 한다. 스스로 선택한 다음, 그 행동에 대해서는 온전히 책임질 수 있어야 한다.

8 대 2의 법칙

생각은 말로 표현이 된다. 생각을 존중한다는 것은 아이의 말을 들어 주는 일이다. 사춘기 아이는 자기 생각을 허심탄회하게 표현할 수 있어야 한다. 생각을 자유롭게 드러내야 점검하고 조율할 수 있다. 걸음마를 수없이 반복해야 비로소 잘 걸을 수 있는 것처럼 생각 또한 마찬가지다. 이런저런 온갖 생각들을 경험해 봐야 한다. 생각을 경험한다는 것은 생각을 말로 표현하고, 서로 나누고, 부족한 부분을 메워 가는 과정이다. 생각에도 반드시 시행착오가 필요하다.

열 마디를 한다고 가정한다면 이 중에서 여덟 마디는 아이가 하도록 하라. 부모는 두 마디면 충분하다. 아니, 고작 두 마디밖에 못 한다고? 당황스러울 수 있다. 하지만 생각해 보자. 부모는 10년 넘게 아이를 키우면서 아이에게 수없이 많은 말을 했다. 눈을 뜨는 순간부터 눈을 감는 순간까지 부모가 했던 말을 주워 담는다면, 아마도 그 그릇의 크기는 어마어마하리라. 이처럼 부모가 아이에게 가르쳐야 할 내용들은 십 년이 넘는 시간 동안 충분히 아니 어쩌면 과하도록 전달되었다. 여전히 할 말이 남았다면 더 이상 말해 봤자 소용이 없다. 이제 아이는 부모가 하는 말에 내성이 생겼다. 무슨 말을 해도 귓등으로 듣는 법을 터득했다. 잠시 잠깐만 견디면 그뿐이다.

이제는 입을 닫고 귀를 활짝 열어 보자. 사춘기는 아이가 말할 차례다. 사춘기 아이와 잘 지내고 싶다면 아이의 말에 귀를 기울여야 한다. 들어야 아이의 마음이 보인다. 들어야 아이의 가치관이 드러난다. 들어야 도와줄 수가 있다. 말하면서 아이는 서서히 자신을 이해한다. 자기가 어떤 사람인지를 알아야, 자신에게 가장 알맞은 삶을 살아가는 게 가능하다. 이제는 "닥치고 엄마 말 들어"가 아니라 "네 생각은 어떠니?" 또는 "너는 어떻게 하고 싶은 거야?"라는 말이 필요하다. 앞서도 말했지만, 사춘기 아이에게 부모는 독립의 대상이다. 부모라는 거대한 벽을 허물지 않고 독립하기는 불가능하다. 그렇다면 부모는 권위 속에 아이를 가둬 두지 말아야 한다.

옛날 옛적에는 결혼하는 딸에게 '귀머거리 3년, 벙어리 3년'을 강요하는 풍습이 있었다. 시집에서 살아가는 여자에게 새롭고 낯선 생활에 익숙해지도록 하는 심리적 장치다. 비록 결혼은 아니지만, 사춘기와 함께 사는 부모도 별반 다르지 않다. 사춘기와 한집에서 함께 산다는 것은 이전과는 차원이 다르다. 달라진 환경에 적응하기 위해서는 부모에게도 안전한 심리적 장치가 필요하다. 이름하여 '벙어리 5년'이다. 사춘기 격랑은 아이마다 차이가 있지만, 대체로 5년 정도면 충분하다. 초등학교 고학년부터 시작해서 중학교를 거쳐 고등학교에 입학하면 대체로 어른스러워진다. 이 동안 부모는 '벙어리 5년'을 마음에 깊이 새겨 두자. 되도록 부모는 입을 다물고 아이의 말에 귀를 기울이는 때라고 생각하자. 하지만 '귀머거리 5년'은 절대 아니라는 점을 잊지 말자. 사춘기는 아이의 말에 귀가 활짝 열려 있어야 한다. '귀머거리 5년'은 큰일 날 소리다. 내 아이가 사춘기라면 입은 닫되, 귀는 활짝 열도록 해 보자.

사춘기는 심리적 이유식이 필요하다

성장에 필요한 심리적 이유식, 애.수.힘

급격하게 성장하는 시기에는 영양분이 골고루 들어간 음식이 필요하다. 잘 먹어야 잘 성장한다. 1차 성장 급등기인 유아기는 이유식이 필요하다. 치아가 나면서 씹는 연습도 필요하지만, 모유만으로 불충분한 영양을 보충하기 위해서도 이유식은 중요하다. 사춘기 역시 성장 급등기다. 그런데 사춘기는 음식뿐 아니라 심리적 이유식이 필요하다. 심리적 이유식이란 부모의 격려와 지지 등을 일컫는다. 아이가 부모에게 듣고 싶은 말이 바로 심리적 이유식이다. 누구나 부모에게 듣고 싶은 말이 있다. 잘 먹어야 잘 성장하는 것처럼, 잘 들어야 잘 성장한다. 그렇다면 사춘기 아이들이 듣고 싶은 말은 무엇일까?

무슨 말이 아이의 성장을 도울까?

작년에 충청남도 아산시에 있는 모 중학교에서 부모 교육을 진행한 적이 있다. 전교생이 얼마 안 되는 혁신 학교였다. 부모 교육을 가기 전에 간단하게 아이들에게 몇 가지 질문을 하고 답변을 받아 달라고 부탁했다. 그중 한 가지 질문은 '부모에게 들었을 때 짜증 나는 말'이었다. 그리고 나머지 한 가지 질문은 '부모에게 듣고 싶은 말'이었다. 후자의 말이 심리적 이유식에 해당한다. 그렇다면 사춘기 아이들을 짜증 나게 하는 부모의 말에는 어떤 게 있을까? 공부해라, 씻어라, 휴대폰 그만해라 등의 명령과 지시가 대부분이다. 거기에 더해, "대체 뭐 해 먹고 살려고 그러니?", "그 정도는 잘하는 축에도 못 들어", "그것마저 못하면 뭘 할 수 있겠니?" 등의 말들도 심심찮게 등장한다. 명령과 지시는 아이의 생각을 죽이는 가장 빠른 지름길이다. 부모의 명령과 지시에 익숙해진 아이들은 생각할 필요를 못 느낀다. 그저 부모가 시키는 대로 하면 탈이 없다. 생각하지 않으면 생각의 근육은 자라지 않는다. 몸은 하루가 다르게 쑥쑥 자라지만 생각은 오히려 퇴행한다. 아이는 몸과 생각이 균형이 맞지 않는 기형적인 상태가 되지만, 부모는 순종적인 아이를 보며 안도한다. 적어도 부모가 예측하는 대로 움직이는 아이를 보며 안심한다. 이 아이가 어른이 되어서도 의존하면서 살아간다는 생각은 미처 하지 못한다. 발등에 불이 떨어져서야 '아이쿠야!'라고 한다. 하지만 그때는 이미 늦다.

반면에 사춘기 아이들이 부모에게서 가장 듣고 싶은 말은 무엇이었을까? 놀랍게도 가장 많은 답변이 바로 '애썼어', '수고했어' 그리고 '힘들지'였다. 이 세 개의 말이 비등하게 많았다. 모든 성장에는 수고가 따른다. 고통이 수반되지 않는 성장은 불가능하다. 부모의 기억 속에 사춘기는 잊힌 지 오래지만, 부모 역시 녹록지 않은 사춘기를 거쳐 왔다. 사춘기는 미래가 온통 불투명하고 마음은 한없이 불안하다. 이리저리 복잡하게 얽히고설킨 관계를 풀어 가는 것도 힘들다. 그 누구도 자신을 이해해 주지 못하는 것 같아 한없이 외롭다. 소설 속 비련의 주인공이 되어 혼자서 세상을 맞서는 게 바로 사춘기다. 어떤 아이는 사춘기가 너무 슬프다고 말한다. 구체적으로 무엇이 슬프냐고 물으니, "열다섯 살이라는 나이가 너무 슬퍼요"라며 울먹인다. 사춘기 아이들은 이유도 모른 채 사춘기라는 무게를 견디고 있다. 이들에게는 자신들의 수고와 고통을 알아주는 누군가가 필요하다. '애썼어, 수고했어, 힘들지'라는 위로의 말은 아이에게 활력을 불어넣는 비타민과 같다. 그렇다면 오늘부터 우리 아이에게 이 세 마디를 넌지시 건네 보는 건 어떨까? 돈이 드는 것도 아니고 발음이 어려운 것도 아니다. 조금의 노력이면 충분하다.

가족다운 일상 이야기

앞서 부모에게 듣고 싶은 말 중 '가족다운 일상 이야기'라는 답변이 유독 눈에 띄었다. 그렇다면 지금 가족 간에 나누는 대화는 전혀 가족답지 않다는 뜻이다. 그렇다면 '가족다운'이란 무슨 뜻일까? 아니, 그보다 먼저 '가족답지 못한 말'들은 뭘까? "숙제는 다 했니?", "공부는 언제 할 거야?", "공부해야 놀 수 있어.", "너는 글씨가 아직도 이 모양이니?", "어째 하는 게 동생보다도 못한 거야?" 등은 점검하고 독촉하고 압박을 가하는 말들이다. 이런 말들은 주로 직장에서 상사가 부하 직원한테 하는 말이다. "기안은 다 작성했나?", "대체 언제까지 해서 결재 올릴 거야?", "김 대리는 아직도 일하는 게 이 모양이야?", "어째 입사 동기인 박 대리보다도 못한 거야?", "이거 다 끝날 때까지 퇴근할 생각도 하지 마!"라는 말과 별반 차이가 없다. 가족은 회사가 아니다. 그리고 부모는 직장 상사가 아니다. 하지만 많은 부모는 마치 아이를 부하 직원을 대하듯이 채근하고 독촉하고 압박을 가한다. 아이로서는 학교에서 돌아오면 마치 출근하는 기분이 든다. 어디에도 쉴 곳이 없다. 연차도 휴가도 없이 무급 노동하는 것과 다를 바 없다.

아이가 말하는 가족다운 일상 이야기는 그야말로 가족 구성원 간에 나눌 수 있는 대화를 말한다. 여기까지 읽고 행여 "대화 좀 하자"라며 온 가족을 거실로 불러 모으지 않기를 바란다. 이것 또한 회사 내에서 하는 부서 회의와 다를 바 없다. 늘 뚱해 있고, 불만으로 가득 차 있는 사춘기지만 속으로는 가족끼리 오가는 시시콜콜한 대화를 좋아한다는 사실을 기억하라. 가족다운 대화의 핵심은 자연스러움에 있다. 인위적이고 짜 맞춘 듯한 대화는 오히려 역효과를 불러일으킨다. 가족들이 가장 편안하고 자연스럽게 대화를 주고받을 수 있는 공간은 바로 식탁이다. 가족은 식구를 말한다. 식구食口란 음식을 함께 먹는 사람을 일컫는다. 흔히 '밥상머리 대화'라고 부른다. 밥상머리야말로 가장 가족다운 일상 이야기가 꽃피는 곳이다. 요즘은 직장생활로 바쁜 부모와 학원 스케줄로 바쁜 아이들이 매일 함께 식사하는 건 불가능하다. 하지만 일주일에 한두 번이라도 가족이 함께하는 식사가 꼭 필요하다. 이건 선택이 아니라 필수다. 밥상머리 대화의 효과는 이미 증명된 바 있다. 하버드대학교에서 1988년부터 장기간에 걸쳐 진행된 〈홈스쿨 스터디〉 연구는 밥상머리 대화가 아이의 언어 발달뿐 아니라 학습 능력에까지 직접적으로 영향을 미친다는 사실을 밝혀냈다. 이뿐 아니다. 가족 간 식사 시간은 아이와 긴밀한 유대 관계를 맺기에 가장 적합하며, 이는 곧바로 뇌 발달과 지결된다는 연구 결과도 있다. 미네소타대학교 연구진은 중학생 4만여 명의 가정을 조사해 본 결과 가족 간의 친밀도와는 별개로 식사 시간에 부모와 같이 앉아 있는 것만으로도 그 효과는 크다고 밝힌 바 있다.

비단 사춘기뿐만 아니다. 우리는 흔히 상대의 마음을 사기 위해서 식사를 함께하기도 한다. "언제 밥 한번 먹어요"라는 말은 밥만 먹자는 말이 아니다. 허심탄회하게 이야기 좀 나누자는 의미도 내포되어 있다. 근사한 음식을 사이에 두면 닫힌 마음도 열릴 때가 있다. 이처럼 우리 인간에게 먹는다는 행위는 중요하다. 입이 열리면 마음이 열린다는 사실을 기억하자.

밥상머리 대화를 위해 뭔가 대단한 걸 준비할 필요까지는 없다. 밥상 하나면 충분하다. 특별하고 근사한 음식을 준비한다면 금상첨화지만, 그러려면 한 사람의 수고가 요구된다. 음식 준비가 힘들면 배달 음식도 괜찮다. 아니면 가족 모두 간단하게 음식을 함께 만들어도 좋다. 음식보다는 함께하는 시간이 훨씬 더 중요하다.

밥상머리 대화 시 주의할 점

밥상머리 대화에서 주의할 점이다. 첫째, 아이더러 다짜고짜 "너는 요즘 어떠니?"라는 질문을 하지 말자. 이는 부모의 의도가 너무 빤히 보이는 말이다. 둘째, 공부라든가 성적 등을 묻지 말라. 밥 먹을 때는 개도 안 건드린다는 말을 떠올리자. 셋째, 대화의 시작은 부모부터다. 아이의 말을 듣기 위해서는 부모부터 말해야 한다. 부모의 말은 마중물이다. 마중물을 한 바가지 넣고 난 뒤 펌프질하면 물이 샘솟는 이치와 같다. 날씨 이야기도 좋고 스포츠 경기도 좋다. 요즘 유행하는 노래도 좋고 좋아하는 아이돌 이야기도 좋다. 무엇이든 가족 모두가 공유할 만한 내용이면 상관없다. 하다못해 아빠의 직장 상사 이야기도 좋고 엄마의 친구 이야기도 좋다. 가령 날씨가 추워졌다면, "요즘 날씨가 급작스레 추워졌어. 내일은 패딩을 입어야 할 것 같아"라고 해 보자. 그리고 아이를 보고 넌지시 물어보라. "요즘 중학생들은 어떤 브랜드를 좋아하니? 아이들이 많이 입는 브랜드가 따로 있어?" 이처럼 자연스럽게 접근하면 아이들도 대화에 자연스레 녹아든다.

사춘기 자녀를 둔 부모라면 의도적이라도 아이와 터놓고 대화할 수 있는 장을 만들어야 한다. 꼭 식탁이 아니어도 좋다. 단둘이 타고 가는 차 안도 좋다. 차 안은 서로 마주 보지 않고도 서로에게 집중할 수 있어서 효과적이다. 일상에서 소소하게 일어나는 서로의 경험을 공유하는 것만으로도 충분하다. 이렇게 부모와 편안하게 대화를 나누다 보면 어느 순간 아이는 자신의 속마음을 터놓게 된다. 가족과 대화가 잘되는 사춘기 아이들은 충동적으로 행동하기보다는 부모와의 약속이나 신뢰를 먼저 떠올리고 좀 더 책임 있는 결정을 내릴 수 있다.

사춘기 사용 설명서

사춘기의 반항 편

첫째, 사춘기의 반항은 성장을 알리는 신호탄이에요. "내가 알아서 한다고요"라는 말은 "나도 이제 어른이 되어 가고 있어요"와 같은 말이에요. 부모는 사춘기 아이를 예비 어른으로 대우해 주어야 해요.

이 말은 하지 마세요	이렇게 말해 주세요
네가 퍽이나 알아서 하겠다.	네가 알아서 하겠다는 거지? 듣던 중 반가운 소리네.
잔말 말고 시키는 대로나 해!	너의 구체적인 계획이 궁금해.

둘째, 사춘기 발달 과업은 자기만의 가치관을 형성하는 일이에요. 올바른 가치관을 형성하기 위해서는 생각하고 또 생각해야 하지요. 이 과정에서 자기 생각에 대한 확신이 필요해요. 부모는 사춘기 아이의 생각을 묻지도 따지지도 말

고 존중해야 해요. 사춘기 아이는 생각의 걸음마를 한다는 사실을 잊지 마세요.

이 말은 하지 마세요	이렇게 말해 주세요
생각하는 꼬라지 하고는!	상당히 독특한 생각인걸.
생각 좀 하고 말해라.	너는 그렇게 생각하는구나.

셋째, 생각을 존중하려면 아이의 말에 귀를 기울여야 해요. 아이의 생각을 들어 보지 않고 생각을 존중할 수는 없지요. 사춘기 부모는 아이의 생각을 처음부터 끝까지 들어 주어야 해요. 단, 평가와 판단은 금물입니다.

이 말은 하지 마세요	이렇게 말해 주세요
닥쳐!	무슨 일인지 말해 줄래?
넌 왜 이렇게 말이 많니?	네 이야기를 듣고 싶어.

넷째, 행동은 생각을 거쳐 나와요. 하지만 모든 생각이 행동화되지는 않지요. 사춘기 부모는 행동에 대한 경계와 한계를 가르쳐야 해요. 사춘기는 부모가 가르칠 수 있는 마지막 시기라는 사실을 잊어서는 안 돼요.

이 말은 하지 마세요	이렇게 말해 주세요
살다 보면 억울할 일투성이야. 네가 깡패냐? 억울하다고 수업을 방해하게.	엄마가 들어 봐도 억울할 만해. 엄마라도 그 상황이라면 억울했을 것 같아. 하지만 네 감정 때문에 다른 사람에게 해를 미치는 행동을 해서는 안 돼. 그건 누구에게도 도움이 되지 않아.

주의할 점!

사춘기가 되었음에도 여전히 부모의 말에 고분고분하다면 아이의 성장을 점검해 보아야 해요. 아이가 자기 의견을 낼 수조차 없는 환경에서 자라고 있거나, 자기 생각에 대한 확신이 약하다는 방증이에요. 너무 거칠게 반항하고 저항하는 아이도 문제지만, 지나치게 순종적인 아이도 문제랍니다.

4장

사춘기의 침묵 :
날 제발 내버려 두세요

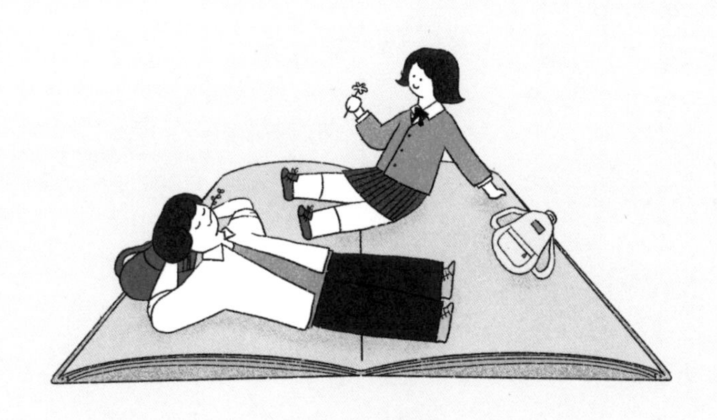

아이가 말을 안 해요

말하지 않는 아이들의 숨겨진 마음

사춘기는 방문만 닫히는 게 아니라 입술도 닫힌다. 학교에서 오자마자 미주알고주알 떠들던 아이는 하루아침에 묵언 수행에 돌입한다. "오늘은 어땠어?"라는 부모의 질문은 가볍게 무시한다. "그냥요" 또는 "몰라요"라는 대답만 허공을 떠돈다. 성의는 없더라도 대답이라도 해 주면 그저 고마울 따름이다. 아예 눈도 마주치지 않고 자기 방으로 들어가 버리기도 한다. 부모는 아이의 뒤통수를 보면서 서운함이 몰려온다. 10년 넘도록 엄마의 껌딱지였던 아이가 이제는 슬금슬금 엄마를 피한다. 어디 그뿐이랴. 어쩌다 엄마가 가까이 가기라도 하면 소스라치게 놀라면서 노려보기까지 한다. 사춘기는 원래 말수가 적어지는 시기다. 열 마디를 하던 아이라면 여섯, 일곱 마디로 줄어든다. 원래 말수가 적었던 아이, 즉 다섯 마디도 채 하지 않던 아이라면 서너 마디도 하지 않을 가능성이 크다. 사춘기 아이의 말수가 줄어드는 이유는 다양하다. 그중 대표적인 것만 살펴보자.

기질적으로 과묵한 아이들

"우리 애는 아빠를 닮아서 도무지 말이 없어요. 하루에 한두 마디밖에 안 해요. 답답해서 속이 터질 지경이에요." 아이는 대체로 부모 중 어느 한쪽의 기질을 물려받는 경우가 많다. 이런 아이들은 부모가 말 좀 하라고 다그칠수록 오히려 부모로부터 거리를 둔다.

우리는 누구나 자기에게 가장 편안한 방식으로 삶을 살아간다. 어떤 아이는 말하고 행동하면서 세상에 적응한다면, 어떤 아이는 적응이 되어야 비로소 말과 행동이 자연스러워지기도 한다. 어느 쪽이든 장단점이 있다. 적극적으로 말하고 행동하는 아이는 대체로 솔직하고 리더십이 있다. 주변에 지지하는 아이들이 많고 대인 관계의 폭도 넓다. 만약 우리 아이가 이에 해당한다면 부모는 아이의 친구 관계나 학교생활을 크게 염려하지 않는 편이다. 하지만 이런 아이에게도 단점은 있다. 충분한 생각을 거치지 않고 말하고 행동하다 보니 실수가 잦다. 집중력도 떨어지기 마련이다. 반면에 돌다리를 건너기 전에 두드리고 또 두드리는 아이들도 있다. 이 아이들은 안전 진단이 되어야 비로소 건넌다. 이들은 말하고 행동하기에 앞서 상황에 대해서 충분히 이해하고자 한다. 내면에서 확신이 설 때까지 말을 아끼다 보니 주변 사람들에게는 답답하게 비치기 쉽다. 만약 내 아이가 이런 유형이라면 부모는 아이의 꿍꿍이를 알 수 없어 답답하다. 하지만 이 아이들에게도 장점이 있다. 신중하고 진중하다. 충분히 생각하고 행동으로 옮기기 때문에 웬만해서는 실수하지 않는다. 따라서 주변으로부터 신뢰가 두터운 편이다. 이들은 생각할 만한 시간을 주고 기다려주면 언제든 말할 때가 온다. 사실 아무리 기질적으로 말수가 없는 아이라 하더라도 부모가 자신을 이해하고자 노력한다는 사실을 알면, 아이 또한 부모에게 마음이 열리기 마련이다. 이때는 "네가 왜 그러는지 알 수가 없어서 답답해. 엄마(아빠)가 너를 이해할 수 있도록 도와줄래?"라고 부드럽게 다가가 보라.

아무리 유능한 부모라도 아이의 기질을 바꿀 수는 없다. 과묵한 아이를 수다쟁이로 바꾸려고 애쓰는 것은 헛수고다. 안 되는 일에 힘 빼지 말자. 아이의 기질을 타고난 그대로 인정해 주자. 말수가 없는 아이는 말수가 없는 대로, 말이 많은 아이는 말이 많은 대로 각자에게 가장 편안한 방식으로 부모와 소통할 수 있어야 한다. 몇 마디를 하는가도 중요하지만, 소통하고자 하는 의지가 더 중요하다는 사실을 기억하자.

자발적으로 말하지 않는 아이들

"저는 아들하고 정말 많은 대화를 나눠요. 그래서 아이와는 잘 통하는 것 같아요"라고 자신에 넘쳐 말하는 엄마가 있었다. 아들은 초등학교 6학년이었다. 문제는 아들의 생각이다. "엄마하고는 도무지 말이 안 통해요. 엄마는 맨날 자기 할 말만 퍼붓고 끝내요." 엄마가 자랑스럽게 말한 한 시간의 대화에서 아이가 말하는 시간은 고작 5분도 되지 않는다. 아이 말을 빌리자면 '엄마의 원맨쇼'다. 비단 이 엄마만의 문제는 아니다. 많은 부모는 아이와의 소통에 아무 문제가 없다고 착각한다. 하루에 한 시간 이상은 아이와 대화한다는 이유에서다. 부모는 아이와 이야기를 주고받는다고 여기지만, 아이는 일방적으로 당한다고 느낀다. 이렇게 느끼는 아이는 부모와의 대화를 피하게 된다. 기질적으로 타고나지는 않았지만, 자발적으로 입을 닫는다. 사춘기 정도가 되면 아예 부모와는 말조차 섞지 않으려고 든다.

이런 부모는 십중팔구 아이의 말을 듣지 않고 가르치려 든다. 아이와 대화하는 중 지적할 거리가 눈에 띈다면, 그 즉시 가르치려 들거나 충고하려고 한다. 아이로서는 대화가 아니라 수업의 연장선이다. 수업은 학교에서 한 것만으로 이미 충분하다. 10년 넘게 부모와 나눈 소통이 그다지 즐겁지도 흥미롭지도 않았다면 아이는 슬슬 '말을 말자'라는 태도로 일관한다. 아이의 말수는 점차 줄어들지만, 부모는 눈치조차 못 챈다.

만약 우리 아이가 이 유형에 해당한다면, 부모는 아이와 대화할 때 주의를 기울여야 한다. 부모는 적어도 대화 중 브레이크를 밟아서는 안 된다. 대화의 맥을 끊고 새로운 화제로 돌리지 말아야 한다. 아이가 말하는 도중 거슬리는 말이나 태도가 있더라도 어느 정도 넘겨라. 대화의 흐름이 부드럽게 이어지는 게 더 중요하다. 부모가 다짜고짜 아이의 행동이나 말을 지적하면 대화는 끊어지거나 방향이 틀어진다. 대화를 이어 가기 위해서 부모는 매 순간 가르쳐야 한다는 의무감에서 벗어날 필요가 있다. 그 자리에서 당장 아이의 잘못을 바로잡지 못해서 생기는 문제보다 대화가 단절되었을 때의 문제가 몇 배 더 크다는 사실을 기억하자. 대화는 부모와 아이가 이어지는 연결 고리다. 이 연결 고리가 끊어지면 부모는 더 이상 아이를 통제하기가 어려워진다. 그 즉시 아이를 통제하려다가 오히려 더 큰 걸 통제하지 못하는 상황이 온다. 그야말로 소탐대실이다. 지금은 아이의 무례함을 가르칠 때가 아니다. 아이와 스스럼없이 대화하는 게 무엇보다 중요한 때다. 다만 이는 대화의 흐름이 더 중요하다고 여겨질 때의 일이다. 자칫 아이의 잘못된 행동이나 태도에 대해서 지적하지 말라는 말로 오해하지 말아야 한다.

우울한 아이들

우울한 아이들은 말수가 현저히 줄어든다. 특히, 중학교에 들어가면서 적응에 문제를 겪는 아이들이 많다. 중학교는 초등학교와는 학습 환경뿐 아니라 실제 학교생활도 크게 달라진다. 초등학교에 비해 개인이 주목받는 시간이 줄어든다. 초등학교에서는 1년 내내 담임 선생님의 관심을 받지만, 중학교에 올라가면 과목별 선생님이 구분되면서 담임 선생님과의 시간도 그만큼 줄어든다. 눈에 띄게 탁월한 성과를 내지 않는 한 자기 존재의 가치와 능력을 증명할 기회가 없다. 주변으로부터 관심의 사각지대에 놓인 아이들은 외롭다. 학교에서도 가정에서도 소외감에 시달린다. 자신이 별 볼 일 없는 그룹에 속했다고 여겨질 때 이들은 자기애적 손상을 입는다. 사춘기에 받는 자기애적 손상 즉, 자신은 잘하는 아이가 아닐지도 모른다는 생각과 주목받는 그룹에 속하지 못한다는 자괴감은 두려움으로 연결된다. '누구도 나를 사랑하지 않아'라는 두려움은 자기조차도 사랑하지 못하도록 만든다. 사춘기라면 어느 정도의 자기애적 손상은 피할 수 없다. 문제가 심각하다고 판단되면 부모는 다른 사람이나 혹은 전문가를 찾아서 도움을 요청해야 한다. 아무리 내 자식이라도 부모가 모든 걸 해결할 수는 없다.

밀당push-pull 대화

연애의 고수들은 말한다. 깊은 관계를 오래 유지하려면 소위 '밀당'을 할 줄 알아야 한다고. 비단 연애뿐 아니다. 서로 연결되는 관계에서는 밀고 당기는 기술이 필요하다. 사춘기 부모와 자녀의 관계도 마찬가지다. 많은 사춘기 부모는 성급하다. 앞뒤 재지 않고 아이의 마음으로 돌진한다. 느닷없이 "네 고민이 뭔지 말해 봐"라고 다그친다. 도와주고 싶은 부모의 마음은 십분 이해한다. 하지만 말할 준비가 되어 있지 않은 아이로서는 당황스럽기 짝이 없다. 이는 오늘 처음 만난 사람이 "우리 결혼하자"라고 조르는 것과 별반 다르지 않다. 서로 탐색할 시간도 없이 본론으로 들어가 버린다면 대화는 어렵다. 더군다나 말수가 적은 사춘기 아이라면 더 말할 것도 없다. 사춘기 아이들의 마음을 열려면 고도의 전략이 필요하다. 이름하여 밀당push-pull 대화다.

어떤 문은 밀어야 열리고 어떤 문은 당겨야 열린다. 마찬가지로 대화에서도 밀어야 할 때와 당겨야 할 때가 있다. 밀당 대화를 하는 방법은 간단하다. 아이가 밀어낼 때는 살짝 뒤로 물러나고 아이가 당기면 가까이 다가가는 방법이다. 예를 들어 보자. 학교에서 돌아온 아들의 어깨가 축 처져 있다. 평소와 달리 엄마에게 시선도 주지 않고 거실을 가로질러 간다. 엄마는 걱정이 앞선다. "오늘은 왠지 기분이 언짢아 보이는데, 무슨 일 있니?"라고 조심스레 물어본다. 하지만 아이는 묵묵부답이다. 대답하지 않는다는 건 아이가 엄마를 밀어내는 신호다. 그러면 조용히 물러난다. "흠…… 지금은 말하고 싶지 않구나. 언제든 말하고 싶을 때 말해 주면 좋겠어. 엄마는 걱정돼서 그래." 이렇게 밀어내고 기다려 주면 된다. 이때 아이에게 달려가 당장 말하라고 해서는 안 된다. 미시오push라고 쓰인 문을 아무리 힘주어 당겨 봤자 열리지 않는다. 많은 부모는 아이를 무작정 기다려 줄 수만은 없지 않냐고 따진다. 그렇다면 말하고 싶지 않은 아이에게 다짜고짜 달려든다고 나아지는 건 뭘까? 부모의 말 한마디에 솔직하게 자기 마음을 털어놓을 사춘기 아이는 어디에도 없다. 있다면 사춘기가 아닐 확률이 높다.

밀어야 할 때도 있지만 당겨야 할 때도 있다. 사춘기라고 해서 매번 밀어내기만 하지 않는다. 만약 입을 꾹 다물던 아이가 부모에게 다가와서 운을 뗀다면, 그때는 하던 일을 멈추고라도 아이의 말에 귀를 기울여야 한다. "엄마"라는 말만 해도 즉각적으로 반응을 보여야 한다. "응, 그래. 엄마한테 할 말 있는 거야?" 부모는 아이 쪽으로 몸을 기울이고, 아이의 말을 귀담아들어야 한다. 때로 아무 말도 하지 않고, 은근슬쩍 엄마 가까이 와서 앉는 아이도 있다. 이 또한 아이가 부모에게 다가오는 신호이므로 놓치지 말자. 사춘기 아이의 말은 귀로만 듣는 게 아니다. 부모는 온 마음을 열어야 한다. 아이의 말뿐 아니라 내면에서 들려오는 소리도 놓치지 말아야 한다. 가끔 이렇게까지 해서 소통해야 하냐고 볼멘소리하는 부모가 있다. 사춘기 시기 자녀와의 소통이 끊어지면, 부모는 아이를 더 이상 통제할 수도, 도울 수도 없다는 사실을 잊어서는 안 된다.

가마솥 전략

"지금 네 감정이 어때?"

사춘기 아이들이 가장 싫어하는 부모의 말 중 하나다. 요즘 부모라면 아이의 마음을 살피는 게 중요하다는 것쯤은 익히 알고 있다. 공감이 양육에서 얼마나 중요한지를 알기에 아이의 마음이 궁금하다. 그래서 돈키호테처럼 아이 마음을 향해 돌진한다. 하지만 아이들의 말을 들어 보자.

"갑자기 감정을 물어보면 어이없어요. 도대체 감정을 알아서 어디다 쓴대요?"

"아니, 감정을 맡겨 놨냐고요. 갑자기 기분이 어쩌고저쩌고 물어보면 짜증 난다니까요."

아이들로서는 사건의 용의자가 되어 취조받는 기분이 든다고나 할까. 황당하고 불쾌하다. 더군다나 감정만큼 은밀한 건 없다. 사춘기는 여러모로 거북이와 닮았다. 동작이 느리기도 하지만, 툭 건들기만 해도 머리를 쏙 숨긴다. 거북이 같은 사춘기 아이와 속 깊은 대화를 하려면 순서가 중요하다. 절대 본론으로 불쑥 들어가지는 말자. 우리는 수영할 때 곧바로 물속으로 뛰어들지 않는다. 그 전에 몸 곳곳에 가볍게 물을 묻힌다. 자칫 심장에 무리가 갈 수 있기 때문이다.

이때도 심장부터 먼저 묻히는 게 아니라 심장에서 먼 곳부터 시작한다. 대화도 마찬가지다. 주변 언저리를 돌면서 점차 본론으로 가까워지는 게 좋다. 어떤 이야기를 하더라도 기승전결이 필요하다. 아이의 감정이 궁금하다면, 감정을 불러일으킨 상황을 먼저 살펴보자. 상황을 한 꺼풀씩 벗기다 보면 이윽고 감정에 닿는다. 그때 자연스럽게 감정을 툭 건드리면 된다. 사춘기 아이의 감정에 대해서는 다음 장을 보자.

사춘기 아이와 대화할 때는 가마솥을 떠올려 보자. 가마솥에 밥을 해 본 사람은 안다. 아무리 마음이 급해도 가마솥은 금방 달궈지지 않는다. 오랜 시간 장작을 넣어 주어야만 점차 뜨끈해진다. 사춘기 아이에게는 은근하게 다가가라. 말수가 적은 사춘기 아이는 부모의 열정이 부담스러울 수 있다. 아이에게 따뜻한 관심을 보이되, 급하게 밀어붙이지는 말자. 아이가 한두 마디라도 한다면, 그때는 무심한 듯 말을 건네 보자. 모든 전략의 핵심은 꾸준함이다. 장작불을 꾸준히 넣지 않으면 불은 쉽사리 사그라든다. 불씨가 꺼지지 않도록 지속적이고 꾸준히 장작을 넣어야 하는 것처럼 사춘기 아이와의 대화에서도 끈기와 인내가 요구된다. 꾸준히 다가가라. 부모가 늘 곁에 있다는 믿음만큼 안심되는 건 없다. 힘들 때는 비빌 언덕이기도 하다. 포기하지 말고 꾸준히 다가가 보자. 아무리 가랑비라도 끝내는 옷이 젖는다. 무엇보다 이들에게는 말해도 괜찮겠다는 확신이 필요하다. 그게 비록 부모일지라도 말이다. 이 세 단어를 꼭 기억하자. 은근하게 무심하듯 꾸준히. 이름하여 가마솥 전략이다. 은.무.꾸 전략은 사춘기 아이의 마음을 여는 열쇠다.

사춘기는 몸으로 말한다

아이가 입을 꾹 닫아 버리면 많은 부모는 당황한다. 언어적 소통뿐 아니라 비언어적 소통도 있다는 사실을 간과하기 때문이다. 아이가 입을 닫는 순간 몸이 열린다는 사실을 기억하라. 아이는 입 밖으로 꺼내지 못하는 것을 몸과 표정으로 드러낸다. 말수가 줄어드는 사춘기야말로 몸이 보내는 신호에 민감해야 한다. 부모는 아이에게 말하라고 다그칠 게 아니라 아이를 유심히 관찰할 필요가 있다. 가깝지도 멀지도 않은 적당한 거리에서 아이를 관찰하라. 평소 부모가 아는 아이의 모습에서 달라진 부분이 보인다면 그 이유가 뭔지 알아내야 한다. 예를 들어, 평소 등교 준비를 8시까지 마치던 아이가 8시 30분이 다 되도록 뭉그적거린다면, 학교 가기 싫은 마음이 고스란히 묻어 나온다고 보면 된다. 부모의 시선을 자꾸만 피하려 든다면 무언가를 숨기고 있다고 볼 수 있다. 또는 평소 잘 먹던 아이가 밥을 먹는 둥 마는 둥 한다면, 걱정거리가 있다는 뜻이다. 불안하고 초조한 아이는 자다가 수시로 깨서 물을 마시거나 화장실을 가기도 한다. 우리 아이가 평소와 다른 모습을 보인다면 부모는 아이에게 무슨 일이 일어나는지를 알아야 한다. 이때야말로 부모의 도움이 필요하다. "요즘 보니까 네가 아침 등교 준비하는 시간이 점점 늦어지는데, 혹시 학교 가기 싫은 거니? 학교에서 무슨 일 있어?" 또는 "일주일 전부터 아침에 일어나는 걸 유난히 힘들어하네. 잠을 제대로 못 잘 정도로 걱정되거나 불안한 게 있니? 뭐든 엄마한테 말해 주면 엄마가 도와줄 수도 있어." 그런데 이렇게 부모가 관심 어린 질문을 하며 다가갈 때도 사춘기 아이는 "아뇨. 별일 없어요"나 "아무것도 아니에요"라는 말로 도망가기 바쁘다. 이때도 마찬가지로 아이를 다그치거나 용의자를 심문하듯이 하면 절대 안 된다. 간혹 아이 스스로 자신의 문제 상황을 인지하지 못할 때도 있다. 부모의 걱정 어린 말에 비로소 자신을 살펴보기도 한다. 부모가 아이와 소통하고자 하는 궁극적인 이유는 아이를 돕는 데 있다. 아이를 추궁하거나 취조하는 게 목적이 아니다. 부모가 공격적으로 다가서면 아이는 뒤로 주춤 물러난다. 잘못한 일이 없어도 누군가 쫓아오면 본능적으로 도망가는 것처럼 말이다. 이럴 때는 "별일 없다니 안심이 되기는 하는데, 혹시 어려운 일이 있으면 언제든 말해 주면 좋겠어. 엄마는 항상 너를 도울 준비가 되어 있어." 부모가 이렇게 말해 주면 아이는 존중받는다고 느낀다. 고기도 먹어 본 사람이 먹을 줄 안다는 말처럼, 존중받는 아이가 존중할 줄 안다. 부모가 존중하는 태도를 보이면 아이 또한 부모를 존중하며 조금씩 다가온다.

아이의 방문이 닫힐 때

스스로 방에 갇히는 아이들

아이가 사춘기가 되면 집안 공기부터 달라진다. 네 것 내 것 없이 자유롭던 집에 어느 사이 사춘기 구역 즉, 접근 금지 구역이 생긴다. "언니 거 함부로 손대지 말라고 했지?" 자기 물건 좀 만졌다고 어린 동생을 타박하는 아이가 있는가 하면 "누구야? 누가 내 방에 들어왔어?"라며 표독스럽게 온 가족을 공포 속으로 밀어 넣는 아이도 있다.

사춘기가 되면 내 것에 대한 경계가 명확해진다. 누구도 내 허락 없이 내 물건을 함부로 건드려서는 절대 안 된다. 엄마일지라도 예외는 아니다. 어떤 아이는 중요하다고 생각되는 물건을 여기저기에 쑤셔 넣기도 한다. 서랍 깊숙한 곳이나 옷장 깊숙한 곳에서 생각지도 못한 물건들이 튀어나올 때도 많다. 자기 존재에 대한 인식이 뚜렷해지면서 나에게 속한 것들 또한 중요해진다.

비단 물건만이 아니다. 사춘기가 되면 부모 코앞에서 보란 듯이 방문을 쾅 소리가 나게 닫는다. 시도 때도 없이 거실로 뛰쳐나와 엄마 아빠 정신을 쏙 빼놓던 아이는 이제 없다. 사춘기가 된 우리 아이는 닫힌 방문 너머에서 나올 기미가 없다. 이렇듯 대부분 사춘기 아이는 스스로 방문 안에 자신을 가둔다. 죄수라면 출소를 꿈꾸며 탈옥이라도 하려 들겠지만, 어쩐 일인지 우리의 사춘기들은 탈출할 생각이 별로 없어 보인다. '슬기로운 내 방 생활'이라도 하는 듯하다. 그렇다면 사춘기 아이들이 이렇듯 방으로 들어가는 이유는 뭘까? 방문을 닫는 이유는 크게 세 가지를 들 수 있다.

첫째, 사춘기 아이에게 방은 자기 탐색을 위한 최적의 공간이다. 어른의 문턱에 선 사춘기가 풀어야 할 중요한 과제는 자기가 어떤 존재인지를 아는 일이다. 자기 정체를 제대로 파악해야 자신에게 가장 알맞은 삶을 살아갈 수 있다. 내가 누구인지도 모르고 자기만의 삶을 살아가는 건 말이 안 된다. 자신이 얼마나 쓸모 있는 사람인지 그리고 어느 정도 능력을 갖췄는지를 아는 일은 아주 중요하다. 요즘은 빅데이터를 통해 어느 정도 자신의 취미나 행동 패턴을 확인할 수 있다. 내가 어떤 정보에 관심이 있고 주로 어디에 가는지, 어떤 곳에 가장 많은 돈을 쓰고 있는지 등에 대해서 데이터로 분석하여 내보내 준다. 하지만 성능 좋은 AI라도 접근하지 못하는 영역이 있다. 바로 나의 내면이다. 내가 1등을 했다고 치자. AI는 1등이라는 결과와 그에 따른 행동 패턴만을 분석할 뿐, 그 결과에 대해서 내가 어떻게 느끼고 생각하는지에 대해서는 알 턱이 없다. 인생을 통틀어서 가장 많이 자기 자신에게 몰두하는 시기는 바로 사춘기다. 연구원에게 조용한 연구실이 필요한 것처럼, 사춘기 아이에게도 자기만의 공간이 필요하다. 방은 누구에게도 방해받지 않고 자신에게 골몰할 수 있는 가장 좋은 공간이다. 만약 아이가 방문을 닫고 들어간다면, '나'를 찾기 위한 연구가 시작되었다고 생각하자.

둘째, 사춘기 아이에게 방은 유일한 휴식처다. 사춘기는 그 어느 때보다도 자의식이 확대되는 시기다. 다른 사람 눈에 비친 자기 모습이 일생일대의 관심사다. 그렇다 보니 외출하기까지 오랜 시간이 걸린다. 머리칼이 한 올이라도 흐트러지면 차마 현관문을 나설 수가 없다. 어딘가 못난 부분이 있다면 어떻게서든 가려야 한다. 심지어 맨얼굴을 보여서는 안 된다. 우리가 거울을 들여다보듯이, 사춘기 아이들은 다른 사람의 눈에 비친 자신을 본다. 특히, 또래에게 비치는 자신이 어떤지에 온 신경이 쏠린다. 적어도 또래들에게 지질한 사람으로 보일 수는 없다. 이들은 상상 속의 청중을 이끌고 다니다 보니 고단하기 짝이 없다. 외출하고 돌아오면 심신이 지쳐서 녹초가 되는 일이 빈번하다. 이런 아이를 보며 부모는 도대체 뭐가 피곤하냐고 핀잔을 주지만, 누가 뭐래도 사춘기 아이는 가장 고단하다. 전 세계를 누비는 월드 스타 못지않다. 이런 사춘기 아이에게 다른 사람들의 시선으로부터 자유로운 유일한 공간이 바로 자기 방이다. 방에서만큼은 가장 자연스러운 나로 존재할 수 있다. 내 방에서는 긴장하지 않아도 괜찮다. 조금 흐트러져도 된다. 심지어 발가벗고 있어도 그만이다. 가장 사춘기답게 사춘기로서 존재할 수 있는 공간 하나쯤은 꼭 필요하다.

셋째, 방이야말로 부모의 시선에서 벗어날 수 있는 유일한 탈출구다. 방문을 닫아 버리면 부모는 시야에서 멀어진다. 사춘기는 부모와 가까이 있는 것조차 불편하고 어색하다. 심지어 부모의 숨소리조차도 듣기 불편하다. 이런 사춘기 아이에게도 숨 쉴 공간 하나쯤은 있어야 하지 않을까?

아이가 방문을 닫는다면

'얘가 방문을 잠그고 도대체 무슨 짓을 하고 있을까?' 사춘기 부모는 불안하고 초조한 마음을 가누지 못한다. 미어캣처럼 아이 방문을 기웃거리며 서성거린다. 하지만 걱정하지 말자. 방문 안에 있는 우리 아이는 아무것도 하지 않는다. 그저 있다. 방 안에서 가장 편안하고 자유로운 자세로 존재할 뿐이다. 만에 하나라도 부모가 걱정할 만한 짓을 할 요량이면 굳이 방에서 하지 않는다. 들킬 위험이 도사리는 곳에서 나쁜 짓을 할 만큼 아이들은 어리석지 않다. 방은 그저 쉬는 공간일 뿐이다. 다만 앞서 2장에서 말한 사춘기 증상 중 우울한 경우라면 주의가 필요하다.

누에는 누워 있는 벌레라는 '누웨'에서 유래했다. 그래서일까? 하릴없이 누워 있는 사춘기 아이는 어딘가 모르게 누에를 닮았다는 생각을 해 본다. 유충은 고치를 만들고 변태의 과정을 거친다. 누에고치의 과정을 겪지 않고 나비가 되는 방법은 없다. 유충이 고치를 짓고 그 속으로 침잠해 들어가듯이, 우리 아이는 자신의 방과 자기 내면으로 깊숙이 파고 들어간다. 오랜 시간 자기를 탐색한 아이는 때가 되면 다시 세상 밖으로 걸어 나온다. 마치 번데기에서 성충이 나오듯이 말이다. 언제 그랬냐는 듯이 어른스럽고 성숙한 모습으로 부모 앞에 다시 선다. 그때는 반갑게 맞아 주자. 이제 아이는 접힌 날개를 펴고 날아갈 준비가 되어 있다. 그러니 지금 당장 문을 열라고 소리치지 말자. 아이가 자신만의 시간을 오롯이 보낼 수 있도록 조용히 기다려 주자.

만약 아이에게 할 이야기가 있다면 부드럽게 노크하자. "아빠 들어가도 되니?" 이때 해맑은 목소리로 "예"라고 대답한다면 아직 사춘기가 아닐 확률이 99퍼센트다. 사춘기라면 열에 아홉은 "들어오지 마세요"라는 말이 방문을 뚫고 나온다. 아이의 화난 반응에 부모 또한 덩달아 화가 난다. '내가 뭘 잘못했다고 저러는 거지?' 이때 방문 틈에 대고 협박하거나 소리를 지르지는 말자. 대신 호흡을 가다듬고, "아빠가 할 얘기가 있어. 아빠가 들어가는 게 불편하면 네가 나올래?"라고 물어보자. 방문을 열어 줄지 말지는 아이의 선택이다. 지금 당장은 말하고 싶지 않은 아이의 마음까지도 존중하라. 부모도 종종 아무와도 이야기하고 싶지 않을 때가 있지 않은가? 아이 또한 아무에게도 방해받지 않고 혼자만의 시간을 온전히 누릴 권리가 있다. 참고로 닫힌 방문을 열기 위해서는 적절한 유머만큼 효과적인 건 없다. "똑똑똑, 여보세요? 거기 혹시 사랑하는 내 아들 있어요?"라고 물어보라. 이 방법은 나도 가끔 쓰는 방법이다. "똑똑똑, 혹시 1998년 가을에 제왕 절개해서 낳은 내 딸 거기 있나요?" 부모의 부드러운 노크는 존중의 첫걸음이다. 부모가 멈춰 서서 조용히 노크할 때, 닫힌 문만 아니라 마음의 빗장도 열린다는 사실을 기억하라. 존중받은 아이가 존중할 줄 안다. 부모가 진심으로 아이를 존중할 때 아이 또한 부모를 존중하는 마음으로 대한다.

똑똑똑! 존중의 소리

대체로 사춘기 부모는 닫힌 방문을 견디기 어려워한다. 아이 방문이 활짝 열렸을 때는 관심조차 주지 않다가 문이 닫히면 안절부절못한다. 사고(?)를 사전에 방지한다는 차원에서 사춘기가 되기 직전에 방문을 뜯어내 버리고 커튼을 치는 부모, 아예 방문 고리를 빼 버리거나 유리문으로 대체하는 부모, 내 명의의 집이라고 목에 핏대를 세우며 아이를 협박하는 부모 등 닫힌 방문 앞에서 보이는 부모 유형도 각양각색이다. 만약 부모가 아이의 방문 앞에서 과도한 불안을 내비치면, 아이는 생각할 것이다. '엄마 아빠가 나를 믿지 못하는구나.' 만약 부모가 아이 방문을 아이의 동의 없이 열어 버리거나 떼어 버린다면, 아이는 생각할 것이다. '내 공간은 없구나.'

사춘기 아이에게 방은 다른 사람과 나를 구분 짓는 경계와 같다. 아이가 어릴 때 부모는 경계에 대해서 가르친다. 우리가 잘 아는 동화 '해와 달이 된 오누이', '아기 돼지 삼 형제' 그리고 '빨간 모자와 늑대'는 모두 경계와 관련한 동화다. 이 동화들 모두 낯선 사람에게는 함부로 문을 열거나 따라가서는 안 된다는 교훈을 담고 있다. 사춘기 아이에게 부모만큼 낯선 존재가 있을까? 과장을 조금 보태자면, 사춘기 아이에게 부모는 동화 속 늑대와 호랑이에 버금간다. 사춘기는 부모에게서 분리되는 게 일생일대의 목표다. 따라서 부모 앞에서 방문이 닫히는 건 어쩌면 당연한 일이다.

사춘기는 자기 경계를 열어야 할지 닫아야 할지를 스스로 선택할 수 있어야 한다. 누구에게 열어야 할지도 아이의 결정에 따른다. 부모는 아이의 경계를 지키고 보호해 주어야 한다. 물리적 경계부터 심리적 경계까지 모두 포함해서 말이다. 만약 부모가 권위와 명의를 내세워 이 경계를 마음대로 허물어 버린다면, 아이는 혼란스럽다. 자칫 열어야 할 때 닫아 버리고, 닫아야 할 때 쉽게 열어 버리는 실수를 범한다. 부모를 떠나 사회로 나가서도 아무에게나 함부로 열어서 문제를 겪는다. 반대로 단단히 걸어 잠그기만 한 채 도무지 열지 않는 것도 문제가 된다. 그러니 꽉 닫힌 아이의 방문 앞에서 무턱대고 화를 내기 전에 아이의 경계를 떠올리자. 그리고 조심스럽게 노크하자. 무엇보다 부모가 안전한 존재라는 걸 증명해야 한다. 부모가 자기 편이라는 확신이 설 때 문은 열린다. 따라서 아이 방문을 열기 위해서는 신뢰를 쌓는 일이 먼저다. 노크는 사춘기를 존중하는 첫걸음이라는 걸 기억하자. '똑똑똑'은 방문이 아니라 아이 마음을 두드리는 소리다.

사춘기 사용 설명서

사춘기의 침묵 편

첫째, 사춘기 아이의 방문은 아이에게는 경계에 해당해요. 아이 스스로 자신의 경계를 명확하게 설정하고 여닫는 연습이 필요하지요. 부모 또한 낯선 사람에 불과하다는 사실을 인정하고, 언제든 필요할 때는 노크하세요. 아이에게는 부모가 자기 편이라는 확신이 필요해요, 방문을 노크한다는 것은 아이 마음을 두드리는 것과 같아요

이 말은 하지 마세요	이렇게 말해 주세요
당장 문 열어!	(똑똑똑) 엄마 들어가도 되니?

둘째, 혼자 있고 싶은 아이의 마음을 이해해 주세요. 사춘기 아이에게는 아무에게도 방해받지 않고 자신에게 온전히 몰두할 시간이 필요해요.

이 말은 하지 마세요	이렇게 말해 주세요
여기 내 집이야. 네가 뭔데 나가라 마라야!	지금은 혼자 있고 싶구나.

셋째, 사춘기 아이의 말하고 싶지 않은 마음을 존중해야 해요. 억지로 아이의 입을 열려고 할수록 아이의 입은 더 닫힌답니다.

이 말은 하지 마세요	이렇게 말해 주세요
말을 해야 알지. 네가 그렇게 입을 꾹 닫고 있으면 엄마가 얼마나 답답한지 몰라서 그래?	그래, 지금은 말하고 싶지 않구나. 언제든 편할 때 말해 주렴.

주의할 점!

말수가 없는 아이에게 예민하다는 꼬리표를 붙여서는 안 됩니다. 도무지 속에 무엇이 들어 있는지 알 수 없다는 말도 삼가세요. 이런 비난은 아이를 더욱 움츠리도록 만든답니다. 말하기에 앞서 아이에게는 시간이 필요해요. 다른 사람에게는 쉬운 일도 우리 아이에게는 어려울 수도 있어요.

5장

사춘기의 감정 : 내가 왜 이러는지 나도 몰라요

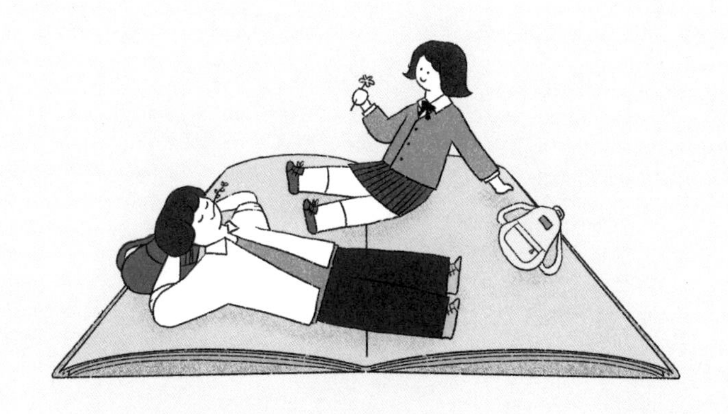

정서적 독립 중입니다만

사춘기 감정은 총천연색

사춘기 아이는 하루에도 수십 차례 오락가락하는 감정 때문에 힘들다. 사춘기의 감정은 롤러코스터를 타는 듯하다. 시도 때도 없이 오르락내리락한다. 방금까지 화를 냈던 아이가 갑자기 닭똥 같은 눈물을 뚝뚝 흘린다. 버럭 성질을 냈다가도 언제 그랬냐는 듯 엄마 품으로 달려들며, "오늘 저녁은 뭐야?"라고 해맑게 묻는다. 분명 내 아이가 맞는데, 내 아이가 아닌 듯하다. 사춘기 부모는 바람에 이는 갈대처럼 아이의 감정이 부는 대로 이리저리 휘둘린다. 사춘기와 잘 지내기 위한 사용 설명서 중 '감정 사용 설명서만 아랍어로 작성된 것 아닐까?'라는 합리적인 의심이 들 정도다. 밤새워 읽고 또 읽어도 도무지 알 수 없다. 어제까지는 투명했던 아이의 마음이 하루아침에 구름 사이로 가려진 듯하다. 사춘기에서 감정을 빼면 견딜 만한 수준이다. 사춘기를 구성하는 요소 중 8할이 감정이라 해도 지나치지 않다. 감정이 빠진 사춘기는 김빠진 콜라와 같다.

감정은 상황에 대한 주관적인 해석이다. 상황이 달라지고 해석이 더해질수록 감정도 다양해진다. 죽을 고비를 넘긴 사람의 감정 스펙트럼과 온실 속 화초처럼 살아온 사람의 감정 스펙트럼에는 분명한 차이가 있다. 교통사고를 크게 당한 사람이나 전쟁터에서 가까스로 살아온 군인의 감정은 일반인들이 가늠하기는 어렵다. 이처럼 성장하는 과정에서 감정은 서서히 분화된다. 자라면 자랄수록 생활 반경도 넓어지고 겪는 경험 또한 다양해지기 때문이다.

갓 태어난 영아는 쾌·불쾌 정서를 느낀다. 그러다 다른 사람의 시선을 의식하기 시작하는 두 돌 전후에는 수치심이라는 감정이 생긴다. 유아기가 되면 잘못된 행동에 대한 죄책감이 더해진다. 이 시기에는 행동에 대한 한계와 경계에 대해서 명확하게 배워야 한다.

사춘기가 되면 이전까지와는 차원이 다른 세상이 펼쳐진다. 장르로 치면 코믹에서 로맨스를 거쳐 호러나 스릴러까지 다양하다. 색깔로 말하면 아동기까지는 무채색이었던 감정이 사춘기가 되어서야 비로소 총천연색이 된다. 경험이 다양해지면서 감정 스펙트럼이 확대될 뿐 아니라 뇌와 호르몬의 변화로 인해 사춘기에는 감정적으로 격해진다. 정제되지 않은 감정이 날것 그대로 들쭉날쭉한다. 생전 처음 느끼는 어색하고 낯선 감정에 사춘기 아이는 어찌할 바를 모른다. 독버섯은 색감이 눈에 띄게 화려하다. 예부터 겉보기에 화려한 버섯은 조심하라는 말이 있듯이 감정적으로 민감해지는 사춘기야말로 함부로 건드려서는 안 된다.

롤러코스터를 타는 아이의 감정에 사춘기 부모는 지치고 힘들다. 도무지 어느 장단에 춤을 춰야 할지 모르겠다. 답은 간단하다. 아이의 모든 장단에 춤을 추어야 한다. 아이의 모든 감각에 주파수를 맞추어야 한다. 의사가 청진기를 대듯이 내 아이의 감정에 청진기를 댄다고 생각하라. 감정은 눈에 보이지 않는다. 하지만 아이의 몸 구석구석에서 감정은 묻어난다. 목구멍에 걸린 감정, 심장을 찌르는 감정, 온몸에 전기 충격기를 댄 듯한 감정, 배 속을 휘휘 젓는 감정, 머릿속을 벌레처럼 기어다니는 감정 등 감정은 출처도 증상도 다양하다. 내 아이의 마음이 알고 싶다면, 아이의 표정부터 몸의 근육까지를 샅샅이 살피려는 마음이 필요하다. 감정적으로 가장 적나라한 사춘기야말로 내 아이를 이해할 수 있는 절호의 기회다.

조절하느냐, 못하느냐 그것이 문제로다

사춘기의 정서적 불안정은 뇌와 호르몬의 합작품이라는데 이견은 없다. 우리는 흔히 사춘기의 감정을 문제 삼지만, 감정은 아무런 문제가 없다. 성장상 자연스레 나타나는 현상이다. 내 아이도 예외는 아니다. 거의 모든 사춘기 아이는 감정적으로 어려움을 겪는다. 문제는 감정을 얼마나 조절하고 통제하느냐에 달려 있다. '죽느냐 사느냐 그것이 문제로다'라는 햄릿의 고민처럼, 사춘기는 '감정을 조절하느냐 못 하느냐'의 갈림길에서 몸부림친다. 아무리 유능한 부모라고 할지라도 내 아이의 감정을 직접적으로 손볼 수는 없다. 하지만 적어도 부모라면 아이가 자기감정을 적절히 조절하고 통제할 수 있도록 도울 수는 있다.

감정을 어떻게 처리하느냐는 개인차가 있다. 같은 감정적 경험이라도 아이마다 처리하는 방식은 천차만별이다. 감정을 대하는 방식에 따라 사춘기의 정서는 달라진다. 같은 사춘기라도 정서적으로 성숙한 아이와 미숙한 아이는 하늘과 땅 차이이다.

가령 친한 친구가 내 험담을 했다는 사실을 알았다고 치자. 이때 정서적 성숙 정도와는 상관없이 상황에서 느끼는 감정은 별반 차이가 없다. 누구나 서운함을 넘어 배신감을 느낄 수 있다. 하지만 정서적 성숙도에 따라서 아이의 반응은 나뉜다.

정서적으로 미숙한 아이는 감정적 상황에 맞닥뜨리면 참기 어렵다. 그 즉시 감정적으로 행동하기 쉽다. 이에는 이, 눈에는 눈이라는 심정으로 친구에게 폭력을 행사하거나 친구의 치부를 드러내며 똑같은 방식으로 골탕을 먹일 수도 있다. 결과적으로 그 친구와는 도긴개긴이 될 뿐이다.

하지만 정서적으로 성숙한 아이라면 다른 선택을 한다. 같은 강도의 배신감을 느끼지만, 이들은 감정적으로 달려들기 전에 먼저 자기 감정을 조절하기 위해 애쓴다. 호흡을 가다듬으며 감정적 상황을 생각해 본다. 일어난 일의 전후 상황이나 맥락을 살펴보고자 한다. 또는 생각한 것들을 말로 표현하거나 글로 적어 볼 수도 있다. 생각을 입 밖으로 뱉어 내거나 종이 위에 풀어놓는 과정에서 모든 건 좀 더 선명해지기 마련이다. 일의 전후 사정을 살핀 후 어떻게 대처할지 고민한다. 친구에게 자신이 얼마나 서운하고 배신감을 느꼈는지를 말할 수도 있다. 다시는 그런 행동을 하지 말라고 부탁할 수도 있다. 만약 배신감이 감당하기 어려울 정도로 크다면 친구와 손절할 수도 있다. 무엇이 자신에게 최선인지를 충분히 심사숙고한 후 행동으로 옮긴다.

물론 사춘기 아이가 자기감정을 적절히 조절하고 처리하기란 쉽지 않다. 그래서 각고의 노력이 요구된다. 사춘기 아이가 정서적으로 성숙해지는 데는 부모의 도움이 절실하다. 부모는 아이의 감정을 비난하거나 허투루 여겨서는 안 된다. 어떤 감정적 상황에서라도 아이가 올바른 판단을 할 수 있도록 최선을 다해야 한다.

감정 심은 데 감정 난다

흔히 애착을 정서적 유대라고도 한다. 애착 수준에 따라 아이가 감정을 대하는 방식이나 조절하는 방식은 달라진다. 애착은 하루아침에 형성되지 않는다. 정서 조절도 애착 수준에 달렸다. 애착이 형성되는 과정을 살펴보자. 부모는 아이가 보내는 정서적 신호를 알아차리고 그에 맞는 적절한 반응을 한다. 어린아이가 세상에 생존하고 적응하기 위해서는 부모에게 전적으로 의존해야 하며, 나름의 신호를 보내서 부모의 반응을 끌어내야만 한다. 이때 부모가 아이의 신호를 민감하게 알아차리고 적절하게 반응한다면, 아이의 정서는 자연스럽게 처리된다. 쉬운 예를 들어 보자. 슬플 때 부모가 따뜻하게 안아주었고 부모의 품속에서 안정감을 찾았다고 가정해 보자. 슬플 때는 부모의 품이 필요하고 이때 위로를 구할 수 있다는 도식이 성립된다. 어릴 때는 부모의 품이었지만, 자라면서 친구나 혹은 연인에게로 연결된다. 슬픔이 몰아칠 때는 누군가 위로해 줄 대상을 찾게 된다. 혹은 스스로 자신을 안아 주는 방법도 있다는 걸 깨닫는다.

반면에 부모가 아이의 신호를 알아차리지 못하고 무시하거나 적절하게 반응하지 않는다면, 아이는 자신의 정서를 신뢰하는 대신 과도하게 축소하거나 확대한다. 축소하는 아이라면 외부로부터 반응을 끌어내는 걸 포기한다. 아무리 울어도 반응을 끌어내지 못한다면, 대신 인형을 꼭 끌어안거나 장난감을 물어뜯는 등의 대안을 찾는다. 이후 자라서 슬픔이 몰아치면 쓸모없는 물건을 사재거나 술이나 약품에 의존한다. 반면에 과잉 확대하는 아이라면 부모가 반응할 때까지 울음을 멈추지 않는다.

세 살 버릇 여든까지 간다는 말이 있다. 아이는 부모에게서 숟가락질과 젓가락질을 배운다. 말투뿐 아니라 행동하는 방식을 배운다. 그리고 이 모든 틈 사이에서 감정을 다루는 방식 또한 자연스럽게 습득한다. 사춘기 아이의 정서 조절 체계는 단시간이 아니라 오랜 시간을 거쳐서 만들어진 결과물이다. 세 살 때 배운 정서 조절 체계는 사춘기에도 이어진다. 어쩌면 여든까지 간다. 이처럼 감정의 역사는 깊다. 콩 심은 데 콩 나고 팥 심은 데 팥 난다. 그리고 감정 심은 데 감정 난다. 아이는 신호를 보내고 그 신호에 대한 반응을 읽으면서 정서와 관련한 도식을 만들어 간다. 하지만 한두 번의 경험으로 도식이 만들어지지는 않는다. 적어도 도식이 제대로 만들어지려면 오랜 시간 꾸준히 일관되게 반복되어야 한다. 이렇게 만들어진 도식은 어린 시절뿐 아니라 사춘기 때까지 이어진다. 따라서 사춘기 내 아이의 정서 조절 체계에 부모도 한몫했다는 사실은 부인할 수 없다. "도대체 넌 누굴 닮아서 성질머리가 그 따위야?"라고 따지기에 앞서 부모 먼저 스스로 돌아보길 권한다. 부모는 감정에 있어서 만큼은 무턱대고 아이를 비난하거나 탓해서는 안 된다. 아이가 감정을 조절하는 데 어려움을 겪고 있다면 돕고자 하는 마음으로 다가가야 한다. 어쩌면 수학 공식보다 감정 공식이 더 중요할 수도 있다. 수학 공식은 어떤 대학에 가냐를 결정하지만, 감정 공식은 어떤 인생을 사느냐와 직결된다. 감정 공식을 빼고 인생에서 행복을 논할 수는 없다.

사춘기 뇌의 시간표

여기까지 읽으면서 아이의 모든 감정이 마치 부모 탓인 것처럼 느껴질 수도 있다. 하지만 아이의 정서 조절 체계를 전적으로 부모의 탓이라고 말할 수는 없다. 정서 조절 체계는 상호 작용의 결과물이다. 아이의 타고난 기질과 성향은 절대 무시할 수 없다. 실제로 같은 부모에게서 자랐지만, 정서적으로 안정된 아이도 있고 그렇지 않은 아이도 있다.

한 가지 희소식을 전한다면, 정서 조절 체계와 관련해서 사춘기는 다시 오지 않을 기회다. 사춘기 뇌의 시간표를 이해한다면, 부모는 지금부터 심기일전할 수 있다. 뇌는 영역별로 시간표가 정해져 있다. 이를 뇌의 결정적 시기critical period라고 부른다.

사춘기 시기 시간표는 감정 조절과 공감이다. 사춘기 시기에 자기 감정을 알아차리고 적절하게 처리하는 법을 반드시 배워야 한다. 또한, 다른 사람의 감정을 이해하고 적절히 반응하는 법 또한 배워야 한다. 감정은 내면에서 일어나는 역동이다. 행동을 부추기는 것은 감정이다. 감정이 적절히 처리되지 않으면 심리적인 부적응은 물론 이는 행동상의 문제로 이어질 수 있다. 감정을 잘못된 방식으로 처리하다 보면 자신뿐 아니라 가까운 타인에게 의도치 않게 상처를 입히기도 한다. 음식을 먹고 나면 반드시 소화하는 것처럼, 감정 또한 우리 안에서 적절하게 잘 소화되어야 한다. 소화 불량으로 행복하게 살 수는 없다. 그러기 위해 부모는 아이가 자기감정을 꼭꼭 씹어서 소화할 수 있도록 안내해 주어야 한다. 이는 배변 훈련을 하는 것과도 다르지 않다. 만 두 돌이 지나고 세 돌이 되기 전에 온 신경을 기울여서 배변 훈련을 하는 것처럼 감정에도 훈련이 필요하다. 대소변처럼 아이의 감정 배출도 중요하다. 노상 방뇨만큼이나 무분별한 감정 배출도 위험하다는 걸 알아야 한다. 그동안 정서 조절 체계가 빈약하거나 잘못 도식화되었다면 바로잡을 수 있는 마지막 기회가 바로 사춘기다. 한번 떠난 버스가 후진하지 않는 것처럼, 기회는 더 이상 오지 않는다. 각 시기에 적절한 자극이 주어지지 않으면 제대로 발달하지 않는다. 아이에게 감정을 제대로 처리하는 법을 가르칠 수 있는 마지막이면서도 가장 적기는 바로 사춘기다. 참고로 자기감정과 친밀한 아이는 타인의 감정도 소중하게 여긴다.

정서적으로 독립하다

양육은 궁극적으로 아이의 독립을 준비시키는 과정이다. 아이는 신체적, 심리적 독립뿐 아니라 정서적 독립을 해야 한다. 물론 이에 더해 경제적 독립까지도 필요하다. 하지만 경제적 독립은 성인 이후

에나 가능한 일이다. 사춘기 아이들 대부분이 경제적 독립은 못 하지만, 심리적 독립에 대한 욕구가 강해지면서 부모와의 갈등이 첨예해진다. 부모 집에 얹혀살면서 따뜻한 밥은 얻어먹을지언정 부모의 잔소리는 '노 땡큐'를 외친다.

사춘기는 앞서 말한 심리적 독립, 즉 생각 독립뿐 아니라 정서적 독립에 대한 욕구도 커진다. 열 길 물속은 알아도 한 길 사람 속은 모른다는 속담이 있다. 한 길 사람 속에는 감정이 자리하고 있다. 사춘기는 자신의 정체를 제대로 파악해야 한다. 자기 정체를 이루는 요소 중에 가장 중요한 핵심은 바로 감정이다. 같은 상황일지라도 사람마다 느끼는 감정은 다르다. 감정만큼 자신을 잘 드러내는 건 없다. 자기감정을 모르고 자기를 이해하기는 불가능하다. 정서적 독립이란 자기감정을 알아차리고 스스로 처리할 수 있는 상태를 말한다. 나아가 자기감정을 스스로 책임질 수 있어야 한다. 정서적 독립은 세 단계를 거친다.

첫째, 자기감정을 민감하게 알아차려야 한다. 감정을 모르고 정서적 독립을 한다는 건 어불성설이다. 앞서 말한 바와 같이, 사춘기는 뇌와 호르몬의 변화로 인해 감정적으로 상당히 불안정해진다. 사춘기야말로 자기 내면을 들여다보고 이해하는 과정이 필요하다. 사람은 자주 만나야 친근해진다. 오랜 시간을 함께할수록 서로에 대한 이해도도 높아진다. 감정도 마찬가지다. 내 감정과 친밀해지기 위해서는 감정을 자주 만나는 게 중요하다. 내면에서 불쑥불쑥 올라오는 감정을 피하지 않고 직면해야 한다. 부모는 아이의 감정적 경험을 무시하거나 그냥 흘려보내서는 안 된다. 아이가 자기의 내적 경험을 이해할 수 있도록 도와야 한다. 무엇보다 자기감정을 언어로 적절히 표현할 때, 아이는 자기감정과 한층 더 친밀해진다. 따라서 아이의 정서적 독립에 부모의 공감은 필수 자원이다.

둘째, 자기감정에 대한 책임을 스스로 져야 한다. 어른이 되어 자기 삶을 온전히 책임지기 위해서는 감정부터 책임질 수 있어야 한다. 내 것이라고 여기지 않는 한 해 볼 게 별로 없다. 내 감정을 나 몰라라 하거나 다른 사람에게 탓을 돌린다면 건강한 어른으로 성장하기 어렵다. 내면에서 올라오는 자연적인 감정조차 받아들이지 못하면 세상 그 어떤 것도 수용하고 존중할 수 없다. 부모는 아이가 자기감정을 자연스럽게 수용하도록 도와야 한다. 부모가 아이의 감정을 있는 그대로 존중해야 아이 또한 자기감정을 편안하게 받아들인다. 그리고 부모가 먼저 감정을 책임지는 모습을 보이는 게 좋다. "너 때문에 엄마가 이렇게 화가 나는 거잖아!"라는 말은 자기감정을 아이 탓으로 돌리려는 태도다. 아이 때문에 화가 나는 게 아니라 그냥 화가 난다는 걸 인정해야 한다. "엄마는 지금 너무 화가 나. 잠깐 있다가 다시 이야기할래?" 자기감정을 인정하고 아이와 잠시 거리를 둔 다음, 감정을 조절하는 게 필요하다.

셋째, 감정적으로 행동하지 않아야 한다. 즉, 감정이 행동으로 적나라하게 표출되지 않아야 한다. 정서적으로 성숙한 아이는 감정과 행동을 엄격하게 분리한다. 감정과 행동을 분리하기 위해서는 감정을 머릿속으로 생각해 보아야 한다. 몸으로 전해진 감정을 머리로 생각해 본 아이는 감정적 행동 대신 사회적으로 용인되는 방식으로 감정을 표현한다. 화가 날 때마다 부모가 화난 이유를 물어봐 주고 들어 주었다면 아이 또한 화날 때마다 생각해 볼 것이다. '나는 왜 이렇게 화가 나지?' 자신이 화난 이유를 말하고 이해받으려고 할 것이다. 부모가 아이의 화에 차분하게 대응한다면, 아이는 화를 조절하는 법을 터득한다. 화를 가라앉히는 적절한 방법을 배운 아이는 자라서도 스스로 화를 처리할 수 있다. 감정적 상황을 곰곰이 생각해 볼수록 자신이 어떤 사람인지를 점차 이해한다.

정서적 독립은 부모에게 의지하지 않고서도 자기감정을 스스로 처리하고 성숙한 행동을 할 수 있는 상태를 말한다. 그러기 위해 자기감정과 친밀하게 연결되어야 하며, 감정에 대해 온전히 책임질 수 있어야 한다. 감정적 상황을 충분히 생각해 보고 언어로 적절히 표현할 수 있을 때 정서적 독립은 가능하다.

부모는 아이의 감정 쓰레기통이 아니다

감정 쓰레기통과 감정 컨테이너

사춘기 아이는 부모와도 데면데면하지만, 자기감정과도 친하지 않다. 시도 때도 없이 고개 드는 감정이 낯설고 어색하다. 실제 아이들은 "하루 종일 기분이 엿 같다"라는 표현을 서슴없이 한다. "엄마랑 아빠 얼굴만 봐도 짜증이 치밀어 올라요"라고 하소연하기도 한다. 이들에게 감정은 뜨거운 감자다. 스스로 감당하기 어려운 감정은 그저 어디론가 던져 버리면 그뿐이다. 사춘기는 불편한 감정을 어찌하지 못하고 가장 가까운 대상에게 던져 버린다. 주로 부모가 봉변의 대상이 된다. 이때 부모는 절대 감정 쓰레기통이 되어서는 안 된다. 쓰레기통이란 아무짝에도 쓸모없는 물건을 처리하는 도구다.

"넌 엄마가 만만하니? 얻다 대고 성질을 내고 있어? 그게 그렇게 억울할 일이야?"

이런 부모의 말은 아이의 감정을 다짜고짜 쓰레기통 속으로 처박아 버리는 것과 다름없다. 이렇게 되면 아이는 자신의 억울한 마음 자체가 문제라고 인식할 수밖에 없다. 억울함은 아무짝에도 쓸모없는 감정 쓰레기에 불과하다고 여긴다. 아이가 부모에게 던져 버린 감정을 부모 또한 쓰레기통에 던져 버리면 아이는 자기감정을 처리할 기회조차 잃어버린다. 스스로 소화하지 못한 감정은 행동으로 처리된다. 감정적으로 행동하면서 감정으로부터 회피한다. 가령 화가 나면 물건을 던지거나 상대방을 위협하면서 화를 처리하려 든다. 감정을 바깥으로 마구 토해 내면 자신은 후련할지 모르나 그로 인해 상대가 고통받는다. 궁극에는 관계에 금이 가고 스스로 고립을 자초한다. 간혹 감정을 꽁꽁 숨기는 아이도 있다. 이들은 자기 안에 감정을 꾹꾹 눌러 담고는 뚜껑을 닫아 버린다. 스스로 감정 쓰레기통을 자처한다. 밖으로 던지든, 안에서 썩히든 모두 문제가 된다. 쓰레기통에 버려질 만한 감정은 어디에도 없다.

이 세상에 무용지물인 감정은 없다. 모든 감정은 인간이 생존하고 적응하는 데 꼭 필요하다. 우리 인간을 움직이도록 하는 동력은 감정에 있다고 해도 과언이 아니다. 감정을 잘 활용하면 더없이 좋은 자원이 되지만, 방치하면 위험이 따른다. 감정은 사사건건 우리의 발목을 잡고 늘어질 수 있다. 아이가 건강하게 자기 삶을 살아가려면 적어도 자기감정과 친밀하게 연결되어야 한다. 그러기 위해 어떤 감정이라도 쓰레기통에 쑤셔 넣어서는 안 된다. 쓰레기통으로 들어가는 순간 원래의 형태는 잃어버리고 뭉치고 덩어리진다. 오래 방치된 쓰레기통에서 악취가 풍기듯이 감정 역시 오래 묵힐수록 골칫덩어리가 된다. 쓰레기통에서 오래 묵은 감정은 주로 화나 짜증으로 나타난다. 이는 언제든 터지기 일보 직전으로 주변을 위협한다. 시한폭탄처럼 말이다. 특히, 사춘기 아이의 마음 안에 방치된 감정 시한폭탄은 더 위험하기 마련이다. 사춘기는 어느 때보다도 분별력과 판단력이 흐려지기 때문이다. 따라서 사춘기 부모라면 공격적이고 폭력적인 아이를 탓하기에 앞서 아이 마음 안에 덩어리진 감정 상처를 돌보아야 한다.

쓰레기통과 달리 컨테이너는 쓸 만한 내용물을 잠시 보관하는 용도다. 사춘기 부모는 감정 쓰레기통이 아니라 감정 컨테이너가 되어야 한다. 즉, 아이가 스스로 감당하기 어려운 감정을 부모에게 마구잡이로 던질 때 부모는 잠시 잠깐 그 감정을 담고 있으면 된다. 이때 부모는 아이의 감정에 어떤 보정도 각색도 할 필요가 없다. 다만 아이가 감당할 만한 수준으로 식혀서 돌려준다고 생각하라.

감정 쓰레기통	감정 컨테이너
그게 그렇게 억울하니? 별것도 아닌 일에 흥분하지 마.	정말 많이 억울하구나. 누구라도 그 상황이라면 억울할 수 있어. 어떻게 하면 마음이 좀 풀릴까?
울지 좀 마.	마음이 슬플 때는 울고 나면 조금 편안해지기도 해. 그리고 감정은 누군가에게 털어놓으면 후련해진단다.
화내지 말고 말해!	지금은 많이 화난 거 같은데, 마음이 좀 가라앉으면 그때 화난 이유를 말해 줄래?

누군가 자기감정을 있는 그대로 반영해 주면 아이 또한 자기감정을 돌아본다. '맞아, 이건 억울한 거야. 내가 이상한 게 아니라 누구나 이 상황이면 억울할 수도 있어.' 감정을 편안하게 직면해야 감정을 제대로 처리하는 게 가능하다. 처음에는 뜨거워서 견딜 수 없는 감정일지라도 부모의 공감을 통해 견딜 만한 수준이 된다. 이는 뜨거운 감자를 후후 불어 식혀서 아이에게 주는 것과 같다.

사랑은 선택, 공감은 필수

아이가 어릴 때는 존재 자체가 마냥 사랑스럽고 귀엽다. 아이가 커가는 걸 지켜보는 것만으로도 부모는 양육에서의 보람이 샘솟는다. 내가 애쓰는 만큼 성과가 나타날 때 뿌듯함은 덤이다. 이렇게 사랑으로 끈끈하게 맺어진 관계지만, 아이가 사춘기가 되면 언제 그랬냐는 듯 으르렁거린다. 서로 죽고 못 사는 사이에서 철천지원수가 되는 데까지는 그리 오랜 시간이 걸리지 않는다. 사랑하는 마음이 있어야 공감도 가능한 것 아니냐는 질문을 가끔 받는다. 하지만 공감과 사랑은 다르다. 사춘기가 되면 아이가 꼴도 보기 싫어진다고 고백하는 부모들이 늘고 있다. 세상에 당연한 건 없다. 부모라고 해서 무조건 아이를 사랑하는 것도, 사랑해야 하는 것도 아니다. 내가 낳은 내 아이니까 사랑한다는 말은 거짓이다. 부모의 선택과 결정으로 낳은 아이이므로 그 결정과 선택에 대해서 책임질 뿐이다. 내 아이를 사랑하는 데도 노력이 필요하다.

얼마 전 보호자 특별 교육에서 만난 아버지는 이제 고작 고등학교 1학년인 아들을 집에서 내보냈다고 했다. 아이가 중학교에 올라가면서 온갖 말썽을 부리고 있어서 도저히 한집에서 살 자신이 없었다. 이러다가는 무슨 사단이 날 것 같은 불안감이 엄습해 왔다. 그래서 아이에게 진지하게 물었다. “아빠는 너를 볼 때마다 죽을 것 같다. 너는 어떠냐? 너도 힘들지?” 조용히 듣던 아들은 고개를 작게 끄덕였다. 그리고 서로 합의한 끝에 고시텔을 하나 얻어서 내보냈다. 그야말로 부모 사표를 낸 것과 다름없다. 물론 학교 기숙사 생활로 일찍 독립하는 아이들도 있지만, 이렇게 조용히 아이를 집 밖으로 내모는 부모를 만난 건 처음이다. 우리나라 민법에도 친권자는 자녀가 미성년이 될 때까지 보호하고 양육할 의무가 있다고 명시하고 있다. 어떤 식으로든 아이를 내쫓는 건 방임에 해당하며 이는 엄연한 아동 학대다. 하지만 아이가 어디에 있는지를 명확히 알고 경제적 지원을 하고 있기에 학대는 아니라고 항변한다면 다퉈 볼 여지가 있다.

문제는, 학대냐 아니냐를 떠나서, 부모의 보호막을 벗어난 아이는 온갖 문제 속으로 휘말리고 있다는 사실이다. 이 아빠는 수시로 경찰서와 학교에서 전화가 걸려 오고 여기저기 불려 다닌다. 아이가 사춘기가 되면 문득문득 아이를 내보내고 싶은 마음이 간절해진다. 더 이상 아이가 사랑스럽지 않다. 정말이지 꼴도 보기 싫다. 앞서 아빠처럼 실행에 옮기지는 못했지만, 머릿속으로는 이미 여러 차례 아이를 내쫓은 부모가 많다.

사춘기 아이를 지극히 사랑하기란 쉽지 않다. 아이를 사랑하겠노라 마음먹는다고 사랑이 샘솟지 않는다는 사실을 우리는 이미 잘 알고 있다. 그러니 너무 힘들게 사랑하려고 노력하지 말자. 아니 사랑에 집착하지 말자. 오히려 사랑에 집착할수록 도저히 사랑할 수 없는 이유들이 뚜렷해진다. 사랑하려고 하면 할수록 부모는 상처받는다. 사춘기 아이는 부모가 어디까지 참고 견디는지를 시험이라도 하는 듯 매 순간 부모의 감정 뚜껑을 열어 버린다. "거 봐, 엄마도 똑같잖아. 그 정도도 못 참으면서 무슨 부모야." 부모는 아이가 만들어 놓은 덫에 걸려서는 안 된다. 덫에 걸려 허둥대는 순간 아이는 부모를 얕잡아본다. 그나마 남겨둔 쥐꼬리 정도의 신뢰조차도 매몰차게 거둬 버린다. 부모라고 해서 늘 한결같이 아이를 사랑할 수는 없다. 마음에도 없는 '사랑해'를 남발하는 대신 아이의 마음에 시선을 두자. 사랑은 내 마음대로 되지 않지만, 공감은 마음먹기에 달렸다. 양육에서 사랑은 선택이지만 공감은 필수다. 사랑하지 않고도 공감은 가능하니 얼마나 다행인가? 우리는 나와 안면이 없는 사람이라도, 즉 사랑한 줄 없는 사이라도 공감할 때가 많다. 인간극장에 등장하는 주인공의 애환을 보면서 마음이 아리거나 눈물을 흘리는 건 다반사다. 그러니 사랑하려고 노력하기보다 공감하려고 노력하자.

얼마 전까지 인스타그램에서 유행했던 영상이다. "엄마가 너무 속상해서 빵을 사 왔어"라는 엄마의 말에 아이마다 반응이 다르다. 어떤 아이는 "엄마 왜 속상해? 얼마나 속상해?"라고 걱정스러운 얼굴로 묻는다. 반면에 어떤 아이는 "무슨 빵? 몇 개 샀어?"라고 묻는다. 전자는 엄마의 감정을 먼저 살피지만, 후자는 빵에 먼저 관심이 쏠린다. 이는 부모도 마찬가지다. "이번 시험 망쳤어요!"라는 아이의 말에 부모의 반응도 각기 다르다. "그러게 진작 공부 좀 하지 그랬어"라고 핀잔을 주는 부모가 있는 반면에 "괜찮아. 다음에 열심히 해서 만회하면 돼"라고 말하는 부모도 있다. 이들은 실질적인 성적이나 문제 해결 방향에 초점이 맞춰진다. 반면에 "우리 아들, 성적이 생각만큼 안 나와서 속상하구나" 또는 "성적 때문에 실망했나 보네"라고 위로하는 부모도 있다.

공감 능력은 타고나는 부분이다. MBTI 성격 유형에서 감정형(F)이 바로 이에 해당하는 사람이다. 이들은 관심의 주제가 사람이나 관계에 맞춰져 있다. 사고형(T)보다는 감정에 훨씬 더 민감하며, 감정적인 공명이 잘 일어난다. 그야말로 '아프냐? 나도 아프다'가 이들을 가장 잘 대변한다. 아이가 슬픈 표정만 지어도 부모는 울컥한다. 물론 양육에서 공감 능력은 중요한 요소다. 그런데 공감에 대해서 오해하는 부모가 많다. 공감은 같은 감정을 느끼는 게 아니다. 부모라고 해서 아이와 똑같은 감정을 느끼는 건 어렵다. 아이는 아이고 부모는 부모다. 사람마다 감정이 반응하는 영역은 다 다르다. 부모와 아이의 감정 주파수도 다르다. 같은 영화를 보고도 엄마는 슬프지만 아이는 지루할 수 있다. 이런 아이를 보며 왜 슬퍼하지 않냐고 윽박지를 수는 없다. 사실 아이의 감정이 도저히 이해되지 않을 때가 많다. 분명히 내가 낳은 내 아이지만, 이리도 다를 수 있는지 의아할 따름이다. '아프냐? 나는 안 아프다'라는 말이 목구멍까지 올라온다. 아이가 아프다고 부모까지 아플 필요는 없다. 하지만 아픈 아이의 마음을 업신여기거나 나 몰라라 해서는 안 된다. 부모는 아이의 감정을 비난해서는 안 된다. 부모가 아이의 감정을 비난한다면, 아이의 감정은 쏙 들어가 버린다. 마치 모랫구멍 속으로 게가 숨어 버리듯이 말이다. 이렇게 되면 아무리 모랫구멍을 파고 뒤져도 게는 찾을 수 없다. 공감은 타이밍이다.

공감共感은 말 그대로 아이의 감정에 함께 머물러 주는 걸 말한다. '나는 아프지 않지만, 너는 아프구나. 너라면 아플 수도 있겠다'라는 마음이 필요하다. 이처럼 부모는 아이의 감정을 비난하지 않고 있는 그대로 함께 머물러 주어야 한다. 함께 머문다는 것은 적절하게 반응하는 걸 의미한다. 아픈 아이의 마음을 치유하기 위해 무엇이 필요한지를 끊임없이 고민해야 한다. 때로는 아무것도 하지 않더라도 아이 곁에서 함께 견디는 것만으로도 충분하다. 그저 아이의 등을 토닥여 주거나 손을 잡아 주는 것만으로도 아이는 공감받는다고 느낀다. 적절한 때에 적절하게 반응해 주지 않으면 되돌릴 수 없을 때가 많다. "그깟 일로 아프기는 뭐가 아프다고 난리야 대체!"라고 마구 퍼부어서는 안 된다. 그 당시에는 목에 핏대를 세우고 퍼부었다가 1년이 지난 다음 문득 생각나 사과한들 소용없다. 물론 사과조차 하지 않는 것보다는 낫겠지만, 한번 마음속을 할퀴고 간 상처는 쉽게 지워지지 않는다. 그 1년 동안 아이 마음 안에서 처리되지 못한 감정은 상처로 남아 흉터가 되기도 한다. 상처를 내는 건 순식간이지만, 상처를 치유하는 건 오랜 시간이 걸린다.

공감적 경청

앞서도 말했지만, 감정을 처리한다는 것은 감정을 소화하는 것이다. 감정은 우리 안에 있다. 우리 안에서 소화되지 않은 채 오장육부를 휘젓고 다니는 감정을 뱉어 내면 된다.

"나는 지금 마음이 참담해요."

"겁이 난단 말이에요."

"너무 긴장되어서 글씨가 얼룩져 보여요."

"외롭고 쓸쓸해서 세상에 나 혼자만 버려진 기분이 들어요."

이런 감정 표현이 가능해야 한다. 감정에 이름을 붙이는 순간 감정은 명확해진다. 만약 아이가 스스로 뱉어 내기 어려운 상황이라면, 누군가 아이의 감정을 그대로 읽어 주는 방법도 있다. 이것은 아이 마음에 걸린 감정을 대신 빼 주는 방법이다. 목에 걸린 생선 가시를 빼는 것처럼 말이다.

"마음이 참담하구나."

"부들부들 떠는 걸 보니 겁나는 것 같은데 맞아?"

"얼굴이 많이 상기되고 경직된 것 같은데, 혹시 지금 많이 긴장되니?"

"표정이 너무 외롭고 슬퍼 보여."

공감을 위해서 부모는 아이의 표정뿐 아니라 몸에도 집중해야 한다. 미세한 변화라도 놓치지 않고 알아차릴 수 있어야 한다. 공감적 경청은 간단하다. 아래의 순서를 머릿속으로 떠올리고 실천해 보자.

첫째, "무슨 일이 있었는지 말해 볼래?"라고 부드럽게 말하라. '부드럽게'라는 것은 어감을 말하기도 하지만, 그보다는 꼬치꼬치 캐묻지 말라는 뜻이 더 강하다. 캐묻기보다는 아이의 말을 기다려 주는 게 좋다. 아이는 편안한 상태에서 자기 속마음을 털어놓을 수 있어야 한다. 부모라면 어떤 경우라도 내 아이의 말을 먼저 들어 주어야 한다. 아이는 부모에게 일어난 일을 설명하면서 재경험하는 기회를 얻는다. 단순하게 경험을 다시 돌아보는 데서 그치지 않고 그 상황에서는 미처 보지 못한 것들을 알아채거나 혹은 재구성하기도 한다.

둘째, "아하, 그렇구나. ○○가 그렇게 할 때 네 마음은 어땠어?" 아이의 말에 집중하면서 적재적소에서 아이의 마음이나 생각을 물어보라. 일어난 상황을 객관적으로 살피는 것도 중요하지만, 그보다 더 중요한 것은 그 상황에서의 아이의 마음이다. 똑같은 상황이지만 아이마다 느끼는 바는 다르다. 하나의 상황이라도 수십 개의 마음이 존재한다. 따라서 부모는 우리 아이의 내적 경험에 관심을 기울여야 한다. 아이 말의 행간에 숨은 의미를 파악하려고 애써야 한다.

셋째, "엄마(아빠)가 어떻게 도와주면 좋을까?" 아이의 말을 듣고 나서 문제 해결 방향에 대해서 함께 논의해 보라. 간혹 아이는 부모에게 자초지종을 설명하면서 문제의 본질을 꿰뚫기도 한다. 이때 아이는 부모의 도움 없이 스스로 해결해 보겠다고 말할 수도 있다. 만약 아이가 스스로 해결하겠다고 한다면, 믿고 지지하라. 언제든 도움이 필요하면 그때 말해 달라고 하면 된다.

공감 시 주의할 점

첫째, 공감은 들어 주는 과정이다. 귀만 있으면 듣겠거니 생각해서는 안 된다. 듣는 일만큼 에너지가 소진되는 건 없다. 아이의 말을 집중해서 들으려면 귀뿐 아니라 온몸이 열려야 한다. 즉, 온몸의 세포가 모두 아이를 향해야 한다. 잘 듣기 위해서는 지극히 이성적인 상태를 유지해야 한다. 앞서 감정형(F) 부모의 공감 능력도 필요하지만, 잘 듣기 위해서는 사고형(T) 부모의 이성적이고 논리적인 기능도 반드시 요구된다. 듣는 것만큼 기술이 필요한 건 없다. 듣기 위해서는 일단 들을 준비가 되어야 한다. 만약 부모가 신체적·정서적으로 에너지가 바닥난 상태라면 듣는 건 불가능하다. 몸이 피곤하거나 아프다면 아이의 말에 집중하기 어렵다. 몸뿐 아니라 정서적으로 문제가 있어도 듣는 건 어렵다. 만약 부모가 감정에 압도된 상태, 즉, 불안하거나 화가 났거나 혹은 무기력한 상태라면 아이의 말이 들리지 않는다.

둘째, 아이의 감정에 반응하기 전에 15초의 틈을 주라. 심호흡 한 두 번이면 된다. 사춘기 부모는 아이의 말에 즉각적으로 반응하는 실수를 저지른다. 저지른 실수는 돌이키기 쉽지 않다. 되도록 실수하지 않기 위해 만반의 준비를 하는 게 효과적이다. 기억하라. 15초다. 15초가 길다면 5초라도 틈을 주자. 사춘기 부모가 저지르기 쉬운 최악의 실수는 준비되지 않은 상태에서 아이의 감정에 충동적으로 반응하는 것이다. 어떤 경우라도 시간이 필요하다. 잠시 잠깐이면 된다. 사춘기와의 대화에서는 부모의 차분함만이 살길임을 명심하라. 사춘기와 함께하는 부모라면 언제든 이성적 끈을 놓쳐서는 안 된다.

셋째, 15초의 틈을 벌렸는데도 불구하고 '욱' 반응이 올라온다면 그 즉시 멈춰라. 아이의 감정에 부모의 감정이 건드려질 때는 감정적으로 대응하지 말고 그 즉시 멈추는 게 현명하다. 속으로 'STOP'을 외쳐라. 동시에 아이에게서 물러나라. 엄밀히 말해서 아이가 아닌 아이의 감정으로부터 물러나는 것이다. 이때는 아이의 감정과 되도록 거리를 두고 부모 감정부터 돌보는 게 먼저다.

넷째, 부모가 다루기 어려운 아이의 감정도 있다는 걸 인정해야 한다. 아무리 마음을 가다듬어도 도무지 어렵다면 다른 사람에게 도움을 청하라. 때로는 배우자나 친척 혹은 아이와 가까운 지인이 아이와 이야기를 나누는 게 더 효과적일 수도 있다. 그래도 안 된다면 상담사를 찾아가라. 부모는 만능맨(?)이 아니다. 부모도 안 되는 게 있다. 안 되는 건 더 잘할 수 있는 다른 사람에게 의존하자. 이는 아이의 감정을 무시하는 것과는 다르다. 부모는 아이에게 도움이 되는 최선의 길을 찾아야 할 의무가 있다.

부모도 한때는 사춘기였다

부모도 한때는 사춘기였다

큰아이는 대학을 졸업하고 중견 기업에서 근무 중이다. 아무래도 사회 초년생이 직장 생활에 적응하는 건 버거운 일이다. 큰아이도 예외가 아닌지라, 직장 생활 때문에 힘들다는 호소를 자주 했다. 그럴 때마다 남편과 나는 한마음으로 아이에게 말했다. “사회생활을 하다 보면 그 정도는 누구나 겪는 거야. 잘 버티다 보면 그 또한 지나간단다.” 그런데 우리의 이 말에 아이가 버럭 화를 냈다. “아, 됐어. 말한 내가 바보지. 그걸 누가 모르냐고! 엄마 아빠 때문에 더 짜증 나.” 그때는 도무지 왜 화를 내는지 알 수가 없었다. 그게 화낼 일인가 어이없기도 하고 도리어 화가 났다.

대부분 부모는 모든 걸 자신의 관점에서 해석하고 평가한다. 하지만 부모가 살아가는 세상과 아이가 살아가는 세상은 엄연히 다르다. 수십 년간 세상 풍파를 견뎌 온 부모에게 웬만한 일들은 아주 작고 사소한 일에 지나지 않는다. 직장 생활을 30년 넘게 해 온 아빠에게 사회 초년생이 직장에서 겪는 일들은 애교 수준에 지나지 않는다. 지극히 사소하기에 마땅히 견딜 만한 수준의 일이라 여긴다. 하지만 사회 초년생에게 직장 생활은 모든 게 낯설고 어렵다. 하다못해 출근해서 동료 직원에게 인사하는 것조차 쉽지 않다. 하물며 업무는 말할 것도 없다.

부모의 경험치에 비한다면 아이의 경험치는 고작 한 주먹에 불과하다. 이는 프로와 아마추어의 차이보다 크다. 아마추어에게 프로의 기술을 요구하는 것은 부당하다.

마치 갓 태어난 영아가 배고파서 울 때, "기다려! 엄마부터 밥 먹고 우유 줄 테니까"라고 하는 것과 같다. 어른인 엄마는 배가 고파도 참을 만한 내적 자원이 있다. 심지어 우리는 다이어트라는 고통 속으로 제 발로 걸어 들어가지 않는가? 이에 비한다면, 영아에게 배고픔은 목숨을 위협하는 수준이다. 지금 당장 먹지 못하면 참을 만한 힘이 없다. 이들이 목이 터질 듯이 울어 대는 것은 바로 살기 위한 처절한 몸부림이다. 이는 부모가 영아기 아이들의 욕구를 즉각적으로 충족시켜야 하는 이유이기도 하다.

태어나자마자 어른은 없다. 우리 또한 어린 시절의 모든 과정을 거쳐서 지금의 어른이 되었다. 따지고 보면 부모가 이해 못 할 아이의 경험은 없다고 해도 과언이 아니다. 이해한다는 영어 understand의 의미는 '아래에 서다'라는 뜻이다. 아이를 이해하기 위해서는 아이의 입장에서 고려해 봐야 한다. 부모도 한때는 사춘기였다. 사춘기 아이를 이해하려면, 부모의 사춘기로 돌아가야 한다.

부모의 감정 굳은살

연우 엄마의 이야기다. 초등학교 6학년 연우의 단짝 친구가 옆 동네로 이사 가면서 전학까지 했다. 늘 한 몸처럼 붙어 다니면서 모든 걸 공유하던 친구가 떠나자, 연우는 슬픔을 이기지 못해서 3일째 식음을 전폐하며 울고 있다. 첫날은 엄마도 연우를 위로하며 토닥여 주었다. 둘째 날도 그러려니 하면서 연우를 다독였다. 그런데 셋째 날까지도 아이의 슬픔이 가라앉을 기미가 없자 엄마는 슬슬 짜증이 났다. "그까짓게 뭐가 슬프다고 그 난리야?" 엄마의 버럭에 연우는 도

끼눈을 뜨고 엄마를 노려본다. "엄마가 뭘 알아? 엄마가 내 마음을 아냐고!" 그러자 이에 질세라 엄마도 목청껏 소리를 지른다. "모르긴 뭘 몰라. 적당히 해야지 말야. 그게 그렇게 슬프면 세상 사람들 다 슬퍼서 남아돌지를 않겠다." 연우는 갑자기 소리 내서 엉엉 울기 시작했다. 그리고 엄마는 그런 딸에게 더 거칠게 악담을 퍼부었다. 연우 엄마가 보기에 그 정도는 슬픈 축에도 들지 못한다. 더군다나 친구는 먼 곳으로 이사를 간 게 아니라 바로 옆 동네로 이사 갔다. 차로 이동하면 30분 정도 거리다. 어른의 시각에서 본다면 이별이라고 하기에도 민망한 수준이다.

대한민국 엄마라면 뜨거운 냄비쯤은 맨손으로 잡는다. 엄마가 뜨거운 열을 견딜 수 있는 이유는 손가락에 박힌 굳은살 때문이다. 오랜 세월 뜨거운 음식을 다루면서 손가락에 알게 모르게 굳은살이 생긴 탓이다. 두툼한 굳은살은 감각을 무디게 만든다. 웬만큼 뜨거운 것에는 끄떡없다. 그런데 비단 손가락만이 아니다. 감정에도 굳은살이 생긴다. 대부분 부모에게는 감정 굳은살이 박혔다. 감정 굳은살이 두텁게 박힌 부모에게 아이의 감정은 감정 축에도 끼지 못한다. 그래서 부모는 아이의 감정에 꿈쩍도 하지 않을 뿐 아니라 오히려 나무라기 쉽다.

"그까짓게 뭐가 서운하다고 이 난리야?"

"그게 그렇게 울 일이야?"

"화내지 마! 그 정도는 화낼 일도 아니야."

"너는 왜 이렇게 겁이 많니? 그렇게 겁이 많아서 세상을 어떻게 살려고 그래?"

"살다 보면 실망할 일이 얼마나 많은데 고작 그 정도로 실망하는 거야."

이별만 해도 그렇다. 수십 년을 살아오면서 부모는 헤아릴 수도 없을 만큼 숱한 이별을 해 왔다. 뜻하지 않는 이별 통보를 받기도 했고 되레 누군가를 뻥 차기도 했다. 가까운 누군가 죽었고, 누군가는 먼 곳으로 이민 가기도 했다. 이별을 주제로 이야기를 써도 책 한 권 분량이다. 이런 부모에게 아이의 이별은 이별 축에도 끼지 못한다. 고작 이깟 정도의 이별로 3일을 넘게 울고 있는 아이가 그저 못마땅할 뿐이다. 하지만 아이는 어떨까? 이제 겨우 초등학교 6학년이다. 아이에게는 살면서 겪은 가장 큰 이별일지도 모른다. 자동차로 30분 거리는 어른에게는 아주 가까운 거리겠지만, 아이에게는 300킬로미터보다 멀게 느껴질 수도 있다. 엎어지면 코 닿을 거리에 있던 친구가 이제는 닿지 않은 먼 곳으로 사라져 버렸다. 태어나서 가장 깊게 마음을 나눈 친구와의 헤어짐은 아이로서는 감당하기 어려운 고통일 수도 있다.

내 아이가 상처받기를 바라는 부모는 어디에도 없다. 부모라면 내 아이의 아픔과 고통에 담담하기가 어렵다. 부모는 어떻게서든 아이가 감정을 이겨 내고 꿋꿋하게 행동하기를 바란다. 문제는 부모의 감정 굳은살이 두터울수록 아이를 공감하기가 어렵다는 점이다. 설상가상으로 감정 굳은살이 박힌 부모는 아이의 감정을 비난하거나 감정을 가르치려 든다. 따라서 부모라면 자신의 감정 굳은살을 점검해야 한다.

사춘기의 나라면 어땠을까?

부모의 케케묵은 래퍼토리는 바로 "나 어릴 때는 안 그랬어"다. 모두 새빨간 거짓말이다. 부모 또한 그랬다. 부모라면 모두 사춘기의 격랑을 거쳐서 지금에 이르렀다. 다만 부모의 기억 속 어린 시절이 이상적으로 각색되었을 뿐이다. 여전히 자신의 사춘기가 별문제 없이 지났다고 생각한다면, 기억이 근사하게 왜곡되었을 가능성이 크다. 부모는 조금 더 솔직해져야 한다. 내 아이를 이해하기 위해서는 나의 사춘기를 떠올려 보는 것만큼 도움 되는 건 없다.

사춘기는 그저 이해받고 싶다. 자기감정이 잘못되지 않았음을 확인받고 싶다. 아이의 감정을 있는 그대로 수용하는 건 아이를 이해하는 지름길이다. 우리는 중요한 무언가를 상실했을 때 슬픔을 느낀다. 그리고 그 슬픔을 충분히 애도해야 한다. "친한 친구가 갑자기 먼 곳으로 이사 가서 마음이 정말 허전하고 슬프겠구나." 그리고 아이에게 위로를 건네면 된다. 그래도 아이의 슬픔이 가라앉지 않는다면 아이의 감정을 그대로 따라가 보라. "이틀이 되었는데도 아직 슬픔이 가시지 않을 만큼 정말 좋아했던 친구였나 보네. 익숙해지려면 시간이 좀 필요할 수도 있어." 엄마가 감정을 부드럽게 읽어 주면 아이는 자기감정을 돌아본다. '이게 슬픔이구나. 슬플 때는 이렇게 가슴이 텅 빈 것처럼 느껴지네.' 이렇게 아이는 자기감정에 대한 지식을 하나씩 더해 간다. "어떻게 하면 마음이 좀 가라앉을까? 기분이 좀 나아지게 하려면 어떤 방법이 있을까?" 엄마의 이런 말은 아이가 스스로 감정을 처리하는 방식을 생각해 보도록 돕는다. 아이의 감정에 생각한 숟가락을 더하는 것이다. 감정에 생각이 더해질 때 비로소 감정을 조절하는 게 가능해진다.

감정에도 눈높이가 필요하다

감정에도 눈높이가 필요하다. 아이의 감정을 공감하기 위해서는 부모의 감정 눈높이가 아니라 아이의 감정 눈높이로 바라볼 수 있어야 한다. '그까짓 게'가 아니라 '그 정도로'로 해석하는 게 맞다. 다시 말해, "그까짓 게 뭐 그리 슬프다는 거야?"가 아니라, "네가 그렇게 며칠을 울 정도로 슬프구나"가 맞다. 모든 감정은 우리 안에서 일어나는 자연스러운 현상이다. 마치 생리적인 현상과 같다. 목이 마르고 배가 고픈 것과 같은 이치다. 목이 마르면 마른 것이다. 목을 축일 만한 물이나 음료가 필요하다는 신호다. 감정도 이와 같다. 아이는 자기감정을 누군가에게 이해시키려고 애쓸 필요가 없다. 어떤 감정이라도 감정 그 자체로 이해받아 마땅하다.

감정이 내 안에서 소용돌이칠 때는 무엇인가가 필요하다는 신호다. 즉, 자기감정에 귀를 기울이면 지금 나에게 필요한 게 무엇인지를 깨닫는다. 화가 난다면 무언가 잘못되었다는 신호다. 혹은 내가 원하는 대로 상황이 흘러가지 않는다는 암시다. 따라서 화가 난다면 궁극적으로 자신이 원하는 것이 무엇인지를 살펴야 한다. 우리가 감정의 멱살을 잡고 따지고 든다면, 정작 중요한 건 해결되지 않은 채 쓸데없는 진만 뺄 뿐이다. 감정과 싸우는 사이 감정이 보내는 신호는

꺼져 갈 뿐이다. 이런 악순환이 반복되면 감정은 어느 순간 나를 갉아먹는 해충으로 탈바꿈한다.

혹자는 학교에서도 감정 교육이 필요하다고 주장한다. 자칫하면 '어떤 감정을 느껴야 한다'라는 교육을 떠올릴 수도 있다. 하지만 우리가 아이에게 가르쳐야 하는 것은 '어떤 감정을 느껴야 한다'가 아니라 '감정을 어떻게 처리하느냐'다. 우리는 아이의 모든 감정을 있는 그대로 수용하고 존중해야 한다. 아이의 감정에 토를 달지 말아야 한다. 묻지도 따지지도 않고 그 감정 그대로, 아이가 느끼는 강도 그대로 인정해야 한다.

아이가 죽을 것처럼 아프다면 그만큼 아픈 것이다. 아이가 하늘이 무너질 정도로 좌절했다면 그만큼 좌절한 것이다. 감정을 마치 흥정하듯이 해서는 안 된다. "그 정도로 아픈 건 아니야. 네가 너무 예민해서 크게 느끼는 거야." 이런 부모의 말은 아이에게 도움이 되기는커녕, 그런 감정을 느끼는 자기 존재를 부정적으로 인식하도록 만든다. 자기 안에서 올라오는 감정을 부인하고 축소하려고 할수록 정작 해야 할 일에 소홀해지기 마련이다. 아이가 자기감정을 편안하게 받아들이고 적절히 처리하도록 돕기 위해서, 부모는 적어도 감정에서만큼은 아이의 눈높이로 맞춰야 한다. 있는 그대로 아이의 감정을 직면하고 읽어 주면 된다. 부모의 감정 틀에 아이의 감정을 맞추지 말아야 한다. 부모의 감정은 부모의 감정이고, 아이의 감정은 아이의 감정일 뿐이다. 감정을 혼동하지 말자.

사춘기 사용 설명서

사춘기의 감정 편

첫째, 사춘기는 감정을 조절하고 처리하는 법을 배우는 적기예요. 나아가 다른 사람의 입장을 고려하거나 공감하는 법도 배워야 하는 시기지요. 이 시기를 놓치면 기회는 다시 오지 않아요. 부모는 아이의 감정을 무시하지 말고 있는 그대로 수용해 주세요. 아이가 자기감정을 편안하게 받아들이도록 말이에요.

이 말은 하지 마세요	이렇게 말해 주세요
울지 마! 별것도 아닌 것 같고 울고 난리야.	슬플 때는 울고 나면 속이 좀 시원해지기도 해. (또는 아무 말 없이 아이의 등을 토닥여 준다.)

둘째, 사춘기 부모는 감정 쓰레기통이 되어서는 안 돼요. 어떤 경우라도 아이의 감정을 비난하거나 무시해서도 안 되지요. 대신 감정 컨테이너가 되어, 아이가 스스로 감당하기 어려워하는 감정을 잠시 보관해 주세요. 무엇보다 아이가

감당할 만한 수준으로 감정을 식혀 주는 게 중요해요.

이 말은 하지 마세요	이렇게 말해 주세요
얻다 대고 성질이야? 엄마가 그렇게 만만해? 화내지 말고 말해!	우리 아들, 화가 많이 났네. 무슨 일이 있었는지 말해 볼래? 때로는 말만 해도 좀 후련해지거나 화가 가라앉을 수도 있어.

셋째, 부모는 아이의 감정에 겁먹지 말아야 해요. 부모가 아이의 감정에 겁을 먹고 물러서는 순간, 아이는 감정을 다룰 기회를 영영 놓친답니다.

이 말은 하지 마세요	이렇게 말해 주세요
(무시하거나 회피)	(심호흡 후) 우리 딸, 마음이 상당히 불편해 보이는데, 무슨 일인지 말해 볼래?

주의할 점!

부모의 가벼운 고민을 아이와 함께 나누는 것은 괜찮아요. 하지만 아이가 이해할 수 없고 해결할 수도 없는 부모의 고민은 예외입니다. 부모는 아이에게 자신의 걱정, 근심, 불안한 감정을 지나치게 노골적으로 털어놓아서는 안 돼요. 아무리 사춘기라도 아직 아이에 불과해요. 부모의 감정을 이해하거나 감당하기에 어렵답니다.

6장

사춘기와 훈육 :
나도 경계와 한계를 알고 싶어요

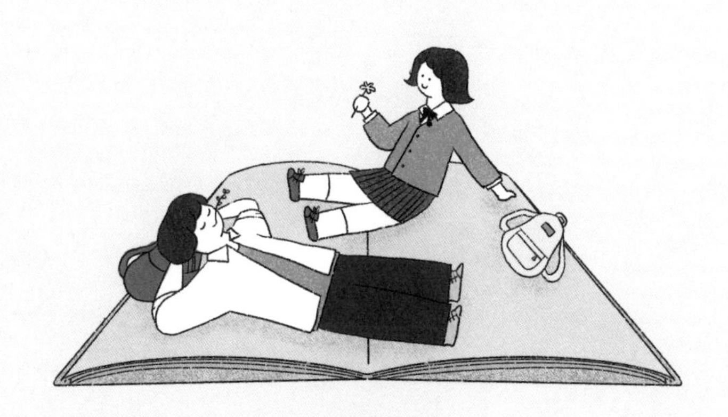

성장통이 불치병이 되지 않으려면

큰일과 별일

우리는 아이에게 문제가 터지면 아연실색하며 뒤로 물러선다. 문제의 크기에 비해 너무 과하게 반응하거나 혹은 문제 자체를 피하려고 든다.

중학교 3학년 하진은 복도에서 달리다가 친구와 부딪혀서 뒤로 벌러덩 넘어졌다. 분명히 쌍방과실이었다. 다친 아이는 없었다. 그저 기분이 언짢고 불쾌할 뿐이었다. 둘 다 주의하지 않고 달리다가 일어난 사고였다. 이런 경우라면, 아이에게 주의해서 행동하는 법을 가르치면 그만이다. 그런데 하진에게 이 이야기를 듣자마자 하진 부모는 격분해서 상대 아이를 학교 폭력으로 신고했다. 이에 질세라 상대방

아이의 부모 또한 신고와 고소로 맞섰다. 언제든 일어날 수 있는 사소한 사고가 고소로까지 이어지는 대형 사고로 변질되었다. 어느 순간 새우들의 작은 부딪힘은 고래 싸움이 되었다. 그사이 새우들은 이 싸움에서 쏙 빠지고 말았다. 하진 부모는 아이들 간 충분히 일어날 법한 일을 '큰일'이라 여기고 그에 합당하다고 생각되는 대처를 했다.

하진 부모와 달리 아이의 문제 상황 자체를 축소하거나 방임하는 부모도 많다. 영훈은 고등학교 1학년이다. 영훈의 반 아이들은 체육 시간이 끝나고 교실로 서로 먼저 들어가겠다고 몸싸움했다. 이때 한 아이의 팔목이 걸쇠에 걸려 다쳤다. 그런데 그 아이는 영훈을 가해자로 지목하며 책임을 물었다. 여러 명의 아이가 서로 먼저 들어가겠다고 하다가 일어난 불상사였다. 그런데 가해자로 지목된 영훈의 부모는 '좋은 게 좋은 것'이라는 신념 아래 군말 없이 치료비와 보상을 모두 해 주었다. 물론 이 과정에서 영훈과는 상의 한마디도 없었다. 부모는 문제를 크게 키우지 않는 게 아들에게 도움이 되리라 판단했다. 영훈 부모는 영훈에게 일어난 일을 '별일' 정도로 치부했고 황급히 무마하려 들었다.

부모가 이렇게 큰일과 별일 사이를 혼동할 때, 아이들은 문제로부터 밀쳐진다. 그뿐 아니라 부모로부터 잘못된 문제 해결 방식을 배운다. 하진은 사소한 일도 걸고넘어지거나 혹은 남 탓하는 법을 배운다. 어쩌면 일이 잘 풀리지 않을 때는 부모에게 책임을 전가하고 부모 뒤에 숨어 버릴 수 있다. 반면에 영훈은 자신을 가해자로 지목한 친구보다 부모에게 더 화가 났다. 영훈 부모는 자초지종을 따지지도 않고, 은연중에 내 아들에게 가해자라는 딱지를 붙였다. 그것도 모자라 돈까지 줌으로써 아들에게 죄책감까지 더했다. 영훈은 본인 의사와 관계없이 자신을 가해자로 몰아간 부모에게 몸서리쳤다. 부모는 오롯이 내 아이를 위해서 한 행동이지만, 부모의 이 행동이 오히려 아이에게 크나큰 상처를 입혔다. 영훈은 이 일 이후로 부모를 멀리하고 있다. 눈도 마주치지 않고 말도 섞지 않는다. 부모는 영훈이 도대체 왜 그러는지 이유를 몰라 당황스럽다. 더 큰 문제는 영훈조차도 자기가 연루된 문제 상황에서 당당하게 자기 목소리를 내지 못한다는 사실이다. 그저 속만 새까맣게 탄다.

큰일과 별일을 구분하는 기준은 부모가 아니라 아이의 마음이다. 일어난 상황을 아이가 그저 단순한 해프닝 정도로 여긴다면 별일이라고 보면 된다. 반면에 겉으로는 별일 아닌 일처럼 보이지만, 내 아이가 상처받았다면 큰일일 수 있다. 언제든 부모는 아이의 마음을 먼저 살펴야 한다. 때로 많은 부모가 자신의 분을 못 이겨서 또는 부모 자신의 체면을 과도하게 의식해서 아이의 문제를 잘못 재단하는 실수를 범한다.

큰일이든 별일이든 부모는 아이 앞에서 과하게 흥분해서는 안 된다. 무엇보다 내 아이를 문제아 취급해서도 안 된다. 다짜고짜 아이를 다그쳐서도 안 된다. 또한, 아이의 문제를 별것 아닌 것처럼 치부해서도 안 된다. 부모라면 문제에 무엇을 더하거나 빼지도 말아야 한다. 최대한 객관적인 입장을 견지해야 한다. 하지만 그보다 더 중요한 것은 문제 자체보다는 문제 속의 내 아이다. 많은 부모는 문제에 몰입하다 정작 아이를 놓치는 실수를 범한다. 부모라면 어떤 상황에서라도 문제보다는 문제 속에 갇힌 내 아이를 먼저 떠올려야 한다. 다시 말해, 내 아이의 마음을 먼저 살펴야 한다. 문제를 풀어, 내 아이를 마음의 고통으로부터 꺼내는 게 부모의 역할이다.

사춘기의 문제는 성장의 디딤돌

상황에 대한 우리의 반응은 상황을 보는 관점에 따라 좌우된다. 부모라면 적어도 아이의 문제 상황을 긍정적인 시각에서 바라볼 수 있어야 한다. 물론 말처럼 쉽지 않다. 아이에게 문제가 생기면 돌부처 부모라도 담담하기가 어렵다. 하물며 긍정적으로 바라보는 것은 하늘의 별 따기다. 하지만 부모마저 문제를 문제로만 본다면, 내 아이는 그저 '문제아'로 남을 뿐이다. 부모는 모든 상황에서 내 아이가 성장할 포인트가 무엇인지를 집어내야만 한다. 하다못해 내 아이가 친구를 때려서 다치게 했다고 치자. 아이는 학교 폭력 대책 심의 위원회 등 여러 절차에 따라서 합당한 처벌을 받는다. 이 과정에서 이미 비난은 차고 넘치게 받는다. 부모가 거기에 한 숟가락 더 얹을 필요는 없다. 자칫 이 말을 오해할 부모가 있을 것 같다. 아이의 모든 문제 행동이 괜찮다거나 문제가 없다고 덮어 버리자는 게 아니다. 아이의 문제 행동을 축소해서 아이의 자존심을 지켜 주자는 것도 아니다. 대체로 부모는 아이가 문제 행동을 하면 이성을 잃기 십상이다. 눈물이 쏙 빠지게 아이를 혼꾸멍을 내서라도 바로잡으려고 한다. 특히, 부모가 불의를 못 참고 정의롭다면 말할 것도 없다. 물론 아이는 자기 행동에 대해서 응당 책임을 져야 한다. 사춘기야말로 자기 행동에 대해서 온전히 책임지는 법을 배워야 하는 시기다. 다만 아이를 혼내고 비난하는 데서 그쳐서는 안 된다는 말이다. 부모의 역할은 어떻게 해서든 내 아이를 성장하도록 돕는 일이다.

헬렌 켈러는 시련과 고통을 통해서만 강한 영혼이 탄생하고, 통찰력이 생기고, 일에 대한 영감이 떠오르며, 마침내 성공할 수 있다고 말했다. 성장과 관련한 답은 문제 안에 감춰진 경우가 많다. 겉으로는 감당하기 어려운 문제이지만, 그 문제를 잘 풀어 가다 보면 생각지도 못한 중요한 가치를 만난다. 사춘기 아이가 겪는 문제 혹은 사건 사고를 걸림돌이라 여기는 대신 디딤돌이라고 생각해 보자. 만약 부모가 내 아이의 모든 문제를 걸림돌이라고 여긴다면, 무슨 수를 써서라도 문제를 눈앞에서 치워 버리려고만 들 것이다. 하지만 문제를 오히려 내 아이가 성장할 디딤돌이라고 여긴다면 어떻게 될까? 당연히 딛고 올라갈 방법을 고민하게 된다. 아무리 어려운 상황일지라도, 관점만 살짝 바꾸면 '솟아날 구멍'이 보인다. 부모의 관점은 문제 해결뿐 아니라 아이와의 소통까지도 영향을 미친다는 사실을 기억하자.

성장은 불규칙하다. 우리는 살면서 쭉 뻗은 길만을 달리지 않는다. 탄탄대로를 달릴 때도 있지만, 때로는 비포장도로를 달려야 할 때도 있다. 꾸불꾸불 산길을 혼자서 달려야 할 때도 있다. 때로는 예상치 못한 절벽을 만날 수도 있고, 길이 아예 막혀 멈춰 서야 할 때도 있다. 어린아이라면 부모의 손을 잡고 부모에게 충분히 의존할 수 있다. 이는 어린아이의 특권이다. 하지만 사춘기를 지나 어른이 된다면, 이제는 어떤 길이 나오더라도 스스로 헤쳐 나가야 한다. 돌부리에 걸려 넘어질 수도 있고 가시덤불에 찔릴 수도 있다. 하지만 어른이라면 일어설 줄 알아야 하고, 상처를 치유할 줄도 알아야 한다.

사춘기는 부모가 그 길을 함께하는 마지막 여정이다. 때로는 의존도 필요하지만, 대체로 아이 스스로 해내야 할 때가 많다. 다양한 경험 속에서 숱한 시행착오를 겪어 낼 때 비로소 성숙한 어른이 된다. 만약 사춘기 때마저도 부모가 대신하거나 혹은 제대로 배우지 못한다면 문제는 불 보듯 뻔하다.

'졌잘싸'를 가르치자

예전 부모 세대는 사소한 아이의 싸움은 그러려니 했던 것 같다. 형제자매가 많았던 우리 집 같은 경우에도 아이들이 한참 붙어 싸워도 엄마는 관심조차 주지 않았다. 결국 누구 하나가 울음이 터지거나 치고받는 폭력으로 치달으면 그제야 싸움의 자초지종을 따져 보았다. 그때만 해도 어른들은 "애들은 싸우면서 크는 거야"라는 말을 주로 했다. 아이들의 싸움에서 한발 물러나 팔짱을 낀 채 관전하기도 한다. 하지만 요즘 부모들에게 이 말은 큰일 날 소리다. 아이들 간에 충분히 일어날 법한 수준의 다툼이나 싸움도 폭력으로 간주하는 세상이다. 물론 소소하고 아름다운 싸움이란 존재하지 않는다. 그런데 싸움이 무조건 나쁜 것일까? 싸우면 절대로 안 되는 것일까? 평생 싸우지 않고 살아가는 건 불가능하다. 가장 가까운 부부조차도 수시로 싸우는데, 하물며 정체성이 형성되는 사춘기야 말해 무엇하랴. 우리 아이가 폭력이 제로인 세상에서 매일 평화롭게만 살아갈 수 있다면 얼마나 좋을까? 하지만 살아가다 보면 누구든 자기 의지와 상관없이 싸움이나 갈등에 휘말릴 수밖에 없다.

싸움이 불가피하다면, 부모는 아이가 싸움을 통해서 중요한 가치를 깨닫도록 도와야 한다. 격투기를 하는 사람들 사이에서 통용되는 말이 있다. 바로 '이기든지, 배우든지'다. 비록 진 경기일지라도 분명히 그 안에서 배울 점이 있다는 의미다. 싸움은 물론 나쁘지만, 궁극적으로 그 과정을 거쳐서 우리는 한 뼘 더 성장한다. 깊은 산속에서 '자연인'으로 혼자 살아가는 게 아닌 이상 서로 간의 갈등은 불가피하다. 싸우는 자체가 아니라 싸움을 통해서 소중한 가치를 배우는 게 중요하다. 관계는 갈등을 먹고 단단해진다. 부부싸움을 전혀 하지 않는 부부가 오히려 더 위험하다는 말이 있다. 마치 폭풍 전야처럼 말이다. 싸우면서 정든다는 말도 같은 맥락이다. 치열하게 싸우면 싸울

수록 상대에 대한 고급 정보가 모인다. 서로 다른 성향과 기질을 지닌 아이들이 관계를 맺다 보면 갈등은 필연적이다. 친구 간에 일어나는 갈등을 풀어 가면서 아이는 세상을 배우고 알아간다. 때로 갈등을 피하기 위한 전략도 필요하겠지만, 과감히 갈등에 부딪히다 보면 서로를 더 깊이 이해한다. 갈등을 겪어야 상대방의 욕구가 수면 위로 드러난다. 친구가 무엇을 싫어하고 불편해하는지를 이해한다. 이런 세세한 정보가 관계를 지탱해 주는 주춧돌이 된다. 이 주춧돌은 경계석의 역할까지 한다. 서로가 조심해야 할 것과 넘지 말아야 하는 경계가 명확해진다. 그러니 갈등을 너무 두려워하지 말자.

싸우면 싸울수록 싸움의 기술이 늘어난다. 싸우지 않는 법보다는 잘 싸우는 법을 가르쳐야 한다. '졌잘싸'라는 말이 있다. '비록 졌지만 잘 싸웠다'의 줄임말이다. 싸우다 보면 이길 수도 질 수도 있다. 이기기 위해서는 전략이 필요하고, 전략을 위해서는 나뿐 아니라 상대에 대해서도 정확하게 파악해야 한다. 그리고 내 편을 좀 더 만들어야 할 때도 있다. 다른 사람을 내 쪽으로 끌어들이기 위해서는 설득도 필요하다. 때로는 전략상 한 발 뒤로 물러나야 할 때도 있다. 졌을 때는 쿨하게 인정하는 연습도 필요하다. 지고 나서의 부정적 감정을 다룰 줄도 알아야 한다. 나도 모르는 사이 맷집이 길러지기도 한다. 때로는 이기는 것보다 지는 게 효과적이라는 사실도 깨닫는다. '지는 게 이기는 것이다'라는 말이 괜히 있는 게 아니다. 앞으로 혼자서 세상을 살아갈 내 아이에게는 어쩌면 싸움의 기술이 필요할지도 모른다. 그러니 무작정 싸움을 피하는 것만이 능사는 아니다. 오히려 '잘 싸우는 법'이나 '잘 지는 법'을 가르쳐야 한다. 싸움은 인생의 축소판이다. 잘 싸우고 잘 이겨 내는 아이들이 당당하게 세상에 맞서 살아갈 수 있다. 부모는 아이들 사이의 다툼에 개입할 필요가 없다. 대부분 아이는 끝까지 싸워 스스로 해결할 수 있기 때문이다. 정작 부모가 '잘못한 아이'를 물색하다가 문제가 더 악화하는 경우가 빈번하다.

그렇다고 오해하지는 말자. 앞서 말한 싸움은 칼로 물 베기 수준의 싸움이라야 한다. '너 죽고 나 살자'라는 식의 폭력적인 싸움은 금물이다. 자신이든 상대든 폭력을 행사하는 건 절대 금물이다. 단호하게 말하지만, 폭력이 해결할 수 있는 문제는 없다.

훈육도 공감 후

아이에게 문제가 생겼을 때 부모가 가장 먼저 해야 할 일은 내 아이의 말을 들어 주는 일이다. 물론 그 전에 선생님이나 다른 사람에게서 들었을 수도 있다. 하지만 부모라면 내 아이의 말에 귀를 기울여야 한다. 즉, 문제가 일어난 상황에 대해서 A부터 Z까지 자세히 들어야 한다. 감정 코칭을 체계적으로 정립한 미국의 심리학자 존 가트맨은 들어 주는 것만으로도 공감이라고 말한 바 있다. '이 상황에서 아이를 공감하라고? 말이 돼? 혼꾸멍을 내도 부족한 마당에?'라는 생각이 들 수 있다. 하지만 부모가 아이를 눈물 쏙 빠지게 혼낸다면, 아이는 그걸로 자기 안의 죄책감을 씻어 낸다. 혼날 만큼 혼났으니 상황 종료라고 여긴다. 결과적으로 아이에게 남는 건 없다. 문제가 발생했을 때 부모는 아이의 문제를 객관적으로 살펴야 한다. 그리고 아이가 문제를 스스로 해결해 가도록 도와야 한다. 부모와 이야기하는 과정에서 아이는 부모에게 일어난 일을 자세히 설명할 수밖에 없다. 일어난 일을 누군가에게 설명한다는 것은 머릿속에서 재경험한다는 의미다. 일어난 일들을 누군가에게 털어놓으면서 아이는 상황을 곰곰이 생각해 보게 된다. 일어나는 일은 현상에 불과하지만, 이야기한다는 건 현상에 머물지 않고 경험이 된다. 자초지종을 정리해서 이야기하다 보면 그때는 미처 생각지도 못한 일들이 떠오른다. 또는 감정적으로 격한 상태에서는 터널 시야에 갇혀서 제대로 보지 못한 상황이 눈에 들어온다. 물론 이 과정에서 부모는 아이에게 적절한 질문을 던져야 한다. 질문에 대한 답을 찾으면서, 아이는 자기 경험을 좀 더 면밀하게 분석할 수 있다. 이런 식으로 부모가 적극적으로 공감하며 들어 주면, 아이는 스스로 사고의 흐름을 정리할 수 있으며 나아가 생각을 발전시켜 나간다.

예를 들어 보자. 아이가 선생님의 부당한 대우에 억울함을 느끼고 수업 중에 소리를 지르며 책상을 두드리는 등 수업을 방해했다. 결과적으로 아이는 잠시 교실 밖으로 쫓겨나는 징계를 당했다.

엄마 선생님에게 전화 받았어. 수업 중에 네가 방해해서 불가피하게 15분 동안 교실 밖으로 나가 있었다고 하던데, 맞아?

아이 …….

엄마 엄마는 무슨 일이 있었는지 네 얘기가 궁금해. 엄마한테 자세히 말해 줄래?

아이 선생님이 제가 한 것도 아닌 걸 갖고 저한테 막 뭐라고 하잖아요.

엄마 네가 한 일이 아닌데도 선생님이 너에게 뭐라고 하셨다는 거지. 구체적으로 어떤 일을 말하는 걸까?

아이의 말을 들어야 하는 이유는 일어난 상황을 제대로 파악하기 위해서다. 하지만 그보다 더 큰 이유는 그 상황 속에서 아이가 느꼈을 감정을 살피기 위해서다. 감정은 우리 안에서 저절로 일어나는 자연스러운 현상으로 우리의 욕구와 맞물려 있다. 부모는 아이 안에서 자연스레 생겨나는 욕구들을 알아차리고 적절하게 처리하도록 도와야 한다.

아이에게 구체적인 상황에 대해서 들어보고 난 후,

엄마 선생님이 너한테 그렇게 말씀하실 때 너는 기분이 어땠어?

아이 진짜 억울하고 답답했어요.

엄마 그래, 엄마라도 그랬을 것 같기는 해. 그 상황이라면 누구나 억울할 법해. 그렇다면 그 순간 선생님이 어떻게 해 주었으면 좋았을까?

아이 진짜 누가 했는지 다른 친구들의 이야기를 좀 더 들어봤으면 덜 억울했을 것 같아요. 제 주변에 앉은 친구들은 제가 안 했다는 걸 알거든요.

엄마 그렇구나. 선생님이 너를 지목하시기 전에 좀 더 정황을 살펴보셨다면 덜 억울했을 거란 말이지. 만약 지금이라도 선생님이 그렇게 해 주신다면 마음이 어떨 것 같아? 달라지는 게 있을까?

아이 적어도 나쁜 놈은 되지 않잖아요. 친구들에게 손가락질받을 일도 없고요.

엄마 아 그래. 너는 선생님이나 친구들에게 좋은 사람이라는 인상을 심어 주고 싶었구나.

아이는 모두에게 좋은 사람으로 보이고 싶은 욕구, 즉 인정에 대한 욕구가 강한 편이다. 하지만 모두가 바라보는 앞에서 비난받을 때 아이의 욕구는 크게 좌절되고 말았다. 좌절된 욕구는 문제 행동으로 이어졌다. 이때 아이가 듣고 싶었던 말은 엄마가 대신해 줄 수도 있다. "엄마는 우리 진영이가 얼마나 좋은 아이인지 잘 알지." 비록 억울하고 속상한 일을 경험했지만, 엄마와의 대화를 통해 아이는 억울함을 조금이나마 털어 낼 수 있다.

욕구는 아무 문제가 없다. 다시 말해 감정은 아무 문제가 없다. 감정은 언제나 무죄다. 하지만 행동은 별개다. 행동에 대해서는 죄를 물을 수 있다. 행동에는 옳고 그른 판단의 기준이 엄격하게 적용된다. 더불어 살아가는 사회 구성원으로서 절대로 해서는 안 되는 행동이 있다. 사회적 범주를 넘어서는 행동에는 반드시 제약이 가해져야 한다.

엄마 네 얘기를 들어 보니 얼마나 억울했을까 짐작이 돼. 하지만 억울하다고 해서 아무렇게나 행동해도 되는 건 아니야. 그런 행동을 한다고 해서 네 억울함이 사라지지 않아. 오히려 수업을 방해하는 행동은 오히려 너를 나쁜 사람으로 보이게 만들 뿐이야. 그렇다면 이렇게 억울하고 답답할 때는 어떻게 행동하는 게 맞는 걸까?

부모는 아이에게 행동의 기준을 가르쳐야 한다. 행동에 대한 기준은 간단하다. 첫째, 자신에게 해를 미치는 행동은 절대 하면 안 된다. 둘째, 타인에게 해를 미치는 행동도 절대 하면 안 된다. 행동에 대한 한계와 경계를 명확히 배우지 못한 아이는 어른이 되어서도 그릇된 행동을 일삼기도 한다. 그리고 아무런 죄책감도 느끼지 않는다.

행동에서 감정 떼어 내기

부모는 아이의 이야기를 듣는 과정에서 일어난 일에 대해서뿐만 아니라 아이의 마음까지도 살펴야 한다. 행동에 감정이 들러붙을 때 문제가 된다. 우리는 이를 감정적 행동이라고 부른다. 이때 감정과 행동을 한꺼번에 다뤄서는 이도 저도 안 되기 십상이다. 감정은 감정대로, 행동은 행동대로 따로 떼서 다뤄야 한다. 감정은 공감하되, 행동은 엄격하게 가르쳐야 한다. 감정을 떼어 내라는 말이 어렵게 들릴 수도 있다. 쉽게 말해, 아이의 억울함은 존중하되, 그로 인한 행동에 대해서는 단호하게 선을 그어야 한다. 억울함이라는 감정 자체는 전혀 문제 되지 않는다. 누구나 억울할 수 있다. 하지만 억울하다고 해서 수업 시간 내내 선생님에게 대들거나 발을 쿵쿵거리며 수업을 방해해서는 안 된다. 감정과 행동은 엄연히 분리되어야 한다. 아이는 감정을 제멋대로 표출할 때 상황이 더 악화한다는 걸 깨달아야 한다. 만약 아이가 감정을 적절히 표현하거나 처리하는 법을 제대로 배우지 못하면, 아이의 감정은 자칫 태도로 굳어질 수 있다. 억울할 때마다 발을 동동 구르고 제멋대로 행동할 수 있다.

부모와의 대화를 통해 아이는 자신의 감정을 되돌아볼 수 있다. 부모는 억울할 때 잘못된 행동을 하는 대신에 자기감정을 올바르게 표현하거나 처리하는 방식을 가르쳐 주어야 한다. 어떻게 하면 억울한 마음이 조금이라도 풀릴지 고민해 보도록 도와야 한다. 앞 장에서도 이미 다루었지만, 감정에 생각 한 숟가락을 더해 갈 때 아이는 정서적으로 성숙해진다.

이때 아이를 추궁하거나 진술을 강요해서는 안 된다. 부모는 형사가 아니다. 사춘기 자녀를 둔 부모는 상담자 역할에 좀 더 가까워야 한다. 아이를 이해하려고 노력해 보자. 어쩌면 부모가 알고 있는 것과 상반된 이야기를 할 수도 있다. 거짓말이라고 단정 짓기 전에 부모가 알아야 하는 게 있다. 일어난 사건은 하나일지라도 그 사건에 대한 경험과 해석은 다 다를 수 있다. 선생님의 똑같은 호통에도 어떤 아이는 별것 아닌 것으로 가볍게 넘기지만, 어떤 아이는 심장 깊숙이 상흔을 입기도 한다.

적어도 부모라면 내 아이의 주관적인 경험에 시선을 고정해야 한다. 경험 속에서 아이가 어떤 생각을 하고, 어떤 마음이었는지를 살펴야 한다. 잘못된 행동에 대해서 따져 묻는 것은 그다음이다. 이 세상 모든 사람은 겉으로 드러난 문제 행동을 분석하고 따지는 데서 그치지만, 부모라면 적어도 내 아이의 마음 깊은 곳을 먼저 어루만져야 한다.

사춘기야말로 훈육이 필요할 때

아이들은 경계와 한계가 궁금하다

몇 년 전 가평으로 나들이를 갔을 때였다. 유명하다는 카페를 가려고 한참을 달리던 중이었다. 밤늦은 시간에다 초행길이라 운전이 여간 조심스러운 게 아니었다. 도착지까지 거의 다다라서 내비게이션이 갑자기 먹통이 된 바람에 알아서 더듬더듬 길을 찾던 중이었다. 이쯤에서 우회전하면 되겠다는 생각이 들어 핸들을 막 돌리려는데 갑자기 조수석에 앉은 남편이 비명을 질렀다. "안 돼!" 핸들을 꺾은 그 자리는 바로 돌계단으로 이어졌다. 만약 조금만 늦었어도 계단으로 굴러떨어져 대형 사고가 날뻔했다. 정말이지 아찔했었다. 그 자리에서 한동안 숨을 고르고서야 출발할 수 있을 정도였다.

우리는 누구나 경계를 알고자 한다. 경계를 알 때와 모를 때의 행동은 천지 차이다. 절벽 끝에서 주춤주춤 걷다가도 안전하다는 판단이 서면 바로 힘찬 걸음을 내딛는 것과 같다. 하다못해 놀이에서도 금이 있다. 그 금을 밟거나 넘어가면 죽는다는 규칙이 있다. 그래서 우리는 금을 밟지 않으려고 무던히 애를 쓰면서 스스로 통제한다. 교통 신호도 마찬가지다. 사회적으로 약속된 신호 체계가 있기에 안심하고 도로 위를 달릴 수 있다. 신호가 고장 난 도로에서는 아무리 베테랑 운전사라고 해도 운전이 두려울 수밖에 없다. '지지야!'는 경계를 가르치는 부모의 첫 마디에 해당한다. 이런 부모의 경고를 바탕으로 아이는 세상에 대한 내적 지도를 그린다. 이는 아이를 안전하게 보호하는 울타리다. 모든 사람은 울타리를 갖고자 하는 욕구, 즉 구조에 대한 욕구를 지녔다.

이제 부모를 떠나는 사춘기 아이에게 경계, 즉 행동에 대한 한계는 아주 중요하다. 더불어 살아가는 사회에서 구성원 간 약속된 범주에 대해서 제대로 배우지 못하면 성인이 되어서도 문제를 일으킬 확률이 높다. 사춘기 때 제대로 배우지 못한 경계와 한계는 이후 어른이 되어서 배우기에는 무리가 있다. 한번 몸에 밴 습관은 쉽게 고쳐지지 않는다. 얼마 전 60대 여성 셋이 보란 듯이 무단횡단하는 것을 목격했다. 그때 한 여성이 웃으면서 했던 말이 귓전을 맴돈다. “신호가 무슨 필요야. 우리가 가는 길이 곧 법이지.” 나이 육십이 넘었지만, 사회적 경계에 대한 개념이 지극히 희박하다. 문제는 이 행동이 비단 자신만 다치는 데서 끝나는 게 아니라 자칫 죄 없는 누군가에게 피해를 준다는 사실에 있다. 우리 아이가 사회생활에 잘 적응하면서 더불어 행복하게 살기를 바란다면, 부모는 내 아이에게 경계와 한계에 대해서 엄격하게 가르쳐야만 한다.

사춘기는 훈육의 최적기

미운 놈 떡 하나 더 주고 귀한 자식일수록 매를 들라는 말이 있다. 내 아이가 귀하면 귀할수록 엄격하고 단호하게 가르쳐야 한다. 잘못된 행동까지 감싸려 해서는 안 된다. 부모가 자녀를 가르치는 걸 훈육이라고 한다. 훈육은 도리와 이치에 맞는 행동을 가르치는 일련의 활동이다. 간혹 훈육을 아이의 행동을 통제하는 것으로만 오해하는 부모가 많다. 그래서 훈육이랍시고 ‘하지 마’라는 말을 입에 달고 산다. ‘하지 마’라는 말은 귀에 딱지가 지도록 들었지만, 정작 올바른 행동 지침은 배우지 못한 채 자라는 아이가 많다. 이들은 외부 통제 시스템이 사라지면 모든 게 원상태로 돌아간다. 훈육의 궁극적인 목표는 아이가 스스로 자신을 다스릴 수 있도록 하는 데 있다. 물론 분별과 판단이 어려운 어린아이는 외부로부터의 통제가 필요하다. 아이가 어리다면 부모는 올바른 행동에 대해서 반복해서 가르쳐야 한다. 이런 통제가 오랜 시간 내재화되면, 아이 마음에는 내부 통제 시스템이 갖춰진다. 즉, 더 이상 부모가 가르치지 않아도 스스로 옳고 그름을 분별하고 자신을 다스릴 수 있게 된다. 내재화된 통제 시스템이 잘 갖춰진 아이는 외부로부터의 제재에 상관없이 스스로 자신을 통제하고 조절할 수 있다.

훈육訓育은 한자의 어원에서도 알 수 있듯이 말로 가르쳐서(言) 따르도록(川) 만드는 일이다. 체벌이나 처벌과는 엄연히 다르다. "다 큰 사춘기 아이를 훈육하나요?"라고 되묻는 부모를 심심치 않게 만난다. 훈육을 어린아이에게만 한정된 것이라 여기기 때문이다. 사춘기야말로 훈육이 제대로 이루어져야 하는 때다. 사춘기 때 훈육이 제대로 되지 않으면, 이후로는 통제가 어렵다. 사춘기 부모라면 올바른 행동 지침에 대해서는 지나치리만치 엄격하게 가르쳐야 한다. 고삐 풀린 망아지처럼 사회적으로 물의를 일으키는 대다수 사람은 제때 제대로 된 교육을 받지 못한 경우다.

훈육일까? 학대일까?

훈육인지 학대인지 헷갈린다고 말하는 부모를 자주 만난다. 훈육의 범주는 아래와 같다.

첫째, 아이 자신에게 해를 미치는 행동은 분명하게 제한한다. 어떤 경우라도 절대로 자신을 해치는 행동을 해서는 안 된다. 어린 나이에 술, 담배를 하거나 혹은 가볍게라도 자기 신체에 상해를 가하는 행동이 이에 해당한다. 아이뿐 아니라 모든 사람은 자기 자신을 아끼고 돌보는 법을 반드시 배워야 한다.

둘째, 타인에게 해를 미치는 행동에 대해서도 지나치리만치 엄격하게 가르쳐야 한다. 더불어 살아가는 세상에서 서로 간에 지켜야 하는 선이 있다. 즉, 침범해서는 절대로 안 되는 영역이 존재한다. 그 어떤 사람일지라도 사회적으로 약속된 범주를 넘어서는 행동을 해서는 안 된다. 흔히 타인에게 해를 미치는 행동을 공격적이고 폭력적인 행동에만 국한해서 생각하는 경우가 많다. 하지만 타인의 마음에 생채기를 내는 것도 포함한다. 나는 장난이었지만, 상대방이 나의 행동이나 말로 인해 수치심이나 모멸감을 느꼈다면 그것도 폭력의 일종이다. 자칫 모르고 한 행동에 대해서는 면죄부를 줘야 한다고 항변하기도 한다. 하지만 모르고 했을지라도 상대에게 어떤 식으로든 영향을 미쳤다면, 알게 된 즉시 정중하게 사과하는 게 맞다. 말로 주는 상처도 마찬가지다. 실제 학교 폭력으로 신고된 사례를 들여다보면 욕설하거나 비방을 한 사례가 많다. 심지어 고등학교 3학년 아이가 대학수학능력시험을 코앞에 두고 학교 폭력으로 신고된 일도 있었다. 친구에게 심한 욕을 했다는 이유에서다. 일생일대 중대한 시험을 앞둔 상태에서는 모두가 예민해진다. 이때는 무심한 욕 한마디라도 폭력이 될 수도 있다. 물론 욕은 시기와 상관없이 상처를 주지만, 특정한 상황에서는 더 큰 상처로 남기도 한다는 걸 알아야 한다.

셋째, 누군가에게 해를 미치는 것과는 별개로, 아이는 자신이 속한 기관에서 정한 규칙이나 규율을 따라야 한다. 등교 시간이나 복장 등이 이에 해당한다. 학교뿐 아니라 학원도 마찬가지다. 학교생활이나 단체 생활에 적응하지 못하면 이후 사회에도 적응하기가 어렵다. 그런데 간혹 이런 규칙과 규범을 부모가 업신여기기도 한다. 아이가 등교 시간을 지키지 못하는데도 불구하고 '그까짓 거 좀 늦으면 어떠냐'라고 대수롭지 않게 여긴다. 이런 부모라면 아이를 제대로 훈육하기는 어렵다.

우리 가족만의 규칙

예전에는 집마다 가훈이 있었다. 요즘은 가훈의 자리를 규칙이 대신한다. 가족 내에 규칙이 있고 없고의 차이는 크다. 규칙은 우리 가족을 보호하고 지켜 주는 안전망이다. 가족 규칙은 가족 내 약속이므로 가족마다 다를 수 있다. 딱히 정해진 가족 규칙은 없다. 가령 가족 규칙에는 부모에게 존댓말을 사용한다거나 혹은 휴대폰 사용 규칙 또는 식사 예절 등이 포함된다. 실제 부모 교육에서 만난 부모들이 말한 가족 규칙이다.

- 부모에게는 항상 존댓말을 사용한다.
- 잠들기 전에는 휴대폰을 가족 공용 공간에 두고 각자 방으로 들어간다. (부모도 예외는 아니다.)
- 식탁에서는 절대로 휴대폰을 사용해서는 안 된다. (밥상머리 대화를 참조하라.)
- 집안일도 각자의 할 일을 구분해서 정해 둔다. (구체적으로 구성원 간 집안일을 기재한다.)

이 외에도 부모는 미성년 아이의 귀가 시간을 가족 규칙으로 정해 두어야 한다. 내 아이가 어디서 무엇을 하는지 정도는 반드시 알고 있어야 한다. '이제는 알아서 스스로 하겠지'라는 안일한 생각으로 아이를 방치해서는 안 된다. 내 아이를 해로운 환경으로부터 보호해야 하는 건 부모의 의무다. 사춘기는 호시탐탐 부모의 경계를 허물기 위해 용을 쓴다. 그렇지만 가족 규칙으로 정한 것은 웬만해서 허물어서는 안 된다. 중요한 규칙 앞에서 부모는 물러서지 않아야 한다. 물론 이 과정에서 아이와 사사건건 부딪치면서 서로 상처 입을 수도 있다. 언젠가 아이가 어른이 되면 부모의 뜻을 이해할 때가 온다. 엄격하고 단호한 부모의 '안 돼!'가 결국 자신을 위한 것이었음을 알고 감사해 하는 날이 머지않았다.

규칙이 있고 없고

"규칙을 정하면 뭐 하나요? 오히려 규칙 때문에 하루에도 수십 번 아이와 싸우는걸요!"

간혹 규칙이 소용없다고 하소연하는 부모를 만난다. 오히려 규칙이 없는 게 속 편하다고까지 한다. 과연 그럴까?

사춘기는 부모가 그어 놓은 금지와 금기를 무너뜨리는 걸 독립이라고 착각한다. 그래서 사춘기의 최대 과제는 규칙을 허무는 일이다. 하지만 규칙이 있고 없고의 차이는 크다. 규칙이 있다는 사실 자체가 이미 아이를 통제한다. 부모는 규칙을 정하고 그 내용을 정확히 전달하기만 하면 그만이다. 그때부터 규칙은 스스로 작동하기 시작한다. 그리고 이는 아이의 행동에 커다란 영향을 미친다. 예를 들어 보자. 아이의 귀가 시간은 밤 10시다. 하지만 군대가 아닌 이상 이 귀가 시간을 칼같이 지키기는 어렵다. 아이는 더러 시간을 어길 것이다. 아이가 귀가 시간을 어긴다고 해서 규칙이 깨지는 것은 아니다. 여전히 밤 10시 귀가 시간이라는 규칙은 작동한다. 밤 10시가 가까울수록 아이의 마음은 불안하고 불편하다. 지키고 못 지키고를 떠나서 아이에게 규칙이 가하는 압력이 있다. 적어도 아이는 자기 행동이 잘못되었다는 사실 정도는 깨닫는다. 이는 적절한 수준의 죄책감을 안긴다. 하다못해 부모와 귀가 시간과 관련해서 언쟁한다는 것 자체가 규칙이 여전히 작동한다는 사실을 말해 준다. 이처럼 규칙은 그 존재 자체만으로 이미 힘이 있다.

세상에 완벽한 규칙은 없다. 완벽하게 작동하는 규칙도 없다. 하지만 규칙이 전혀 없을 때보다 규칙이 작동할 때 아이의 행동은 훨씬 더 잘 통제된다. 오랜 시간을 거쳐 아이 마음 안에 내재된 규칙은 아이 스스로 행동을 통제하고 조절하도록 기능한다.

행동에 대한 기준이 명확할 때 행동을 교정하기가 쉽다. 행동에 대한 기준이 모호할 때 부모와 자녀 간 갈등이 일어나기 마련이다. 상황에 따라 기준이 오락가락한다면, 아이로서는 기준을 자기 입맛대로 조정하려고 할 게 뻔하다. 하지만 행동에 대한 기준, 즉 용납이 되는 행동과 절대로 용납되지 않는 행동이 명확하다면 기준 자체를 가지고 싸울 이유가 없다.

아이와의 논쟁에 말리지 마라

가족 규칙은 아이의 의견이 충분히 반영되어야 한다. 부모가 독단적으로 정해서는 안 된다. 일단 가족 간 합의를 거쳐서 한번 결정된 사항이라면 부모는 원칙을 고수해야 한다. 부모가 원칙을 세웠다면 이후 아이와의 논쟁에 말리지 않아야 한다. 사춘기 아이는 부모의 뜻을 바꾸기 위해서 끊임없이 논쟁하려고 든다. 비록 자신이 동의한 부분이라도 때와 상황에 따라 자신에게 유리하게 바꾸기 위해 끊임없이 원칙을 흔들려고 시도한다. 이때 아이는 부모의 원칙이 얼마나 비합리적이고 비인간적인지를 따지려 할 것이다. "나도 내가 하고 싶은 걸 할 수 있는 엄연한 권리가 있어요! 휴대폰을 마음대로 못 하게 하는 건 학대라고요." 자신이 얼마나 비참한 상황인지를 설득하려 들 것이다. "하고 싶은 것도 마음대로 못 하는 사람이 얼마나 비참한지 엄마는 모를 거야. 이렇게 살아서 뭐 해. 재미도 없는데." 친구들 사이에서 자신만 불행하다고 항변할 것이다. "나 빼고 친구들은 다 그 브랜드 잠바가 있는데 우리 반에서 나만 없다고요. 애들하고 있으면 얼마나 쪽팔리는지 모를 거예요." 아이의 말을 듣다 보면 부모의 마음이 흔들릴 때도 있다. '이러다 우리 애만 따돌림당하는 건 아닐까?' 하지만 흔들려서는 안 된다. 충분한 논의를 거쳐 원칙을 정했다면 지켜야 한다. 아이의 말에 이리저리 흔들린다면 아이로서는 지킬 이유가 없다. 그저 부모와 논쟁을 불사해서라도 그 원칙을 깨트리려고 할 것이다. 부모의 역할은 원칙을 지켜 내는 일이다. 아이가 원칙의 중요성을 이해하고 자기 행동을 스스로 조절하고 통제하도록 도와야 한다. 다만 이때 규칙과 관계없이 아이의 마음은 그대로 읽어 주는 게 중요하다.

"하고 싶은 걸 마음대로 할 수 없어서 비참한 마음이 드는구나. 하지만 안 돼."

"네 친구들은 다 그 브랜드 옷을 입고 다닌다는 거지. 그래도 너는 안 돼. 엄마가 사 주기에는 너무 비싸."

원칙을 고수하더라도 아이의 말에는 귀 기울여 들어 주어야 한다. “네 얘기 따위는 들어 볼 필요도 없어. 잔말 말고 그냥 하라는 대로 해”라고 무턱대고 아이의 말을 가로막아서는 안 된다. 이렇게 되면 아이는 원칙이 아니라 ‘부모의 태도’를 문제 삼아 달려들기 때문이다. “엄마는 지금까지 내 말을 한 번이라도 제대로 들어준 적도 없잖아. 다 엄마 마음대로만 하려고 하잖아. 그런데 왜 나는 엄마 말을 들어야 하냐고! 이건 불공평하잖아.”

부모가 원칙을 말해 주었는데도 불구하고, 아이가 논쟁을 시작한다면 일단 논쟁에서 빨리 벗어나야 한다. 원칙은 수학 공식에 해당한다. 아이가 풀기 어렵다고 해서 공식이 바뀌지는 않는다. 이해하기 어렵고 푸는 데 시간이 걸리지만, 공식은 여전히 공식이다. 원칙에 대해서만큼은 부모는 엄격하게 버텨야 한다. 이게 궁극적으로 아이를 위한 일이라는 걸 잊어서는 안 된다.

부모가 항상 옳다는 생각을 버려라

“부모에게 10대 아이의 행동을 결정할 권한이 주어지는 것은 부모가 옳기 때문이 아니라 부모이기 때문이다. 부모의 생각이 늘 옳을 수는 없다. 다만 부모로서 안심할 수 있고 아이에게는 더 좋다고 판단하기 때문이다. 그것이 부모로서 내린 결정이라면 아이들은 지켜야 한다. 좋든 말든 말이다."

사춘기 전문가인 미국의 아동·청소년 심리상담사 앤서니 울프 Anthony Wolf의 말이다. 만약 부모가 옳다는 걸 내세우며 부모의 권한을 주장하면, 아이들은 부모가 틀렸다는 것을 증명하기 위해 최선을 다할 것이다. 앞서 말한 '밤 10시 전 귀가'라는 규칙도 마찬가지다. 부모에게는 이 시간이 가장 안전하다고 여겨지기 때문에 규칙을 정했을 뿐이다. 만약 부모가 밤 10시라는 규칙이 절대적으로 옳다고 말한다면, 아이들은 부모가 틀렸다는 걸 증명하기 위해 '밤 10시 전에 일어난 사건 사고 목록'을 부모 코앞에 들이밀며 따지고 들 수도 있다.

사실 부모의 통제는 불완전하다. 더군다나 규칙을 이용한 통제는 허점이 있을 수밖에 없다. 아무리 내 아이를 위한 규칙이라지만 사람이 하는 일인지라 완벽하거나 완전할 수는 없다. 따라서 부모가 항상 옳다는 생각을 버려야 한다. 부모가 옳아서 규칙을 정하고 지키도록 하는 게 아니다. 부모는 결정권을 가진 유일한 사람이다. 내 아이를 위해 가장 좋은 결정을 내릴 수 있는 가장 확실한 사람이 바로 부모다. 아이는 부모가 틀렸다고 일일이 따지려 들겠지만, 부모라는 사실 자체를 반박할 수는 없다. 그래서 부모의 말을 따를 수밖에 없다. 설사 아이들이 보란 듯이 규칙을 허물더라도 부모는 다시 그 규칙을 일으켜 세워야 한다. 다시 강조하지만, 부모가 포기하지 않고 아이의 행동을 통제하려고 노력한다는 자체가 중요하다. 규칙이 아니라 아이를 위한 부모의 노력이 자녀를 성장하게 만든다. 하지만 너무 과도한 제한을 한다면 오히려 아이의 성장에 악영향을 미칠 수도 있다. 너무 과도하게 제한하는 것뿐 아니라 과도하게 지원하는 것도 마찬가지다. 어쨌든 뭐가 뭔지 모를 때는 균형 잡힌 방식으로 직관과 상식에 기대도록 해 보자. 실시간으로 휘둘리거나 흔들리지 않으려면, 무엇보다 부모가 신중하고 평온해야 한다.

사춘기 훈육을 위한 열 가지 원칙

첫째, 학대와 훈육은 종이 한 장 차이이다. 학대하겠노라 마음먹고 학대하는 부모는 없다. 분명히 처음 시작은 내 아이를 위해서라는 명분이 있었다. 하지만 어느 순간 부모는 이성을 잃고 아이에게 정서적 고통이나 신체적 폭력을 가한다. 학대와 훈육을 가르는 기준은 부모의 감정이다. 앞서 훈육은 올바른 행동에 대해서 가르치는 과정이라고 말한 바 있다. 가르치는 사람은 반드시 이성적인 상태여야 한다. 만에 하나 부모의 감정이 실린다면, 훈육이 아니라 학대로 변질될 가능성이 농후하다. 따라서 훈육에 앞서 부모는 자기감정을 점검해야 한다. 부모 안에 감정 찌꺼기가 조금이라도 남았다면, 훈육이 아니라 부모의 자기 돌봄이 필요하다.

둘째, 부모들이 하는 착각 중에서 아이를 바꿀 수 있다는 착각만큼 중대한 착각은 없다. 타고난 아이를 바꾸는 건 불가능하다. 아이는 존재 그 자체로 존재할 수 있어야 한다. 아무리 사춘기라도 사춘기 그 자체로 존재할 수 있어야 한다. 아이 존재를 부모의 입맛대로 바꾸려고 해서는 안 된다. 아니 바꾸려 해도 바꿀 수 없다. 우리가 어찌해 볼 수 있는 건 아이의 행동뿐이다. 자기 행동을 바꿀지 말지 결정하는 것마저도 오롯이 아이의 몫이다. 슬프지만 사춘기 부모가 자녀에게 할 수 있는 건 그렇게 많지 않다. 그저 아이에게 올바른 행동에 대해서 일러 주고, 행동을 수정하도록 지속적인 격려를 아끼지 않는 걸로 만족해야 한다. 부모가 아이 존재에 흠집을 내면서까지 아이를 통제해서는 안 된다. 이러면 아이는 행동 수정은커녕 수치심으로 범벅될 뿐이다. 스스로 못나거나 부족하다고 여기는 아이들이 자기 행동을 근사하게 바꿀 리 만무하다. 아이의 행동을 교정하는 것은 수치심이 아니라 적절한 양의 죄책감이다. 자기 행동이 잘못되었고, 언제든 자신이 원하면 바꿀 수 있다는 점을 깨닫는 게 중요하다.

셋째, 훈육은 올바른 행동을 가르치는 과정이다. 부모는 옳고 그른 행동에 대해서 구체적으로 알고 있어야 한다. 부모가 행동에 대한 가이드라인을 명확히 알지 못한다면, 훈육은 불가능하다. 부모는 매번 이랬다저랬다 아이에게 혼란만 부추길 뿐이다.

넷째, 아이는 부모의 말이 아니라 행동에 먼저 반응한다. 말보다 부모의 행동과 태도가 아이에게는 더 큰 영향을 미친다. 아이에게 예의범절을 가르치고자 한다면, 부모가 먼저 예의범절을 갖춰서 말해야 한다. 아이가 당당하고 솔직하게 자기표현을 하도록 가르치려면, 부모가 먼저 자신을 솔직하게 표현해야 한다. 말과 행동이 어긋날 때 아이는 부모의 말을 더 이상 듣지 않는다. '엄마나 제대로 하고 말해'라고 속으로 빈정거릴 뿐이다. 따라서 부모는 언행일치를 위해 노력해야 한다. 부모의 행동 자체가 이미 말하는 것과 같은 효과를 지닌다.

다섯째, 아이의 행동을 교정할 때는 최대한 구체적으로 말해 주어야 한다. 부모가 두루뭉술하게 말할 때 아이는 한 귀로 듣고 한 귀로 흘린다. "예의 바르게 굴란 말이야"라는 말은 사람에 따라서 다양한 해석이 가능하다. 사춘기는 일부러 나쁘게 행동하려고 애쓰는 게 아니다. 그저 몰라서 못 할 뿐이다. 훈육에서는 따로 해석이 필요하지 않아야 한다. "어른이 말하는데 쳐다보지 않고 대답하는 건 버릇없는 행동이야. 눈을 보고 대답해야지."

여섯째, 부모가 한 번 말한다고 해서 아이의 행동이 그 즉시 바뀔 것이라 기대하는 건 금물이다. 아이는 버튼 한 번 누르면 작동되는 커피 머신이 아니다. 같은 말이라도 여러 번 반복해야 한다. 하지만 부모가 화내지 않고 차분하게 말한다면, 아이는 부모가 자신을 위해서 하는 행동임을 깨닫는다. 그렇다고 행동이 금방 변하기를 기대하지는 말자. 행동이 변하는 데는 오랜 시간이 걸린다. 김치가 숙성되는 걸 기다리듯이 아이의 변화를 느긋하게 기다려 주는 부모가 되자.

일곱째, 사춘기의 행동을 바꾸기 위해 상벌은 별 효과가 없다. 휴대폰을 못 하도록 한다거나 용돈을 깎아 버리는 등의 벌은 오히려 부모에 대한 반감만 키울 뿐이다. 또한, 값비싼 휴대폰을 사 주거나 게임을 좀 더 하도록 하는 등의 상도 효과적이지 않다. 아이에게는 행동 그 자체가 목적이어야 한다. 행동이 무언가를 얻기 위한 수단이 되어서는 안 된다. 가령 숙제를 다 하면 게임을 더 하게 해 준다고 해 보자. 이 경우 아이는 게임을 하기 위해 숙제를 한다. 게임이 목적이 되고 숙제는 게임을 하기 위한 수단으로 전락한다. 이때 부모가 게임을 더 하게 해 주지 않으면 숙제할 이유도 사라진다. 어떤 경우라도 숙제 자체가 목적이어야 한다. 다만 알아서 숙제를 제시간에 해냈을 때, 아이가 미처 기대치 못한 상을 주는 건 괜찮다. 예기치 못한 상은 아이의 성취감을 배가시킨다.

여덟째, 정말 중요한 말을 할 때는 아이의 눈을 보는 게 원칙이다. 하지만 사춘기 아이와 눈을 맞추는 일은 생각보다 쉽지 않다. 만약 아이가 눈 맞춤을 거부한다면, 최대한 아이 가까이 다가가서 말하라. 눈언저리까지 시선을 주면서 부모의 말이 귀에 쏙 들어가도록 말하면 된다.

아홉째, 아이를 교육할 때는 되도록 엄격해야 한다. 훈육은 엄격하고 단호해야 한다. 훈육할 때는 평소보다 한 톤 낮은 목소리로 하되, 되도록 말의 속도를 조금 늦추는 게 좋다. 중요한 건 훈육을 할 때 자애로운 태도를 갖춰서는 안 된다는 점이다. "예쁜 우리 딸, 그렇게 행동하면 안 되는 거야"라든가, "그래도 엄마가 아들 너무너무 사랑하는 거 알지?"라는 표현은 삼가야 한다. 간혹 훈육 후 아이를 안아 주는 부모가 많다. 나는 훈육한 뒤 안아 주는 행동은 삼가는 게 좋다고 생각한다. 아이에게 혼란을 부추길 가능성이 있기 때문이다. 물론 사춘기 정도가 되면 안아 주는 행동은 하지 않을 테지만 말이다.

열째, 아이를 너무 조급한 시선으로 바라보지 않아야 한다. 많은 부모는 아이에게 너무 많은 걸 한꺼번에 가르치려 든다. 한 번에 하나씩을 가르친다는 원칙을 세워라. 앞서도 말했지만, 부모가 느끼는 시간과 아이가 느끼는 시간에는 차이가 있다. 시간이 흐르면 아이들은 자연스레 부모가 가르친 대로 어른이 된다. 하지만 모든 변화는 항상 더디기 마련이다. 부모가 재촉하면 할수록 더 느려진다는 사실을 기억하라. 부모가 아이에게 좋은 본보기를 보여 주었다면 그걸로 충분하다. 부모가 보여 주는 모습은 언젠가 아이들의 일부가 된다. 부모가 충분히 올바른 삶의 방식을 알려 주고 보여 주었다면 그다음은 가르쳐서 될 일은 아니다.

사춘기와 부드럽게 소통하기

아이의 말에서 잔가지 쳐 내기

학교에서 돌아온 중학생 딸이 가방을 바닥에 내동댕이치며 씩씩거린다. "아 씨발, 존나 열받네." 그 순간 엄마는 인상을 잔뜩 찌푸리며 말한다.

"너 방금 뭐라고 했어? 지금 욕한 거니?"

"아니라고! 엄마는 아무것도 모르면서 괜히 난리야."

"엄마가 모르긴 뭘 몰라. 욕하는 건 안 된다고 했지? 계집애가 입이 그렇게 거칠어서 어떻게 할 거야?"

"거기서 계집애가 왜 나와? 그럼 남자는 욕해도 되고?"

"지금 그 말이 아니잖아."

"아니긴 뭐가 아니야. 엄마 때문에 더 짜증 나!"

아이는 방문을 쾅 소리 나게 닫는다. 이에 질세라 엄마는 "문을 누가 그렇게 세게 닫으래. 너 일부러 그러는 거지? 어디서 배운 버르장머리야?"라고 흥분한다. 결국 엄마는 아이의 행동을 지적하느라 정작 아이가 왜 화가 났는지는 들어 보지도 못했다.

사춘기가 되면 입이 거칠어진다. 특히, 또래들끼리 뭉치면 말끝에 욕이 붙는 게 아니라 욕 끝에 말이 붙을 정도다. 욕 정도는 해 줘야 무리 속에서 살아남는다고 믿는다. 하지만 대체로 아이들은 때와 장소를 가려서 욕을 한다. 아무리 걸쭉하게 욕을 하는 아이라도 부모가 보는 앞에서는 하지 않는 게 일반적이다. 부모 앞에서 욕하면 안 된다는 것쯤은 아이들도 안다. 그런데 감정에 압도되면 자기도 모르게 욕이 튀어나온다. 이럴 때 부모는 아이의 욕에 즉각적으로 반응하지 않아야 한다. 욕이 아니라 욕하는 아이의 마음에 관심을 기울여야 한다. 지금 아이는 엄청나게 화가 나 있다. 그렇다면 부모는 아이가 왜 이토록 화가 났는지를 궁금하게 여겨야 한다. 아이의 감정을 불러일으킨 상황으로 들어가 보라. 아이의 마음을 다독여 주는 게 먼저다. 욕을 한 행동에 대해서 지적하고 가르치는 건 그다음이다. 다시 말하지만, 공감은 타이밍이다. 만약 부모가 아이의 욕에 먼저 반응하면 아이의 마음속으로 들어갈 문은 닫혀 버린다. 혹 떼려다 오히려 혹을 더 붙이는 꼴이다. 따라서 사춘기 부모라면 아이의 말에서 거슬리는 잔가지를 쳐 내는 게 중요하다. 아이의 욕이나 말투, 태도 등은 일단 뒤로 밀어 두자. 아이의 마음에 우선 집중해 보자. 잔가지에 걸려서 비난하고 지적하다 보면 아이와의 대화는 멀어진다.

"욕을 들으니 엄마 심장이 철렁대네. 그런데 네가 이렇게 욕하는 걸 보니 뭔가 안 좋은 일이 생겼나 본데, 무슨 일이야?"

아이의 이야기를 듣고 나서는 반드시 잘못된 행동에 대해서는 구분해 주어야 한다.

"욕하는 건 감정을 다스리거나 문제 해결하는 데 전혀 도움이 되지 않아. 엄마는 우리 딸이 때와 장소를 가려서 말하리라 믿어."

'안 돼'와 '생각해 보자'

사춘기가 되면 아이들은 자기 중심성이 강해진다. 자신은 아주 특별한 존재이며, 자신이 원하는 것은 무엇이든 가질 권리가 있다고 믿는다. 누가 뭐래도 하고 싶은 일은 다 해야 직성이 풀린다. 이런 자기 중심성에 더해 사춘기는 마치 사냥개처럼 물고 늘어지는 특성까지 지녔다. 즉, 목표물을 절대 포기하지 않는다. 무엇이든 이뤄질 때까지 계속 고집을 부리면서 언쟁을 이어 간다. 이때 부모가 물러서면 아이는 결국 '세상은 고집만 피우면 내 마음대로 할 수 있어'를 배운다. 이런 아이들은 부모의 '안 돼'를 받아들일 수가 없다. 그래서 부모의 '안 돼'를 '알았다'로 바꾸기 위해 그들이 아는 수단과 방법을 총동원한다. 이때 부모는 아이에게 안 되는 이유를 구체적으로 설명해 주되, 구구절절 아이를 설득하려고 하지 말아야 한다. 아이가 원하는 것과 부모의 뜻이 어긋날 때는 부모로서 해야 할 말을 짧고 간결하게 하라. 그걸로 끝이다. 이때 아이의 간절한 마음은 모른척하지 말고 들어주어라. 아이의 요구는 들어줄 수 없지만, 아이의 마음만은 공감해 주도록 노력해 보자.

부모는 시도 때도 없이 '안 돼'를 남발해서도 안 된다. 어떤 경우라도 들어줄 수 없는 것과 때에 따라 조율이 필요한 것의 경계를 미리 세워 두는 게 좋다. 전자의 경우라면 아이가 어떤 식으로 나오든 물러서지 말아야 한다. 하지만 후자라면 아이와 적절하게 타협해야 한다. 이때도 손쉽게 들어주기보다는 아이에게 바통을 넘겨주라. 즉, 부모가 왜 들어주어야 하는지를 설득하게 하라. "네가 게임을 왜 한 시간 더 연장해야 하는지 이유를 엄마가 이해할 수 있도록 설명해 볼래?" 부모가 도저히 납득이 안 된다면, 아이는 다른 방법을 생각해 봐야 한다. 처음에는 금지했던 것이라도 아이의 말을 들어 보면 타당한 것들이 있다. 이때는 바로 들어주기보다는 '생각해 보자' 또는 '고민해 보자'라는 말로 대신하면 좋다. 그리고 잠시의 틈을 주고 처음의 '안 돼'를 철회하면 된다.

아이의 말대꾸에 반응하지 마라

사춘기 아이는 부모의 말에 고분고분하면 큰일이라도 나는 것처럼 반응한다. 부모의 부탁에도 곧바로 들어주는 일이 거의 없다. 구시렁대거나 딴지를 걸기 일쑤다. "은지야, 이따 세탁기 다 돌아가면 건조기 좀 돌려 줄래?" 분명히 명령이 아니라, 부탁이었다. 하지만 이런 부모의 부탁을 일언지하 거절한다. "내가 왜요? 하기 싫은데요!" 아이의 이런 반응에 부모는 화가 난다.

"건조기 돌리는 게 뭐가 어렵다고 싫다는 거야?"

"그냥 귀찮다고요. 은수한테 부탁하세요."

"은수는 지금 공부하고 있잖아. 너는 지금 놀고 있고."

"저 노는 거 아닌데요. 친구랑 카톡하고 있어요."

"카톡하는 게 노는 거지."

"노는 거 아니라고요! 내일 숙제 때문에 물어보는 중인데, 왜 자꾸 나한테만 시키냐고요!"

"아니, 내가 뭘 그렇게 많이 시켰다고 이 난리야. 네가 엄마가 시키는 대로 하기는 했어?"

"은수는 시키지도 않으면서 맨날 나한테만 시키잖아요."

"너 엄마한테 말하는 본새가 그게 뭐야? 버르장머리 없이."

두 사람의 뇌리에서 건조기는 잊힌 지 오래다. 어느새 말다툼이 동생과의 차별 문제로까지 확대되어 버린 상황이다. 이처럼 아이의 말대꾸에 반응하기 시작하면 본질에서 벗어나기 일쑤다. 사춘기 아이가 말대꾸하면 아이의 말은 끝까지 들어 주라. 하지만 그 말에 즉각적인 반응은 하지 말라. 부모가 해야 할 말만 간결하게 반복하라.

"이따 세탁기 다 돌면 빨래 꺼내서 건조기 좀 돌려 줄래?"

"내가 왜요?"

"건조기 좀 돌려 줘. 엄마는 잠깐 마트 갔다 와야 해."

"싫다고요!"

"건조기 좀 부탁해."

이렇게 말하고 나가면 된다. 이때 아이가 건조기를 돌려 준다면

'고마워'라고 반드시 표현해야 한다. 하지만 만약 건조기를 돌리지 않았더라도 아이를 비난하지는 말자. 대신 아이의 행동이 엄마에게 미친 영향을 그대로 간결하게 말하면 된다.

"건조기 돌려 달라는 엄마의 부탁을 들어주지 않았네. 엄마도 종종 네 도움이 필요해. 그런데 도와주지 않고 빨래를 그냥 세탁기에 방치한 건 옳지 않은 행동이야."

여기까지다. 엄마의 이 말은 아이의 마음에 남기 마련이다. 아이는 자기 행동이 엄마에게 상처가 되었다는 사실과 '나쁜 행동'이라고 느낀다. 원하든 원하지 않든 아이 마음에는 크고 작은 죄책감이 남는다. 이 죄책감은 궁극적으로 아이의 행동을 교정하는데 밑거름으로 쓰인다. 물론 이 말 한마디로 아이의 행동이 바뀔 것이라고 기대해서는 안 된다.

사춘기 아이의 "왜요?"

아이는 행동하기에 앞서 왜 그렇게 행동해야 하는지 이해하고 싶어 한다. 부모는 아이에게 왜 그렇게 해야 하는지를 말해 주어야 한다. 그러기 위해서는 부모 먼저 그 행동이 옳다는 확신이 있어야 한다. 부모조차도 납득이 안 되는 것을 아이에게 요구해서는 안 된다. 적어도 부모는 아이에게 해야 하는 이유를 명확하게 설명해 줄 수 있어야 한다. 다만 타당한 이유를 말해 주었음에도 아이의 "왜요?"가 이어진다면 그때는 무시하는 게 바람직하다.

예를 들어 보자. 중학교에 다니는 딸이 친구 집에서 하룻밤 자고 오겠다고 한다. 친구네 부모가 집을 비운 시간에 친구 몇 명이 파자마 파티를 한다고 한다. 부모는 어른이 없는 집에서 미성년 아이들만 있는 게 내키지 않는다.

"다른 애들은 다 부모님들이 허락했는데 나는 왜 안 되는데요?"

"다른 애들은 부모님들이 허락하셨구나. 하지만 너는 안 돼. 어른이 없는 집에서 미성년 아이들만 밤샌다는 것은 위험한 일이야."

"위험할 게 하나도 없다니까요."

"너는 위험할 게 없다고 생각하는구나. 너는 생각하지 못한 일들이 벌어질 수도 있고, 만약 돌발 변수가 생겼을 때 어른이 곧바로 도울 수 없다는 건 위험한 일이야."

"왜 맨날 일어나지도 않는 일에 대해서 말하냐고요. 왜 내가 하는 건 다 안 된다고 하는 건데요."

이때 부모는 흥분하는 아이에게 부모의 의무와 권리에 대해서 명확하게 일러 두어야 한다. 즉, 부모는 미성년 자녀를 안전한 환경에서 보호할 의무가 있으며, 때에 따라 아이에게 제한을 가하는 것은 부모의 권리라는 사실을 말해야 한다. 부모의 보호 아래 있을 때까지는 말이다. 이때 아이가 계속해서 "왜요?"를 반복하면 그냥 그 자리를 조용히 뜨는 게 현명하다. 앞서 말한 바와 같이 아이와 말싸움할 이유가 없다. 아이의 "왜요?"라는 질문에 곧바로 답을 해야 한다는 강박을 지닌 부모가 많다. 하지만 아이의 부정적이고 미성숙한 반응에 일일이 대응할 필요가 없다. 이때는 아이에게 굳이 가르치려고 하지 말자. 대신 아이의 불편한 마음을 그대로 받아들이도록 해 보자. 부모의 의도와 상관없이 아이는 화가 날 수 있다. 비록 자신의 안전을 위한 일이기는 하지만, 부당하다고 생각할 수도 있다. 그건 아이의 마음이다. 아이의 마음까지 부모 마음대로 조정하려고 하지는 말자.

부분적으로 인정하라

사춘기 아이들이 하는 말 중에는 "엄마 아빠는 맨날……." 이나 "엄마 아빠는 한 번도……."가 많다. "엄마 아빠는 한 번도 내 말을 들어준 적이 없어"라고 아이가 불만을 토로한다. 이때 부모는 즉각적으로 자신을 변호하려고 든다. "무슨 소리야. 어제도 네가 치킨 먹고 싶다고 해서 시켜 줬는데?" 부모는 어떻게 해서든 아이의 말이 사실이 아니라는 걸 증명하려고 한다. 이런 부모의 반응은 아이의 부정적인 감정을 더욱 부추긴다. 아이가 '맨날, 항상, 결코, 한 번도'라는 말로 부모를 공격한다면, 부모는 부분적으로 인정하면 된다. "그래 그러고 보니 엄마가 네가 원하는 것을 안 들어줄 때도 간혹 있지"라는 말이면 충분하다. 이렇게 부분적으로만 인정하게 되면 아이의 성난 마음은 한풀 꺾이기 마련이다. 그렇다고 부모가 전적으로 자기 잘못이라고 인정하는 것도 아니어서 부모의 권위에 금이 가는 것도 아니다.

아빠는 항상 아빠가 보고 싶은 프로그램만 보잖아요.

- 아빠가 언제 아빠가 보고 싶은 것만 봤다고 그래? (방어)
- 그러고 보니 근래 아빠가 원하는 프로그램을 자주 보기는 했네. 그래서 서운했구나. (부분 인정 후 공감)

엄마는 맨날 김치찌개만 줘.

- 무슨 소리야? 어제는 된장찌개였는데, 벌써 까먹었냐? (방어)
- 맞아. 이번 주는 엄마가 김치찌개를 자주 했네. 혹시 먹고 싶은 음식이 있니? (부분 인정 후 아이 마음 살피기)

엄마는 한 번도 제대로 칭찬해 준 적도 없잖아.

▶ 네가 칭찬받을 일을 해야 칭찬하지. (비난)

▶ 칭찬받고 싶은데 안 해 줘서 실망했나 보구나. 엄마가 가끔 칭찬에 인색하다는 건 인정해. (공감 후 부분 인정)

거짓말하는 아이들

"애가 너무 뻔한 거짓말을 하는데 어떻게 해야 할까요? 모른 척 두고 봐야 하나요? 아니면 따끔하게 혼을 내야 할까요?"

사춘기 부모는 거짓말하는 아이를 어떻게 훈육할지 고민이 많다. 거짓말도 종류가 여러 가지다. 금방 들통날 거짓말도 있지만, 무덤 속까지 가져갈 거짓말도 있다. 그런데 대부분 사춘기 아이가 하는 거짓말은 조금만 추궁하면 금방 탄로 날 수준의 거짓말이 대부분이다. 실제 사춘기 아이들과 이야기해 보면 아이들의 거짓말에도 나름의 타당한 이유가 있다. 아이들이 거짓말하는 가장 큰 이유는 부모의 잔소리와 비난을 피하기 위해서다. 즉, 해야 할 일을 하지 않았을 때나 부모가 하지 말라고 한 행동을 했을 때 거짓말로 상황을 모면한다. 어떤 아이는 부모가 자기 일에 이러쿵저러쿵 참견하고 간섭하는 게 싫어서 거짓말을 하기도 한다. 또는 문제가 더 복잡해지거나 커지는 게 싫어서 거짓말로 상황을 축소하기도 한다. 이유야 어쨌든 사춘기 부모는 거짓말을 하는 아이가 못마땅하다. 행여 거짓말이 습관이 되어 더 큰 문제가 될까 불안하다. 맹세코 거짓말을 하지 않는 아이는 없다. 어른이라고 해서 거짓말을 하지 않는 것도 아니다. 살면서 단 한 번도 거짓말을 하지 않았다고 누군가 말한다면, 그 사람은 지금 거짓말을 하고 있다. 어쩌면 거짓말은 살아가는 데 필요한 사회적 기술이라고 봐야 할지도 모른다.

많은 부모는 거짓말하는 아이를 어떻게 훈육할지를 묻는다. 안타깝게도 거짓말을 멈추게 할 만한 뾰족한 수는 없다. 아이가 스스로 멈추는 수밖에. 다만 아이가 솔직하게 말해도 괜찮겠다는 확신이 들도록 환경이나 분위기를 조성할 수는 있다.

"엄마는 너의 솔직한 마음이 알고 싶어. 솔직하게 말해도 혼내지 않을 거야."

"네가 솔직하게 말해 주어야 아빠가 너를 도울 수 있어."

이때 아이가 용기를 내서 솔직하게 말한다면 "용기를 내줘서 고마워"나 "솔직하게 말해 줘서 고마워"라고 말하라. 이렇게 부모가 약속하고도 지키기는커녕 아이를 혼낸다면, 부모가 오히려 아이에게 거짓말을 하는 것이나 다름없다. "앞으로 다시는 거짓말하지 마!" 이런 부모의 말은 덫과 같다. 상황에 따라 아이는 거짓말을 할 수밖에 없기 때문이다. 행여 "앞으로는 절대로 거짓말하지 않을게요"라고 한다면, 아이는 지금 거짓말을 하는 셈이다. 아이의 거짓말을 교정하기보다는 아이에게 무엇이 잘못된 행동인지를 콕 짚어 알려 주는 게 중요하다. 만약 아이가 숙제하지 않고 다했다고 거짓말한다고 해 보자. 이때 부모는 왜 거짓말을 하느냐고 따지는 대신에 숙제를 다 하고 확인받으라는 말을 해 주면 된다. '거짓말하지 마'라는 가능하지 않은 목표에 도달하느라 진을 빼는 대신, 아이가 잘못된 행동을 깨닫고 스스로 통제할 수 있도록 도와야 한다. 그래야 다음에 비슷한 일이 일어나는 걸 사전에 방지할 수 있다.

부모도 사과하자

아이의 행동을 바로잡으려다가 아이의 마음에 상처를 입히는 부모가 있다. 벼룩을 잡으려다가 초가삼간을 태운다는 말을 떠올리자. 아이에게 상처 되는 말을 했다면, 되도록 빨리 사과하는 게 중요하다. 사과는 빠르면 빠를수록 좋다. 부모의 사과는 상처에 바르는 연고와 같다. 아이는 부모의 말이나 행동에 상처받았지만, 진심 어린 사과로 인해 치유된다. 만약 아이의 상처가 생각보다 깊다면, 이때 부모의 사과는 심폐 소생에 견줄 만하다. 감정적으로 죽어 가는 아이를 살리는 게 바로 부모의 즉각적인 사과다.

누구나 실수한다. 부모도 실수할 수 있다. 부모가 자신의 실수를 솔직하게 인정하고 사과할 때, 아이 또한 자신의 실수를 인정하고 사과하는 법을 배운다. 사실 사과는 쉽지 않다. 사과도 책임지는 과정이다. 때로 엄청난 용기가 필요하다. 사과할 때의 불편한 감정을 느끼지 않기 위해서 되도록 행동을 조심한다.

사과할 때 변명은 금물이다. "엄마가 실수했어. 그런데 네가 그런 말만 안 했어도 엄마가 그러지는 않았을 거야"라고 말해서는 안 된다. 약간의 변명이라도 보태질 때 사과의 본래 취지는 퇴색된다. 사과에는 절대로 '탓'이 붙어서는 안 된다.

사과는 되도록 말로 하는 게 효과적이다. 때에 따라서 문자로 하거나 편지로 할 수도 있지만, 마주 보고 말로 하는 사과만큼 효과적이지는 않다. 사과할 때 '다시는 그러지 않을게'라는 약속은 하지 말아야 한다. 앞서 말한 바 있지만, 이 말은 거짓말이다. 인간은 불완전하기에 같은 실수를 반복한다. 지킬 수 없는 약속이 아니라 지킬 수 있는 약속을 해야 한다. "엄마가 앞으로는 좀 더 조심해서 말하도록 해 볼게."

사과가 아무리 좋다고 해도 남발하지 않도록 주의하라. 시도 때도 없이 사과한다면 공염불에 지나지 않는다. 아이 입장에서는 "맨날 사과하면서 매번 똑같이 하는 건 뭐야?"라고 생각한다.

사춘기 사용 설명서

사춘기의 문제행동 편

첫째, 모든 문제 상황이 아이의 성장에 걸림돌이 되는 건 아니에요. 부모가 아이의 문제 행동을 어떤 시각에서 바라보느냐에 따라 오히려 성장하는 데 딛고 일어설 디딤돌이 될 수도 있어요.

이 말은 하지 마세요	이렇게 말해 주세요
도대체 커서 뭐가 되려고 하루가 멀다고 사고를 치니? 너 때문에 못 살겠다.	누구나 실수할 수는 있어. 다만 같은 실수가 반복될 때는 문제가 되지. 이다음에 같은 실수를 하지 않으려면 어떻게 하면 좋을까? 네가 바꿔야 할 게 있을까?

둘째, 문제가 터졌을 때 부모가 해야 할 일은 첫째도, 둘째도, 셋째도 경청입니다. 일어난 일의 자초지종뿐 아니라 그 상황에서 아이가 느낀 감정과 생각에

주의를 기울여 주세요.

이 말은 하지 마세요	이렇게 말해 주세요
뭘 잘했다고 변명이야. 네 얘기 따위는 들어 볼 필요도 없어.	네가 그렇게까지 한데는 분명히 우리가 모르는 이유가 있었을 거라 믿어. 엄마(아빠)는 네 이야기가 궁금해.

셋째, 훈육의 목적은 아이를 통제하는 것이 아니라, 아이 스스로 자기 행동을 통제할 수 있도록 하는 데 있어요. 따라서 아이를 비난하기보다는 아이를 가르치겠다는 마음이 중요해요. 무엇보다 행동을 개선하는 것은 바로 아이 자신이라는 사실을 잊어서는 안 돼요. 따라서 문제 행동을 개선하기 위해서는 아이에게 힘power을 실어 주어야 해요.

이 말은 하지 마세요	이렇게 말해 주세요
네가 하는 일이 다 그렇지 뭐. 넌 정말 구제 불능이야!	엄마(아빠)는 네가 충분히 해낼 수 있으리라 믿어. 물론 쉽지는 않을 거야. 언제든 엄마(아빠) 도움이 필요하면 말해.

주의할 점!

자녀에게 문제가 터졌을 때 절대로 다른 사람을 탓하지 마세요. 부모는 아이 편이라는 느낌을 실어 주기 위해서 선생님이나 친구 탓을 할 수 있지만, 이는 절대 아이에게 도움 되지 않아요. 내가 아닌 다른 사람 때문에 일어난 일이라고 생각하면, 상황에 대한 통제 또한 내가 아니라 그 사람에게 있다고 생각할 수밖에 없어요. '선생님 때문이야. 선생님이 자꾸 차별하니까 이런 일이 벌어진 거라고!'라고 생각한다면, 선생님이 바뀌지 않는 이상 상황은 나아지지 않지요. '그 애가 별것도 아닌 걸 갖고 예민하게 굴어서 그런 거잖아'라고 생각해도 마찬가지예요. 상대의 예민한 성격이 달라지지 않는 한 자신이 해 볼 수 있는 건 아무것도 없지요. 이런 탓이 많아질수록 아이의 무력감은 커져요. 부모는 궁극적으로 아이의 자존감을 키워 주어야 해요. 아이에게 일어난 상황에서 아이 스스로 주체 의식을 가지지 않는다면 자존감은 기대해 볼 수 없어요.

7장

사춘기의 친구 관계 :
내 친구에게
함부로 하지 마세요

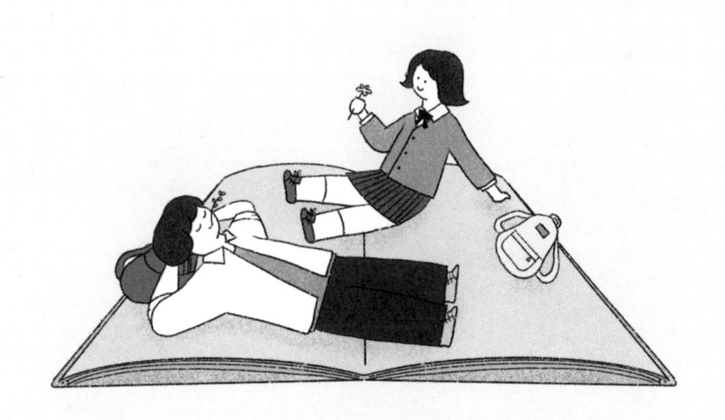

내 아이의 친구 관계가 불안한 부모에게

우리 아이는 친구가 없어요

친구 없이 지낼 수는 없을까?

"우리 아이는 같이 노는 친구가 없어요. 대체로 집에만 있고 밖에 나가는 일이 거의 없네요. 학교에서도 주로 혼자 지내는 것 같아 걱정이 이만저만이 아닙니다."

우리는 사회적 동물이다. 사회 속에서 더불어 살아간다. 인간은 기본적으로 다른 사람과 긴밀하게 상호 작용을 하며 관계를 유지하려는 욕구를 타고 난다. 누군가와 가깝게 연결된다는 건 정서적 지지 기반을 갖는 것과 같다. 특히 사춘기 시기 또래는 사회적 관계의 시작이다. 이전과는 달리 사춘기가 되면 친구도 스스로 선택한다. 이제는 엄마 친구 딸이나 아들이라고 해서 저절로 친구가 되지 않는다. 같은 반이라고 해도 모두가 친구가 될 수는 없다. 이 시기에 자발적으로 선택해서 맺은 친구 관계는 이후 사회관계로도 이어진다. 무엇보다 사춘기 시기 친구 관계가 어땠는지는 이후 성인기의 관계에서도 영향을 미친다.

부모는 친구가 밥 먹여 주냐고 타박하지만, 친구는 밥보다 더 중요한 것을 먹여 준다. 단언컨대, 친구를 빼고 사춘기의 성장과 발달을 논할 수는 없다. 친구 관계를 통해 아이들은 자기 자신을 이해하고 타인을 이해하는 법을 배운다. 또한, 정서적으로 안정감을 얻고 사회성을 기른다. 특히, 사춘기 시기는 친구와 서로 가치관과 세계관을 공유한다. 따라서 질풍노도의 시기를 누구와 함께하는가는 어떤 어른이 되냐를 결정한다고 해도 과언이 아니다. 이처럼 사춘기는 사회적 영역에서도 중대한 변화를 맞는다. 사춘기의 성장이란 한 번도 가보지 않은 새롭고 낯선 길을 가는 것과 같다. 이때 혼자서 가는 것과 누군가와 함께 가는 건 천지 차이다. 함께 가는 누군가는 든든한 지원자뿐 아니라 위험으로부터 보호하는 안전망이 되기도 한다. 이들은 가는 도중 겪는 갖가지 문제를 함께 해결하면서 더욱 끈끈해진다.

많은 부모는 친구도 다다익선이라고 믿는다. 물론 든든한 지원자가 많을수록 문제를 헤쳐 나가는 데 더없이 좋다. 하지만 서로 뜻이 통할 때다. 친구 수가 많을수록 의견 역시 다양할 수밖에 없다. 다양한 의견은 서로 간의 갈등을 불러일으킨다. 그런 측면에서 본다면 친구 수가 아니라 자신과 뜻이 잘 통하는 친구가 중요하다. 사춘기를 적극적으로 활기차게 잘 헤쳐 나가려면 적어도 나와 마음이 잘 통하는 친구 한두 명은 꼭 필요하다.

사춘기 친구 관계는 입체 도형

어린 시절에는 같은 동네, 같은 반이면 친구 되기에 충분하다. 하지만 사춘기가 되면 관계를 맺는데도 머릿속 계산기를 두드린다. 예를 들어, '이 친구와 같이 있으면 적어도 다른 애들이 나를 함부로 하지 못하니까'라는 마음에서 힘이 센 친구를 선택하기도 한다. 이처럼 연령이 올라갈수록 친구 관계에서는 순수함이 줄어드는 대신 좀 더 도구적이며 세속적인 동기가 늘어난다.

사춘기의 친구 관계는 겉보기에는 단순해 보이지만, 관계를 들춰보면 복잡 미묘하게 얽혀 있다. 마치 입체 도형과 같다. 입체 도형을 제대로 이해하려면 한 방향에서만 봐서는 안 된다. 앞면, 옆면, 윗면 그리고 아랫면을 다 살펴도 남는 게 있다. 바로 이들이 감싸고 있는 내부다. 내부는 겉에서는 잘 드러나 보이지 않는다. 사춘기 아이들의 관계가 이와 같다. 다면적인 동시에 입체적이다. 아이의 친구 관계를 제대로 알지 못한 채 아이들의 관계에 제삼자가 섣불리 개입해서는 위험하다. 아이의 친구 관계에서 부모는 제삼자에 불과하다. 자칫 부모가 섣불리 나서면 오히려 긁어 부스럼이 되기 십상이다. 아이가 만든 관계는 아이 스스로 풀어야 한다. 친구 관계에서 주체는 내 아이여야 한다. 친구를 만드는 것도, 관계를 유지하는 것도, 모두 아이의 몫이다. 부모는 한발 물러나서 전체를 조망해 보자. 그렇다고 아이의 친구 관계를 뒷짐 지고 관망만 해서는 안 된다. 부모가 친구 관계에 무관심하면 아이는 친구 사이에서 일어난 일에 대해 부모에게 도움을 요청하기를 꺼린다. 부모는 사사건건 간섭하지는 않되, 관심 어린 시선으로 지켜보아야 한다. 언제든 아이가 도움을 요청하면 달려가 도움을 줄 수 있어야 한다. 부모는 아이에게 다음과 같은 메시지를 전달해야 한다.

"엄마와 아빠는 너뿐 아니라 너의 친구 관계에도 관심이 많아. 어떤 어려움이 있든 네가 알아서 잘 풀어 가리라 믿어. 하지만 때로는 혼자서 해결하기 어려울 때도 있단다. 그때는 언제든 엄마와 아빠에게 말해 주렴."

우리는 깐부잖아!

"우리는 깐부잖아!"

전 세계적으로 흥행했던 영화 '오징어 게임'에 나오는 유명한 대사다. 깐부는 딱지치기나 구슬치기와 같은 놀이를 할 때 동맹을 맺고 놀이 자산을 함께 공유하는 가장 친한 친구, 짝꿍, 동반자를 뜻하는 은어다. 어린 시절 골목에서 친구들과 놀았던 때를 떠올려 보자. 그때는 왕따라는 말은 없었다. 하지만 용어만 없었을 뿐 부모 세대에도 왕따는 존재했다. 고무줄놀이나 구슬치기할 때 어느 편에도 속하지 못하고 소외되는 아이들이 있었다. 이들은 아무 데도 소속감을 느끼지 못할뿐더러 마음을 나눌 친구조차 없었다.

사춘기 시기 친구는 어쩌면 깐부와 같다. 사춘기 깐부들은 그들만의 부족을 형성한다. 어디든 '우리'를 나타내기 위해서는 '너희'가 필요하다. 우리와 너희의 경계를 명확하게 하기 위해서는 우리끼리만의 문화가 필요하다. 한번 형성된 부족은 끈끈한 동맹을 맺는다. 이들은 단순하면서도 복잡하다. 일단 우리 편이 아니면 다 적이라고 간주한다. 지나가다가도 서로를 공격하거나 흘겨보는 건 일상이다. 이

때 친구는 외부로부터 나를 지켜 주는 든든한 아군이다. 따라서 어느 부족에도 속하지 않은 아이는 속옷 차림으로 전쟁터 한가운데 서 있는 것과 같다. 부족끼리는 세력 형성을 위해서 다툼이 잦듯이, 사춘기는 또래 집단끼리의 싸움이 일어나기도 한다. 가끔 뉴스에서 10대 사이에 집단 폭행이 일어나는 걸 볼 때가 있다. 여러 명이 한 아이를 집단으로 괴롭힌다. 상당히 치졸하고 졸렬한 방식이지만, 이들에게는 이게 바로 집단의 힘을 과시하면서 동시에 동맹을 경험하는 방식이다.

사춘기 부모라면 내 아이가 어느 부족에 속해 있는가를 알아야 한다. 즉, 아이가 속한 집단의 속성을 파악해야 한다. 무엇보다 함께 몰려다니면서 주로 무엇을 하는지 관심을 기울여야 한다.

우리 아이가 나쁜 친구와 어울려요

유유상종

부모는 내 아이가 공부 잘하고 모범적인 아이들과 어울려 지냈으면 하는 마음이 크다. 혹시라도 문제투성이인 아이와 만날까 봐 걱정이 이만저만이 아니다. 내 아이를 철석같이 믿는 부모는 아이의 문제를 친구 탓으로 돌리기도 한다. "우리 애가 그럴 애가 아닌데 나쁜 친구에게 물들어서 이 지경이 되었어요." 이 말은 반은 맞고 반은 틀렸다. 친구끼리 상호 작용하면서 서로를 사회화시킨다는 측면에서 본다면, 친구 때문에 물드는 건 맞다. 백로를 지극히 아꼈던 옛 성현들은 백로에게 까마귀 노는 곳은 가지도 말라고 신신당부했다. 하얀 백로가 시커멓게 변하는 게 두려워서다. 그런데 영향은 어느 한쪽에서 다른 쪽으로 일방적으로 주는 게 아니다. 서로 주고받는다. 백로가 까마귀에게 눈길을 주는 이유는 뭔가 끌어당기는 게 있기 때문이다. 우리는 노심초사 백로만을 걱정하지만, 까마귀 또한 회색으로 변할 수도 있다는 사실은 간과한다. 그러므로 만약 내 아이가 친구를 만난 후 변했다면 무작정 친구 탓을 하기에 앞서 내 아이를 유심히 살펴야 한다. 내 아이가 그 친구에게 끌리는 이유가 무엇인지를 찾아야 한다. 부모가 걱정하는 그 요소가 어쩌면 내 아이에게도 있을 가능성이 있다. 부모가 아이의 친구를 잠재적 범죄자로 몰아간다면, 그건 내 아이를 잠재적 범죄자로 몰아가는 것과 같다. 사춘기 부모라면 내 아이뿐 아니라 아이의 친구도 유심히 관찰해야 한다. 친구를 통해 내 아이의 욕구를 훔쳐볼 수 있다. 아이가 친구 관계를 통해 해소하고

자 하는 욕구가 무엇인지를 알면 적재적소에서 적절한 도움을 줄 수 있다.

또래 압력

많은 부모는 아이에게 친구가 많으면 별걱정을 하지 않는다. 그저 잘 지내겠거니 안심한다. 하지만 인생은 멀리서 보면 희극이지만, 가까이서 보면 비극이라고 하지 않던가. 겉으로 보기에는 아무런 문제가 없어 보이지만 실상 가까이 들여다보면 온통 문제투성이일 수도 있다. 사춘기 시기 친구 관계에는 밝은 측면만 있는 건 아니다. 또래는 양날의 검과 같다. 사춘기 또래는 사회적 지원의 원천인 동시에 위험의 원천이기도 하다. 많은 연구에 따르면, 대부분의 사춘기 문제 행동은 또래 관계에서부터 시작한다. 사춘기 또래는 일탈 행위를 하도록 이끌고 음주와 흡연 등을 하도록 부추긴다. 특히, 끈끈한 동맹일수록 유해 환경에 접근할 가능성이 높다. 그러고 보면 친구가 없어도 걱정이지만, 많아도 안심할 수 없는 노릇이다.

앞서 사춘기 또래 집단을 부족으로 표현했다. 사춘기 시기 형성되는 부족은 다른 부족과 차별성을 둔다. 각 부족마다 부족원이라면 당연히 따라야 하는 그들만의 행동 지침이 있다. '우리 부족원이라면 적어도 이 정도는 해야지'라는 무형 혹은 유형의 압력이 존재하는데, 이를 또래 압력이라고 부른다. 또래 압력은 어떤 행동에 대해 또래로부터 압박이나 강요를 느끼는 정도를 말한다. 출퇴근 지하철을 타 본 사람은 안다. 콩나물시루처럼 사람들로 빼곡하게 찬 지하철에서는 몸을 내 마음대로 움직이는 것이 힘들다. 지하철이 왼쪽으로 기울면 모두가 왼쪽으로 기운다. 오른쪽으로 기울면 또다시 오른쪽으로 기운다. 사춘기 또래 압력은 만원 지하철과 같다. 누구도 또래 압력에서 자유롭기는 쉽지 않다. 내키지 않지만 어쩔 수 없이 하는 행동도 있다는 말이다. 따라서 부모는 아이가 문제 상황에 빠졌을 때 무턱대고 아이만을 다그쳐서는 안 된다. 이때 "바보야? 너는 친구가 하면 다 하니?"라고 따지는 것은 위험하다. 그 말에 선뜻 답할 수 있는 아이는 별로 없다. 이런 상황이라면 아이가 또래 압력을 견딜 수 있도록 돕는 게 현명하다.

또래 압력을 느끼는 정도는 주관적이다. 가령 교실에서 또래 간 문제가 불거졌을 때 어떤 아이는 별일 아니라고 치부하지만, 어떤 아이는 크게 좌절하거나 겁을 먹기도 한다. 이는 아이의 기질적인 부분이나 가족 내 환경도 크게 영향을 미친다. 만약 아이가 기질적으로 예민하고 긴장감이 높다면, 부모는 아이의 기질을 고려하여 긴장을 이

완하거나 적절히 자기표현하는 법 정도는 일러 두어야 한다. 또래 압력과 가족 내 환경이 무슨 상관이냐고 따질 수도 있다. 하지만 내 아이가 또래들 사이에서 유연하게 잘 지내기 위해서는 가족 내 환경도 고려해야 할 중요한 요소다. 서로 존중하고 경청하는 가족 환경이라면 또래 사이에서도 적절하게 자신을 표현하고 자기주장할 수 있는 아이로 자란다. 아이의 의견을 중요하게 여기지 않거나 억압적이고 강압적인 환경에서 자란다면, 아이는 바깥에서도 마찬가지로 주눅들고 위축될 수밖에 없다. 안에서 새는 바가지는 밖에서도 샌다. 아이 행동의 모든 뿌리는 가정에서부터 시작된다는 사실을 잊어서는 안 된다.

또래 관계와 자존감

사춘기 아이들의 자기 개념은 이전 아동기에 비해 좀 더 다차원적이고 복잡하다. 단순히 나를 한 각도에서만 바라보는 게 아니라 학업적, 신체적, 외모적, 사회적 등 여러 가지 차원에서 자기 개념이 만들어진다. 이러한 자기 개념은 이상적 자기 개념ideal-self과 현실적 자기 개념real-self으로 구분된다. 모든 아이는 자기가 생각하는 이상적 자기에 도달하기 위해 노력한다. 아이마다 생각하는 이상적 자기는 다르다. 따라서 똑같은 행동을 하더라도 행동에 대한 동기 또한 아이마다 다르다. 어떤 아이는 친구들에게 근사하게 보이고 싶은 마음이 크다. 이들은 특히 관계에 대한 욕구가 강하고 인정받고 싶어 한다. 또래로부터 인기나 관심을 끌고자 또래 간 행동 지침을 자발적으로 나서서 따른다. 친구 관계에서도 능동적이고 주도적이다. 상황에 따라 언제든 자신이 원할 때 행동을 멈출 수 있다. 이들은 자존감에 크게 문제가 없다.

또래 압력에 취약한 아이는 '또래 관계 속에서 이탈되지 않고 따돌림을 받지 않는 자기'를 이상적이라 여긴다. 이에 반해 이들의 현실적 자기 개념은 형편없다. 자신은 친구들에 비하면 잘난 게 없다고 여긴다. 대체로 수동적이며 위축되어 있다. 이들은 이상적인 자기가 되기 위해 끊임없이 눈치를 보며 친구들을 살핀다. 스스로 행동을 결정하는 게 아니라 친구들이 원하는 대로 행동하려고 한다. 친구가 하자는 대로 따르는 편이며 친구 관계에서 압박감이나 위협을 느낀다. 그만두고 싶어도 스스로 또래에서 벗어나기 어렵다. 그렇다 보니 관계 속에서 쉽게 상처받고 우울해진다. 자존감도 위태로울 수밖에 없다.

이상적 자기와 실제적 자기 간의 간극은 자존감을 결정한다. 이 간극이 벌어질수록 자존감은 낮아진다. 아이가 또래 압력을 견디기 위해서는 이 둘 간의 간극이 줄어야 한다. 간극을 줄이기 위해서는 두 가지 방법이 있다. 하나는 이상적인 자기를 현실적인 수준으로 조정하는 것이다. 다른 하나는 현실적인 자기를 좀 더 키워 주는 것이다.

먼저 부모는 우리 아이의 이상적 자기를 현실적으로 조절할 수 있도록 도와야 한다. 앞서 또래 압력에 취약한 아이는 또래 관계 속에서 이탈되지 않고 따돌림을 받지 않는 자기를 이상적이라고 여긴다. 만약 우리 아이가 이에 해당한다면, 부모는 소통을 통해 아이의 생각을 흔들어 줄 필요가 있다.

"친구가 많아야만 정말 행복한 걸까?"

"친구에게서 받는 인정이 얼마나 중요하다고 생각하니?"

실제 아이가 알고 있는 유명인이나 주변 사람 중에 친구가 많지 않지만, 행복하게 살아가는 사람에 대해서 이야기해도 좋다. 요즘은 스스로 '집순이'나 '집돌이'라고 고백하는 연예인도 많다. 이렇게 아이의 이상적 자기를 현실적으로 조절하는 동시에 실제적 자기를 키워 주는 것도 잊지 말아야 한다. 아이 스스로 자기 가치를 알고 수용할 수 있도록 칭찬과 지지를 아끼지 않아야 한다. 칭찬과 지지만큼 현실적 자기 개념을 키울 수 있는 것은 없다. 사춘기야말로 칭찬 세례를 퍼부어야 한다. 의도적으로 '1일 1칭찬'을 실천하는 부모도 많다. 이들은 아이 존재에 힘을 실어 주는 것만큼 중요한 건 없다는 걸 알기에 쉽지 않지만 노력한다.

우리 아이는 인기가 없나 봐요

인기는 또래 지위를 결정한다

"우리 인영이는 도무지 눈치가 없고 말귀를 못 알아들어서 친구들로부터 따돌림을 당하는 것 같아요. 친구를 무지 좋아해서 다가가는데도 친구들이 싫은 티를 내나 봐요."

친구들과 어울리고 싶은 마음은 굴뚝 같은데, 늘 친구들에게 무시당하는 아이를 볼 때마다 부모는 마음이 짠하다.

'연예인들이 많이 사는 아파트'라는 말을 들으면 무슨 생각이 떠오르는가? 한강을 바라보는 아파트는 왠지 연예인들이 모두 점령한 것 같은 착각이 들 정도다. 모 연예인이 수백 억에 해당하는 건물을 현금으로 구매했다는 뉴스가 더 이상 놀랍지도 않다. 요즘 가장 많은 사회적 부와 명성을 누리는 집단 중 하나가 바로 연예인이다. 이처럼 인기는 사회적 명성과 힘을 나타내고, 이는 높은 지위로 이어진다. 물론 물질적 이익과도 떼려야 뗄 수 없다. 행복이 비록 성적순은 아닐지라도 어쩌면 인기순일 수는 있겠다.

교실도 엄밀히 말하면 작은 사회에 해당한다. 한 반에서도 인기가 많은 아이와 없는 아이가 존재한다. 인기가 많다는 건 또래의 관심뿐 아니라 또래들의 지원을 얻고 유지하는 능력이 있다는 뜻이다. 또래 사이에서 인기는 일종의 사회적 지위와 힘을 의미한다. 간단히 말해, 인기도에 따라 교실 내 권력이 나뉜다. 권력이 높을수록 왕따나 은따를 조장하기도 한다. 인기가 많은 아이는 교실 내 노른자위에 앉아서 교실 전체 분위기를 쥐락펴락한다. 심지어 선생님조차도 이들을 함부로 하기 어렵다. 4년 전쯤 서울의 한 중학교에서 졸업을 앞둔 아이들을 대상으로 한 교육이 떠오른다. "에잇 따분해! 선생님 이거 몇 시에 끝나요?"라고 남자아이가 큰 소리로 묻는다. 동시에 여기저기서 키득대는 소리가 들린다. 뒤이어 그 아이는 "나랑 카드놀이 할 사람?" 하고 주변을 둘러본다. 이 반에서의 수업 분위기는 불 보듯 뻔하다. 나머지 아이들도 일제히 어수선해지는 게 한눈에 들어온다. 아마도 이 아이가 인기 서열 1위일 확률이 높다. 이들은 모두에게 들리도록 실없는 소리를 하거나 과하게 행동한다. 이는 아이들에게 보내는 일종의 신호다. 이런 경우 반 전체 아이의 관심을 끌려고 하기보다는 그 아이를 공략하는 게 효과적이다. 간혹 이 아이를 무시하고 다른 아이들에게 시선을 돌리려는 선생님이 있지만, 이는 실패로 가는 길이다.

내 아이의 인기 순위는?

요즘 세대 아이들에게 인기를 가르는 기준은 부모 세대와는 약간의 차이가 있다. 예전 부모 세대에서는 팔방미인이 인기가 많았다. 공부도 잘하고, 잘생기고, 운동도 잘하고, 성격도 좋아야 비벼 볼 만했다. 요즘도 부모 세대와 같이 인지 능력이나 학업 능력 또는 사회성 등이 여전히 인기에 영향을 미치지만, 그보다는 힘이 세고 싸움을 잘하는 아이, 돈을 잘 쓰는 아이 또는 유머 감각이 뛰어난 아이 주변으로 친구들이 몰리는 현상이 뚜렷하다. 이에 더해 외모와 가정 환경도 인기에 영향을 미친다.

부모는 내 아이의 또래 관계를 유심히 살펴보아야 한다. 관계 속에서 내 아이의 위치나 서열 등에 대해서도 생각해 볼 필요가 있다. 그렇다고 아이에게 "너는 권력 서열 몇 위냐?"라고 단도직입적으로 물어보는 부모는 없으리라 믿는다. 사실 아이들도 깨닫지 못할 때가 많다. 먼저 내 아이가 친구 관계에서 어느 정도 자기주장을 하는지를 눈여겨보라.

엄마 오늘은 친구들하고 뭐 하고 지냈어?

아들 피시방에서 게임 했어요.

엄마 게임 했구나. 재미있었어?

아들 아뇨. 저는 게임 하기 싫었어요.

엄마 게임 하기 싫었는데, 굳이 게임을 하러 간 이유가 뭘까?

아들 그냥, 다들 가자고 해서…….

엄마 그럼 너는 뭐가 하고 싶었는데?

아들 농구를 하고 싶었어요. 아침에 농구공을 챙겨 갔었거든요.

엄마 친구들한테 농구하자고 말은 해 봤어?

아들 아뇨.

엄마 저런, 친구들에게 말을 못 한 특별한 이유가 있니?

아들 그냥요.

아이는 어울려 지내는 친구가 많다. 그저 친구 수나 노는 놀이로 봐서는 아무 문제가 없어 보인다. 하지만 속을 들여다보면 다르다. 아이는 친구들에게 자기주장을 못 하고 자기 의견을 피력하기를 주저한다. 그저 친구들 무리에서 이리저리 휩쓸려 다닐 뿐이다. 이처럼 혹시라도 내 아이가 친구 관계에서 매번 치이는 것 같은 징후를 발견한다면, 부모는 좀 더 적극적으로 아이와 소통해야만 한다. 친구 수에 가려진 아이의 어려움을 방치해서는 안 된다. 적어도 아이가 친구와의 관계에서 어려움을 겪을 때 언제든 부모에게 도움을 요청하도록 해야 한다. 가끔 혼자서 문제를 해결해 보겠다고 끙끙 앓다가 잘못된 선택을 하는 아이도 있다. 따라서 사춘기 부모라면 성적표에 찍힌 아이의 등수뿐만 아니라 우리 아이의 인기 순위가 몇 등 정도인지도 관심을 기울여야 한다.

내 아이의 두 얼굴, SNS

내 아이의 두 얼굴

학교 폭력으로 신고된 유형에는 누가 봐도 폭력이라고 여길 만한 것보다도 아리송한 폭력, 특히 은근한 폭력이 점차 늘어나고 있다. 그중 사이버상에서 벌어지는 폭력도 심심치 않게 접한다. 바로 얼마 전 보호자 특별 교육에서 일어난 일이다. 같은 학교 내에서 일어난 폭력으로 열 명 가까운 부모들이 교육에 참여했다. 단톡방에 있는 여러 명의 아이가 한 아이를 험담하고 욕을 했다는 이유로 학교 폭력으로 신고했다. 그리고 생각보다 강한 보호 처분을 받았다. 이 자리에 모인 부모들은 모두 황당하다는 표정을 숨기지 못했다. 그들의 말을 들어 보면, 가해 학생으로 지목된 아이들은 그동안 학교생활에서도 별문제가 없고, 공부도 나름 잘하고 친구 관계도 좋았다. 그런데 하루아침에 가해 학생이라는 낙인이 찍힌 셈이니 그야말로 날벼락이다. 어쩌면 내 아이에게 평생 따라붙을 꼬리표가 될 수도 있다. 부모들은 당황스럽기도 하지만 상심도 크다.

"문자 내용을 보다가 깜짝 놀랐어요. 이 애가 내가 평소 알던 내 아이가 맞나 의심이 들더라고요. 그런 거친 욕을 쓰는 줄은 꿈에도 몰랐어요. 얼마나 놀랐던지 아직도 가슴이 벌렁거려요."

사춘기 부모는 낯선 내 아이의 모습을 마주할 때가 더러 있다. 등잔 밑이 어둡다는 말처럼, 내 아이의 문제를 부모만 까맣게 모를 때도 있다. 이런 모습 대부분은 오프라인이 아니라 온라인에서 드러난다. 오프라인 세상에서는 용기가 없어서 하지 못하던 일을 온라인 세상에서는 과감하게 저질러 버리기 때문이다. 문제는 SNS에서 일어나는 사건 사고에 대해서 아이가 느끼는 죄책감이나 도덕성이 상당히 낮다는 점이다. 얼굴을 맞대고 벌어지는 사안에 대해서는 어느 정도 죄책감을 느끼지만, 보지 않는 곳에서 언어적 폭력을 행사하는 건 대수롭지 않게 여기는 풍조다. 실제 온라인상의 학교 폭력은 대체로 여러 명이 한 아이를 공격하는 형태로 나타나며 이때 아이들이 느끼는 죄책감은 n분의 1이 된다. "나만 한 거 아니잖아요. 애들이 다 그랬는데, 왜 저한테만 뭐라고 하냐고요. 저는 그저 살짝 가담만 했을 뿐인데 억울해요!" 정말 많이 듣는 하소연 중 하나다.

부모가 모르는 SNS의 유혹

몇 년 전 가출한 초등학교 여학생과 관련한 뉴스가 온 사회를 도배했다. 처음에는 실종 사건에 초점이 맞춰졌지만, 며칠 후 아이는 집에서 아주 먼 지방에서 발견되었다. 이 아이는 SNS에서 만난 성인 남성과 가까워졌다. 성인 남성은 마치 남자 친구처럼 행동했다. 그는 달콤한 말로 아이의 환심을 샀다. 급기야 아이를 꼬드겨 집을 나오도록 유인했다. 아직 인지가 발달 중인 아이는 분별력과 판단력이 흐리다는 점을 악용했다. 비단 이 아이뿐 아니라 생각보다 많은 아이가 사이버 세상에서 만난 이성 친구들의 꾐에 빠져 가출을 감행한다. 하지만 가출한 순간부터 달콤함은 사라지고 온갖 범죄의 피해자로 전락한다. 부모로서는 가슴이 미어지는 일이다.

소율 엄마는 초등학교 6학년 딸의 문제로 가슴을 쓸어내렸다. 소율은 문제 한 번 일으킨 적이 없는 모범적이고 온순한 아이였다. 부모가 말하기도 전에 알아서 자기 일을 척척 해내서 부모의 신뢰를 한

몸에 받고 있던 터였다. 소율은 외동아이로 자랐다. 부모가 맞벌이하다 보니 소율은 주로 낮 동안 혼자서 시간을 보냈다. 따분하고 지루한 일상이 지속되던 중 소율은 우연히 SNS에서 이성 친구를 알게 되었다. 그는 잘생기고 멋질뿐더러 친절하고 세심했다. 세상에서 자신을 가장 잘 이해해 주는 사람 같았다. 두 사람의 관계는 급속도로 가까워졌다. 실제로도 만남이 몇 번 이어졌다. 문제는 그 후였다. 이제는 누구보다 친한 사이가 되었다고 확신이 생기는 동시에 남자 친구의 이상한 요구가 시작되었다. 은밀한 부위의 사진을 보내 달라고 했다. 처음에는 이상하고 낯설어서 거절했다. 하지만 남자 친구의 집요한 회유에 결국 넘어가고 말았다. 그렇게 사진과 동영상을 보내게 되었고 이를 뒤늦게 안 소율 엄마는 기절했다. "소율이가 그런 짓을 했다니 아직도 믿기지가 않아요!"라는 말을 몇 번이고 반복했다. 어머니의 망연자실한 표정을 잊을 수가 없다. 이런 사건은 비일비재하다. 흔히 '몸캠'이라고도 불린다. 은밀한 사진과 동영상을 요구하고 이를 인터넷상에 유포하는 행위다. 범법이지만 돈벌이의 수단으로 이용된다. 철없을 때 무심결에 보낸 나의 자료가 불특정 다수에게 보내지고 지울 수 없는 상처를 남기기 마련이다. 이런 사건에 휘말린 아이를 우리는 비난하기 쉽다. 그 정도의 분별력도 없냐고 혀를 끌끌

찬다. 하지만 당해 보지 않으면 모른다. 나도 모르게 넘어간다. 아차 싶을 때는 이미 늦었다. 소 잃고 외양간 고치지 않으려면 미리미리 외양간을 손봐야 한다. 소를 잃고 외양간을 고쳐 봐야 소용없다. 마찬가지로 한번 유포된 자료는 지우기가 쉽지 않다. 따라서 문제가 불거지기 전에 미리 예방하는 게 중요하다. 사전에 아이에게 분별력과 판단력을 키워 주는 것만큼 좋은 해결책은 없다. 부모는 아이와 위험한 요소들에 대해서 충분히 이야기 나눌 수 있어야 한다. 또한, 그때마다의 대처에 대해서도 충분히 일러 두는 게 좋다. 무엇보다 스스로 판단이 서지 않을 때는 언제든 부모에게 도움을 요청할 수 있도록 해야 한다. 즉, 이상하게 여겨지거나 불안감이 감돌 때는 언제든 부모를 먼저 찾도록 해야 한다. 부모와의 소통이 가장 중요함을 일깨워 주어야 한다.

이것만은 꼭!

오늘날 우리 아이들은 사진, 문자, 영상 등이 얽히고설킨 거대한 연결망 속에서 살아가고 있다. 눈 뜨고 지내는 대부분 시간을 디지털 기기와 함께한다. 우리 아이들은 디지털 시대에서 나고 자란 디지털 원주민이다. 산속 동굴 속에 아이를 가두지 않는 이상 아이는 이 연결망 안에서 살아야만 한다. 더 이상 디지털 세상 속 아이를 아날로그 방식으로 통제하기는 힘들다. 그렇다면 부모는 적어도 아이에게 디지털 세계 속에 도사린 위험에 대해서는 구체적으로 일러 둘 필요가 있다. 아이가 스스로 분별해 낼 힘을 길러 주어야 한다. 아래는 아이가 반드시 알아야 할 위험 요소들이다.

첫째, 디지털 세상에서는 쉽게 범죄자들의 표적이 될 수 있다. 나도 모르는 사람이 나를 지켜볼 수 있으며, 언제 어디서든 검은 손을 내밀 수 있다. 혹시라도 상대방의 행동이 의심스럽거나 판단이 서지 않을 때는 언제든 부모에게 확인하는 게 먼저다.

둘째, 디지털 세상 속에서는 사생활 침해가 빈번하게 일어난다. 내 아이가 사생활 침해를 당할 수도 있지만, 때로는 나도 모르는 사이 다른 친구의 사생활을 침해할 수도 있다. 특히, 개인정보 보호에 대해서 제대로 알아야 한다. 아무리 작은 것이라도 개인정보는 함부로 올려서는 절대 안 된다. 애매한 것은 반드시 부모 및 주변 어른들과 상의하는 게 바람직하다. 그리고 다른 사람의 개인정보도 내 것 못지않게 소중하게 여겨야 한다.

셋째, 언제든 사이버 왕따를 당할 수 있다. 피해를 입는 즉시 부모나 선생님에게 도움을 요청해야 한다. 그리고 아이가 도움을 요청하면 부모는 적극적으로 개입하여 문제 해결을 도와야 한다. 때로는 법적인 조치가 필요할 수도 있다.

넷째, 온라인 세상에서는 일탈 행동을 할 위험에 노출되거나 실제 참여할 가능성이 높다. 이런 위험성을 미리 알고 어떻게 대처해야 하는지를 알려 주어야 한다.

다섯째, 스마트폰이나 그 외 디지털 기기에 빠지다 보면 자기 통제가 어려워진다. 특히 일상생활을 유지하는 데 문제를 겪기 쉽다. 아이의 손에 스마트폰이 들려 있는 한 아이는 숙제나 수면, 가족과의 대화에 방해받을 수밖에 없다. 따라서 부모는 아이가 스스로 인식하고 통제할 수 있도록 가르치고 도와야 한다. 특히, 디지털 기기 사용을 조절하고 통제하는 건 부모부터 먼저 해야 한다. 아빠는 한시도 손에서 스마트폰을 놓지 못하면서 아이더러 통제하라고 한다면 어불성설이다. 더군다나 사춘기 아이에게는 씨알도 안 먹힌다.

사춘기 아이들은 스마트폰과 떼려야 뗄 수 없는 사이이다. 문제는 아이 스스로 자신을 통제할 수 있다고 철석같이 믿는다는 점이다. 이에 더해 사춘기 아이들은 문제가 발생했을 때 오히려 부모의 개입으로 상황이 더 악화할 것이라고 걱정한다. 그래서 문제 발생 시 부모에게 솔직하게 털어놓기를 꺼린다. 하지만 이건 잘못된 생각임을 알려 주어야 한다. 사춘기야말로 부모와 자녀 간 소통이 필요한 이유다.

인스타그램 속에서는 부모도 친구

'친구 같은 부모'가 되고 싶다고 말하는 부모가 종종 있다. 하지만 현실에서 부모는 친구가 될 수 없다. 엄밀히 말해, 부모는 아이와 격의 없는 친구가 될 수 없다. 부모는 부모여야 한다. 즉, 부모만큼은 부모로서 권위를 가지고 아이를 올바르게 가르쳐야 한다. 하지만 부모와 아이가 친구가 될 수 있는 유일한 창구가 있다. 바로 인스타그램이다. 인스타그램에서는 부모는 반드시 아이의 '친구'여야만 한다. 부모라면 아이의 인스타그램 계정을 팔로우해야 한다. 물론 열이면 열 아이는 부모의 이런 요구를 불쾌하게 여긴다. "싫어요!! 엄마가 왜 내 인스타를 팔로우하려는 건데요." 일단 싫어하는 아이의 마음은 존중하자. "그래, 싫구나. 싫을 수 있어." 이렇게 아이의 마음을 존중하면 아이의 흥분은 살짝 가라앉는다. 하지만 이후 부모는 아이에게 명확하고 또렷하게 말해야 한다. "부모는 미성년 자녀를 위험한 환경으로부터 보호하고 지킬 의무가 있어. 오프라인뿐 아니라 온라인에서도 네가 최소한 무엇을 하는지 정도는 알아야 해." 그리고 부모가 팔로우하면 안 되는 명확한 이유에 대해서 아이에게 물어야 한다. 아이가 우물쭈물 대답을 제대로 못 한다면 이 틈을 파고들어야 한다. 또는 부모가 보면 안 되는 내용이 있다고 한다면 분명히 말해야 한다. "너와 가장 가까운 엄마와 아빠조차도 보면 안 되는 내용을 다른 사람들이 보는 공간에 올리는 건 위험한 일이야. 부모는 그런 위험으로부터 너를 보호해야 해. 이건 너를 감시하는 것보다 보호하기 위한 거야." 아이의 눈을 똑바로 보고 천천히 또박또박 말하라. 되도록 짧고 간결하게 말하는 게 중요하다. 구구절절 아이를 설득하려고 진을 빼지 마라. 말이 길어지면 길어질수록 허점이 생긴다. 사춘기 아이들은 그런 허점을 파고드는데 기가 막힌 재주를 갖고 있다. 아이와 싸울 이유가 전혀 없다. 물론 아이는 어떤 식으로든 부모를 피해 갈 수 있다. 인스타그램의 계정을 여러 개 만들어서 그중 하나만 부모와 공유할 수도 있다. 모든 계정을 샅샅이 뒤질 수는 없다. 다만, 부모가 자기의 계정에 관심을 쏟고 있으며, 관리하고 있다는 인상만 심어 주어도 충분하다. 아이는 부모의 관심을 가시 철조망처럼 여기기도 하지만, 한편에서는 자신을 안전하게 보호하는 울타리라는 사실을 안다. 안전하게 보호받는 아이와 광야에 버려진 아이는 다르다.

사춘기 친구 관계는 강 건너 불구경?

로미오와 줄리엣 효과

많은 부모는 내 아이의 친구 관계에 어떻게 개입할지를 고민한다. 안타깝지만 아이가 사춘기가 되면 부모는 더 이상 감 놔라 배 놔라 할 수 없다. 부모가 아이의 친구 관계에 개입할 수 있는 건 초등학교 저학년까지다. 사실 어린아이는 새로운 환경에 적응하기가 사춘기보다 쉽다. 어린아이에게 친구 관계의 장벽은 그다지 높지 않다. 엄마들끼리 친하면 아이 또한 친해지는 경우가 허다하다. 하지만 사춘기는 다르다. 사춘기 시기는 제아무리 엄마들끼리 친해도 소용없다. 오히려 사춘기 아이에게 '엄친아'와 '엄친딸'은 되도록 멀리해야 할 경계 대상이다. 이들은 주로 비교 대상이 될 뿐 아니라 나의 허물을 들춰 내는 존재들이기 때문이다.

앞서도 말했지만, 사춘기는 자기 정체가 누구인지를 찾는 때다. 사춘기 시기 친구 관계는 사회성뿐 아니라 자기 정체성을 형성하는 데도 커다란 영향을 미친다. 나의 정체를 찾기 위해 가장 먼저 참조하는 건 바로 내 곁에 있는 또래들이기 때문이다. 하지만 아이가 만나는 모든 친구가 부모 마음에 들기란 어렵다. 더러 못마땅한 친구가 있기 마련이다. "그 친구 만나지 마! 들어 보니 질이 아주 안 좋은 친구야." 이런 부모의 한마디에 수긍하는 아이는 어디에도 없다. 사춘기 아이에게 친구란 또 다른 나와 같다. 만약 부모가 내 친구에 대해서 험담을 늘어놓는다면, 아이에게는 자기를 비난하는 것처럼 들린다. 즉, 아이의 친구를 비난하면 할수록 내 아이의 자존감이 떨어진다는 사실을 명심하라.

금단의 사과가 더 달게 느껴지는 것처럼, 부모가 떼어 놓으려고 하면 할수록 친구를 향한 마음이 더 애틋해진다. 이를 '로미오와 줄리엣 효과'라고 부른다. 만약 로미오와 줄리엣의 부모가 이 둘의 관계를 처음부터 인정했다면 아마도 결말은 시시하게 끝났을 가능성이 높다. 앞서도 말했지만, 사춘기 친구 관계는 서로 복잡하게 얽히고설켰다. 과일 꼭지를 떼어 내듯이 내 아이만을 똑 떼어 내는 것은 불가능하다. 오히려 그로 인해 더 복잡한 문제가 생길 수도 있다. 아이가 만나는 친구가 마음에 들지 않는다고 해서 그 친구와 놀지 말라고 강요해서는 안 된다. 또는 강압적인 방식으로 우리 아이만을 친구 집단으로부터 떼어 내려고 해서도 안 된다. 되도록 친구 관계만큼은 부모가 직접적으로 개입하기보다는 아이가 나서서 주도적으로 해결하도록 도와야 한다.

부모는 내 아이를 믿어야 한다. 친구에 대해서 가장 잘 알고 있는 건 바로 내 아이다. 친구 간의 역학 관계를 이해하는 것도 내 아이다. 친구와의 갈등에서 아이가 부모에게 의견을 구하거나 도움을 요청할 때는 부모는 적극적으로 아이 곁에서 코치를 해 줄 수는 있다. 하지만 실질적으로 실행하고 행동으로 옮기는 건 아이여야 한다. 다시 말하지만, 친구 관계만큼은 부모가 대신해 줄 수 없다.

내 아이의 수준은?

우리는 흔히 '수준 차이'라는 말을 많이 한다. 수준이 맞지 않아서 상종 못 하겠다고 말하기도 하고, 수준을 맞추기 위해 별도의 노력을 기울이기도 한다. 여기서 말하는 수준은 경제적인 수준이 아니라 의식의 수준을 말한다. 사람을 보는 안목도 수준에 의해 좌우된다. 제 아무리 잘난 사람이라도 보는 안목이 없으면 말짱 도루묵이다. 또래 관계 속에서 현명한 판단을 하려면, 아이의 안목을 키우는 게 급선무다. 세상을 살아가는 데 안목은 중요하다. 헐값에 산 미술품이 고가의 진품임이 밝혀졌다는 외신 기사를 접할 때가 있다. 같은 물건이라도 누군가에게는 고작 몇천 원 정도의 모조품에 불과하지만, 다른 누군가에게는 어마어마한 가치를 지닌 진품으로 보이기도 한다. 사람 사이의 관계도 마찬가지다. 사춘기 정도가 되면 친구를 만드는 데도 차별적 선택을 한다. 이때 사람에 대한 안목이 높은 아이와 그렇지 않은 아이의 선택에는 차이가 있다. 부모는 아이의 친구 관계에 사사건건 간섭하는 대신 좋은 친구를 골라내는 안목을 길러 주어야 한다.

안목은 저절로 생기지 않는다. 좋은 작품을 많이 접할수록 작품을 보는 눈이 길러진다. 사람을 많이 접할수록, 좋고 나쁜 사람을 골라내는 눈이 생긴다. 부모는 아이를 책상머리에만 묶어 두고 공부만을 강요하기보다는 친구와의 시간도 중요하게 여겨야 한다. 그렇다고 친구를 많이 만나라고 아이를 바깥으로만 몰 수도 없는 노릇이다. 아이가 사람을 보는 안목을 기르는 데 도움이 되는 건 많다. 실제 봉사활동이나 체험 등을 통해서 나와는 다른 환경에서 살아가는 사람들을 만나는 것도 좋다. 또는 책이나 영화 등에서 만나는 사람들을 통해서도 가능하다. 역사 속 인물에 대해서 성찰해 보는 것도 도움이 된다. 드라마 속 인물에 대해서도 이런저런 이야기를 나누다 보면 사람에 대한 통찰이 생겨난다. 이보다 더 중요한 건 자신을 제대로 볼 줄 아는 눈이다. 자기가 어떤 사람인지를 알아야 자신에게 맞는 친구를 골라낼 수 있다. 안목은 좋은 사람과 나쁜 사람을 골라내는 눈이 아니다. 수만 가지 종류의 사람 중에서 자신에게 맞는 사람을 골라내는 게 바로 안목이다.

지피지기면 유유상종

'미운 오리 새끼'가 되지 않으려면 적어도 스스로 오리인지, 백조인지 정도는 파악할 수 있어야 한다. 그런데 자신의 정체를 안다는 것은 말처럼 쉽지 않다. 내가 어떤 사람인지를 알기 위해 우리는 많은 도구에 의존한다. MBTI 성격 유형이 젊은 세대뿐 아니라 전 국민에게 과분할 정도로 사랑받는 이유도 여기에 있다. MBTI 성격 유형이 혈액형의 아성을 무너뜨리고 그 자리를 당당히 차지할 수 있었던 이유는 자기 탐색에 대한 갈망이 그만큼 컸다는 방증이다. 도대체 '나는 어떤 사람인가?'에 대한 궁금증이 터지기 일보 직전에 MBTI가 등장했다. 그런데 MBTI를 분석하고 다른 많은 기질과 유형을 파헤쳐 봐도 도무지 모르겠다. 알면 알수록 더 아리송해진다. 나를 안다는 건 나를 이해한다는 의미다. 나의 행동 특성뿐 아니라 심리적 역동까지도 파악한다는 것은 단시간에 될 일이 아니다. 평생을 살아도 자신을 제대로 이해하지 못하는 사람이 대다수다. 아마도 이해할 즈음에 생을 마감하는 게 아닐까?

지피지기면 백전불태라는 말은 어쩌면 친구 관계에도 적용되는 말이 아닐까? 나는 이 말을 지피지기면 유유상종이라고 바꾸고 싶다. 사춘기가 되면 친구 관계를 형성할 때도 외적인 요소가 아니라 내적인 요소에 크게 좌우된다. 즉, 나와 가치관이 잘 통하는 친구, 나와 마음이 잘 맞는 친구 또는 서로가 신뢰하고 헌신할 수 있는 친구가 중요해진다. 그렇다면 나를 제대로 알지 못하면 친구 관계 역시 오리무중이 된다. 다시 말해, 나의 가치관이 명확하지 않다면 나와 맞는 친구를 골라내는 것 역시 어렵다는 말이다. 이렇게 되면 나에게 맞지도 않는 친구를 만나 마음고생을 할 수도 있다. 설상가상 대등한 친구 관계가 아니라 주종의 관계로 전락할 수도 있다. 반면에 나를 알고 상대를 알면 나와 쿵짝이 맞는 친구들과 사춘기의 터널을 함께

지날 수 있다.

사춘기 아이는 그 어느 때보다도 심각하게 자기 탐색이 이루어지는 시기다. 내 아이가 사춘기 여정을 친구와 즐겁게 보내길 바란다면, 부모는 이런 아이의 탐색을 물심양면으로 도와야 한다. 부모는 내 아이의 친구 관계에 가타부타 태클을 걸기에 앞서 어떤 친구와 주로 무엇을 하는지를 예의 주시해야 한다.

사춘기 사용 설명서

사춘기의 친구 편

첫째, 사춘기 아이의 친구 관계에 있어서는 부모가 왈가왈부해서는 안 돼요. 어떤 친구를 만나든 아이의 선택이에요. 다만 부모는 염려되는 부분만을 일러 주면 된답니다.

이 말은 하지 마세요	이렇게 말해 주세요
소문을 들어 보니 영수는 질도 안 좋고 가정 환경도 문제가 많다더라. 그 애는 만나지 마!	들어 보니 1학년 때 영수가 학교 폭력으로 보호 처분을 받은 적이 있다던데, 알고 있었니? 친구를 만나는 건 네 선택이지만, 혹시라도 문제가 될까 봐 걱정이 돼.

둘째, 사춘기 친구 관계에 직접적으로 개입하지 마세요. 관계의 주체는 어떤 경우라도 내 아이가 되어야 해요. 자칫 부모가 전면에 나서서 개입하다가 문제

를 더 키울 수도 있어요. 다만, 부모는 조언을 해 주는 정도에서 만족하세요.

이 말은 하지 마세요	이렇게 말해 주세요
엄마(아빠)가 학교에 가서 선생님이랑 이야기할 거고 그 친구 엄마도 만나 볼 거야. 너는 일단 빠져. 공부나 해.	아무리 친해도 갈등은 피해 갈 수 없단다. 오히려 이렇게 싸우고 나서 더 친해지는 경우도 간혹 있어. 하지만 어디까지나 네가 감당할 만한 일일 때 가능한 거지. 혹시 엄마(아빠)가 도와줄 수 있는 부분이 있을까?

셋째, 내 아이가 그 친구를 만날 때는 분명한 이유가 있어요. 이유를 유심히 살펴보면 내 아이의 욕구와 성향을 파악할 수 있어요. 손뼉도 마주쳐야 소리가 나지요. 문제가 불거졌을 때 친구 탓만 해서는 안 돼요. 어떤 경우라도 아이의 친구를 험담하지 마세요. 친구를 험담하는 건 내 아이를 험담하는 것이나 다름없어요. 친구보다 내 아이의 자존감이 떨어진답니다.

이 말은 하지 마세요	이렇게 말해 주세요
그딴 애를 친구라고 만나는 거야?	그 친구와 친하게 된 계기가 있을까? 다른 친구랑 다른 그 친구만의 매력이 뭘까?

넷째, 부모는 아이의 친구 수만이 아니라 만나는 친구의 속성을 파악해야 해요. 무엇보다 또래 집단에서 서열이 어느 정도 되는지도 알아 두어야 해요. 아이가 친구 관계에서 자기 의견을 제대로 주장하는지를 살펴보세요.

이 말은 하지 마세요	이렇게 말해 주세요
너 왕따니? 친구가 고작 두 명밖에 없어?	친한 친구가 두 명인 것 같은데, 지내면서 외롭거나 소외감을 느끼지는 않니?
우르르 몰려다니면서 뭔 짓을 하는 거야 대체.	친구들과 놀 때는 주로 뭘 하면서 시간을 보내니?
너는 입이 없어? 친구가 하자는 대로만 하고 다니게?	친구들한테 네 의견을 말하는 데 어려움은 없니? 너도 좋아서 하는 활동인지가 궁금해.

주의할 점!

사춘기 시기는 되도록 이사를 피하는 게 좋아요. 사춘기에 환경을 바꾸는 건 위험해요. 이미 세력이 어느 정도 형성된 환경 속으로 내 아이를 밀어 넣는 건 사자 우리에 토끼를 집어넣는 것과 다를 바 없어요. 사춘기가 되어서 전학 간 아이가 새로운 환경에 적응하지 못해서 문제를 겪는 경우가 많아요. 새롭고 낯선 부족이 내 아이를 받아들일지도 미지수지만, 이 부족에게 적응하는 일 또한 만만치 않은 일이에요. 그러니 정말로 불가피한 상황이 아니라면 사춘기 시기에 전학은 피하도록 해 주세요.

8장

사춘기의 이성 교제 :
우리 이대로 사랑하게 해 주세요

내 아이의 사생활

사랑이 뭐길래

“우리 애가 남자 친구(여자 친구)라도 만나면 어쩌죠?”

엄마의 표정을 보면 마치 “우리 애가 강도라도 만나면 어쩌죠?”라는 말처럼 들린다. 사춘기 아이를 키우다 보면 하루도 바람 잘 날 없다. 특히, 아이의 이성 교제를 바라보는 부모의 마음은 바람 앞의 촛불처럼 위태롭다. ‘거친 생각과 불안한 눈빛’의 부모와 그런 부모를 지켜보는 사춘기만큼 아슬아슬한 건 없다.

사춘기에는 어른이 되어 간다. 먼저 어른이란 단어의 어원을 보자. 우리가 잘 아는 서동요의 향가 중에는 ‘선화 공주는 남 그으기 얼어 두고’라는 표현이 나온다. ‘얼다’의 형용사인 ‘얼은’을 거쳐 어른이 되었다. '얼다'의 뜻은 짝짓기 또는 성관계를 뜻한다. 사춘기는 성호르몬 분비가 왕성해지면서 이차 성징을 겪는다. 이제 임신과 출산을 할 수 있는 몸 상태가 되어 간다. 이때 성호르몬의 변화로 성적인 충동을 느끼고 이를 표출할 대상을 찾는 과정에서 갈등을 겪기도 한다. 프로이트에 의하면 인간은 성욕과 본능을 타고나는데, 특히 성적 에너지를 리비도libido라고 불렀다. 리비도는 성장 과정에서 일정한 순서에 따라 신체의 각 부분으로 옮겨 가는데, 이것이 집중적으로 모이는 신체 부위가 바로 성감대다. 이처럼 성은 타고난 인간 본연의 욕구지만, 사춘기 부모에게 자녀의 성적 에너지만큼 불편하고 두려운 건 없다. 하지만 부모의 불안과는 별개로 성을 빼고 성장을 논할 수는 없다. 사춘기의 발달 과업은 자기 정체성을 찾는 일이다. 나라는 정체의 가장 중심에는 성sex이 자리 잡는다. 사춘기가 되면 자기 성에 대한 정체성이 확고해짐과 아울러 남자는 남자다운 특성을, 여자는 여자다운 특성을 갖춘다. 사춘기 아이들이 이성에 대해서 호기심을 갖는 건 지극히 자연스럽다.

성과 관련한 부모의 주된 관심사는 내 아이의 이성 교제다. 유치원에 다니는 딸이 같은 반 남자아이와 결혼하겠다고 선언하는 순간부터 이성 교제는 시작된다. 이제 아이는 남녀의 차이를 구분한다. 하지만 이성 교제라도 다 같은 이성 교제가 아니다. 연령대에 따른 이성 교제는 그 차이가 뚜렷하다. 사춘기 이전까지는 이성에게 별 관심을 주지 않고 동성끼리 어울려 노는 게 보편적이다. 초등학교 3~4학년이 되면 남녀가 함께 놀기를 꺼리고 서로 잡아먹을 듯이 싸우며 선생님에게 상대방을 고자질하기에 바쁘다. 이 시기 남녀 간 반발은 본능적인 반응이라기보다는 사회적으로 학습된 측면이 크다.

"얘는 여자애가 왜 이렇게 목청이 큰 거야?"

"여자애가 너무 나대는 거 아니야? 여자는 다소곳해야지."

"남자애가 그렇게 기죽어 있으면 어떡해?"

"사내놈이 친구랑 싸우다 보면 때릴 수도 있는 거지."

이처럼 어릴 때부터 부모나 주변 어른들은 남녀를 구분해서 다르게 대한다. 이런 어른들의 반응을 보면서 아이들도 자연스럽게 서로가 자기의 성에 맞도록 행동하고자 한다. 초등학교 저학년에 일찍 성에 눈을 뜬 아이들이 사귀기라도 하면 놀림의 대상이 되기 십상이다. 5~6학년이 되면 반발 정도가 절정에 이른다. 이성에게 은근히 관심을 가지면서도 이성을 노골적으로 싫어하는 모습을 보인다. 남녀가 짝을 이루는 활동을 하려고 들면 여기저기서 야유가 터져 나오고 선생님은 때아닌 곤욕을 치르기도 한다. 본격적으로 사춘기에 돌입하면 이차 성징과 함께 심리 성적 발달의 최종 단계인 생식기에 이른다. 이때는 프로이트가 말한 성적·공격적 본능이 활발해진다. 성호르몬으로 인해 성적 호기심과 충동성이 강해진다. 이전에는 느끼지 못했던 강렬하고 직접적인 성적 감정이 생겨나는데, 자연스럽게 관심이 이성에게로 옮겨 간다. 유아기에 부모의 진땀을 뺐던 성 문제가 다시 수면 위로 떠오르면서 부모는 다시 애간장이 타들어 간다.

사춘기의 사랑은 움직이는 거야

준영은 중학교 3학년이다. 준영 엄마는 준영 방을 청소하다가 책상 서랍에서 작은 선물 상자를 보았다. 딱 봐도 여성 지갑처럼 보였다. 포장지를 보니 명품까지는 아니지만, 꽤 비싼 브랜드다. 준영 엄마는 입꼬리가 절로 올라갔다. 그도 그럴 것이 3일 뒤가 어버이날이다. '자식, 뭘 이렇게 비싼 걸 샀지? 그냥 꽃 한 송이만 줘도 되는데 말이야. 그래도 중학교 3학년이 되니 철이 들었나 봐.' 준영 엄마는 마음이 몽글몽글해졌다. 드디어 어버이날이었다. 아침에 일어난 준영은 무심하게 다가와 엄마에게 손바닥 크기의 카네이션 바구니를 내밀었다. "응? 이게 다야?" 엄마의 물음에 준영은 눈을 끔뻑였다. "왜?

오늘 어버이날이잖아." 준영 엄마는 결국 준영에게 선물 이야기를 꺼내고 말았다. 엄마의 말에 준영은 당황하면서 어버버했다. "아…… 그거? 어떻게 봤지? 그거 엄마 거 아니고 수연이 줄 건데?" 수연은 준영의 여자 친구다. 몇 달 전 사귄다는 말을 듣긴 했지만, 이렇게 값비싼 선물까지 줄 정도로 가까운지는 몰랐다. "야! 엄마한테는 만 원짜리 꽃바구니 던져 주고 여자 친구한테는 이십만 원이 넘는 선물이냐? 자식 새끼 키워 봐야 소용없다더니 그 말이 딱 맞네." 결국 준영 엄마는 폭발하고 말았다. 준영은 여자 친구와의 백일을 기념해서 모처럼 큰맘 먹고 선물을 준비했다가 졸지에 불효자가 되었다. 준영 엄마는 내 배 아파서 낳은 내 자식에게 이성 친구보다도 못한 대접을 받자 억장이 무너진다. 사실 잘생기고 키가 훤칠하게 큰 준영은 초등학교 때부터 늘 여자 친구가 끊이지 않았다. 손가락으로 셀 수도 없을 만큼 많은 이성 교제를 했던 터라 이번에도 여자 친구 이야기를 꺼낼 때 별로 대수롭지 않게 여겼다. 이전처럼 '한두 달 사귀다가 말겠지'라고 생각했다. 그러고 보니 중학교 2학년 때는 학원에서 만난 고등학교 누나를 따라다녀서 골치를 앓았다. 그래도 다행히 오래가지 않고 짧은 기간에 끝나서 그나마 다행이라고 여겼다. 하지만 지금 준영 엄마의 마음에는 불안이 올라온다. 이제 본격적으로 공부에 집중해도 부족할 판에 여자 친구를 만나는 게 영 못마땅하다. 더군다나 거금의 선물을 주고받을 정도로 깊은 관계라는 생각에 가슴이 턱 막히고 조급해진다. 그녀는 숨겨 둔 필살기를 꺼낸다. 아들의 성적을 들먹이며 경고를 날리면 아들이 꼼짝 못 한다는 걸 안다. "그러고 보니 너 요즘 성적이 너무 떨어졌어. 그게 다 쓸데없는 연애 하느라 그랬구나. 이제 너 외출도 금지야!" 준영은 억울하다. 지난 중간고사는 워낙에 시험이 어려워서 전체적으로 평균이 내려갔다. 준영 엄마는 그런 준영의 눈빛 따위는 아랑곳하지 않고 한 마디 덧붙인다. "엄마가 그깟 선물 때문에 이러는 거 아닌 거 알지? 학생은 공부해야 해. 연애는 나중에 대학 가면 지겨울 정도로 할 수 있어. 그때까지는 연애 금지야!"

이성 교제라는 말만 들어도 부모의 가슴은 철렁한다. 하지만 사춘기 초기의 이성 교제는 부모가 생각하는 수준의 교제는 아니다. 이 시기 아이들은 정서적으로 상당히 불안정하기에 관계에서도 그 불안함이 요동친다. 이때는 깊은 의미의 이성 교제라기보다는 이성 교제 자체가 목적이다. 이들에게 이성 교제는 놀이 그 이상도 이하도 아니다. 말하자면 '사랑 놀이'에 빠진다. 아이들에게는 교제 자체가 신기하고 재미있다. 이때는 사귀는 기간도 길지 않고 짧게 반복되는 경향이 있다. 실제 초등학교 고학년을 대상으로 교육하다 보면, "우리 오늘로 35일 됐어요!"라고 공공연하게 자랑하듯이 말한다. '오늘부터 1일'이라고 선언하고 날짜를 세는 게 일반적인데, 대략 100일을 넘기기가 쉽지 않다. 이렇다 보니 같은 반 안에서도 이성 친구가 수시로 바뀐다. 전 여자 친구와 현 여자 친구가 한 반에서 화기애애하게 지내는 게 전혀 이상하지 않다. 이처럼 이때는 '사랑은 움직이는 거야'를 몸소 실천하는 시기다.

그러다가 중학교에 올라가면 애정이 이성의 연장자로 옮겨 간다. 학교나 학원 선생님 또는 교회 오빠나 동네 누나에게 관심이 쏠린다. 이때 연예인을 동경하는 아이들도 많다. 이성의 연장자가 애착의 대상이 되면서 이들과 자신을 동일시한다. 아무래도 연장자들은 사춘기 아이들의 감정적 불안감을 해소하는 데 큰 역할을 한다. 연장자들과 함께 있으면 마음이 안정되므로 이만한 정서적 지지 자원은 없다. 교회 오빠만 있으면 세상 모든 일이 가능할 것 같은 장밋빛 환상을 품는다. 하지만 이때까지도 연애라고 보기에는 다소 무리한 측면이 있다.

사춘기 후기로 넘어갈수록 연장자에게 형성되었던 애착이 같은 또래의 이성에게로 향한다. 처음에는 또래 이성에게 흥미를 갖는 정도로 시작해서 특정한 한 사람으로 관심이 모인다. 이때부터 연애다운 연애가 시작된다. 참고로 연애는 여자아이가 남자아이보다 조금 빠르게 나타나는 경향이 있다. 사춘기 초기는 이성 교제라고 해도 여러 명이 모여서 함께 노는 형태가 대부분이라면, 이제는 정서적인 측면에 중점을 두고 서로에게 열중하게 된다. 이때부터는 둘 간의 관계에 제삼자의 개입을 허용하지 않고 독점적인 관계를 유지하려고 한다. 서로가 서로에게 '나만 바라봐'를 요구하기에 이른다. 더 이상 전 남자 친구와 현 남자 친구가 한 공간에 있는 게 자연스럽지 않다. 부모도 이들의 이성 교제를 말리기가 쉽지 않다. 앞서 말한 '로미오와 줄리엣 효과'는 친구 관계뿐 아니라 이성 교제에서도 적용되는 말이다. 부모가 반대하면 할수록 둘의 관계는 더욱 애틋해진다.

내 사랑이 어때서

어느 엄마의 사연이다. 밤에 공원을 지나다 우연히 남자아이 품에 안긴 딸을 목격했다. 그 순간 머릿속에 번개가 친 것처럼 이성을 잃고 말았다. 미친 듯이 달려가 둘 사이를 갈라놓는 것도 모자라 딸의 뺨을 후려쳤다. 알고 보니 딸의 남자 친구였다. 딸은 고등학교 2학년이고 남자 친구는 고등학교 3학년이다. 딸은 눈물이 그렁그렁 맺힌 눈으로 엄마를 노려보았고 남자 친구는 어쩔 줄 모르며 허둥지둥 댔다. 마치 죄인을 끌 듯이 딸아이를 질질 끌고 집으로 왔다. 그리고 남자 친구의 엄마에게 전화를 걸어서 다짜고짜 욕설을 퍼부었다. 남자 친구의 엄마도 당황해서 아들을 때렸다고 한다. 그리고 두 아이에게는 그날 이후 외출 금지 명령이 떨어졌다. 진짜 문제는 그 후에 일어났다. 딸은 그날 이후 엄마와 눈도 마주치지 않았다. 엄마와 한 공간에 있는 것조차 거부하기에 이르렀다. 딸에게 엄마는 투명 인간이 되었다. 그뿐 아니었다. 일주일째 등교를 거부하고 방 안에만 틀어박혀서 나오지 않는다. 모범생이었던 딸의 갑작스러운 저항에 엄마는 속이 타들어 갔다. 엄마는 이 모든 게 남자 친구 때문이라고 믿었다. 이제 곧 대학 입시인데 언제까지 이 상황이 지속될지 불안하고 초조하다.

부모는 미성년인 우리 아이가 이성 교제를 하는 걸 그냥 두고 보기 불안하다. 심지어 이성 교제를 하는 아이를 '발랑 까졌다'라고 생각하기도 한다. 나아가 아이의 이성 교제를 방임하는 건 부모로서의 직무 유기라고 여긴다. 앞서 준영 엄마도 마찬가지지만, 부모의 '다음에'가 가장 많이 적용되는 영역이 바로 이성 교제다.

"나중에 좋은 대학 가면 더 좋은 이성을 만날 수 있어."

아마도 사춘기 시절에 한 번쯤 귀가 쫑긋한 경험이 있을 것이다. 이성 교제에 대한 아이의 욕구가 커지면 커질수록 그걸 누르려는 부모의 압력 또한 강해진다. 부모는 도시락 싸 들고 다니면서 내 아이의 이성 교제를 말리려 든다. 비단 부모만의 문제는 아니다. 아이가 중학교에 올라가면 사회와 가정, 학교 분위기는 학업을 중요시하며 성에 관한 관심이나 표현은 대학 이후로 유예된다. 잠자는 시간까지 쪼개서 공부해도 부족한 마당에 이성 교제는 얼토당토않다. '내 눈에 흙이 들어오기 전'이 아니라 '대학에 들어가기 전'까지는 절대로 금지된다. 심지어 아이들의 성적 표현조차도 금기다. 이렇게 억눌러 놓은 성적인 호기심과 충동은 잘못된 방식으로 표출될 우려가 있다. 실제 중학교에서 아이들을 대상으로 집단 상담을 하다 보면 간혹 성기나 성관계를 의미하는 그림을 장난스레 그리는 아이들이 있다. 인간의 자연스럽고 아름다운 성을 비하하는 태도가 안타까울 따름이다. 사춘기 아이들의 첫 연애는 가볍게 치부되어도 안 되지만 비참하거나 초라해서도 안 된다. 사춘기 시기 이성 교제는 인간 발달의 자연스러운 측면이며 보편적인 현상이다. 성장상 자연스럽게 나타나는 충동과 욕구를 누르면 아이는 자라지 못한다. 앞서 친구 관계에서와 마찬가지로 사춘기 시기 이성 교제는 이후 성인이 되어 만나는 연인 관계에 직접적인 영향을 미친다.

사랑은 어른의 전유물이 아니다. 어른뿐 아니라 아이도 사랑할 권리가 있다. 사춘기라도 예외는 아니다. 부모라도 그 권리를 침해할 수는 없다. 실제 많은 학자는 청소년 시기 발달 과업 중 하나로 이성을 이해하고 원만한 관계를 맺고 유지하는 것을 꼽는다.

'다음에'는 부모의 직무 유기

부모의 기약 없는 '다음에'는 아이의 발달을 저해한다. 부모가 애써 눈 감고 귀 막는 사이에 아이는 사전 지식이나 준비도 없이 이성 교제를 시작한다. 이성 교제나 성에 대해서 제대로 된 교육을 받지 못한 아이들은 텔레비전 속 드라마나 인터넷 또는 고만고만한 또래들에게 시선이 쏠릴 수밖에 없다. 이들로부터 정보를 주워듣고 마치 이성 교제의 표본인 것처럼 그대로 따라서 흉내 낸다. 매체 속의 과장된 로맨티시즘, 쾌락 중심의 관계, 부적절한 성적 자극이나 무분별한 인터넷 자료들은 아이들에게 왜곡된 성 가치관을 심어 준다. 이는 돌이킬 수 없는 부작용을 불러일으키며, 이 부작용은 사춘기에서 끝나지 않고 인생 전반에 걸쳐 영향을 미친다. 따라서 사춘기 아이에게는 무조건적인 금지가 아니라 올바른 교육이 필요하다. 부모가 강하게 금지하면 할수록 아이는 부모의 눈을 피해서 밀폐된 공간으로 숨어든다. 부모에게서 잔소리나 간섭을 받고 싶지 않기 때문이다. 만약 부모가 자녀의 이성 교제를 자연스러운 발달 과정이라고 바라봐준다면, 아이들은 이성 친구에 대해 부모에게 솔직하게 털어놓을 확률이 높다. 그러므로 사춘기 부모는 내 아이의 이성 교제를 쌍심지를 켜고 무작정 말리려고만 들어서는 안 된다. 오히려 자연스러운 성장 과정으로 받아들이고 편안하게 바라보아야 한다. 단언컨대 이성 교제에 있어서 부모의 '다음에'는 아이의 성장을 저해하는 직무 유기에 해당한다. 그렇다고 이성에게 관심이 적은 아이더러 이성 친구를 사귀라고 억지로 등 떠밀 필요는 없다. 또는 "너는 애들에게 인기가 없니? 왜 너만 남자 친구가 없는 거야?"라는 질문도 금물이다. 이성 친구가 없는 아이는 소외감을 느낀다. 그리고 부모의 이런 질문은 아이의 소외감에 기름을 붓는다.

좋은 사랑, 나쁜 사랑

성 정체감이란 남자 혹은 여자로서의 자신을 명확히 인식하는 것을 말한다. 성 정체감은 이후 어른이 되어서도 한 남성이나 여성으로서 살아가는 데 꼭 필요한 요소다. 이성 교제는 이러한 성 정체감 형성에 커다란 영향을 미친다. 심리학자 에릭슨은 긍정적 정체감을 확립하기 위해서는 다양한 경험과 더불어 깊고 폭넓은 인간관계 속에서 자신의 역할을 탐색해 보는 게 필요하다고 말했다. 사춘기 시기 이성 교제는 무조건 나쁘거나 위험한 것만은 아니다. 모든 관계가 그렇듯 사춘기의 이성 교제에도 긍정적인 측면과 부정적인 측면이 있다.

먼저 긍정적인 측면을 살펴보자. 이성 교제는 동성뿐 아니라 이성의 관계로까지 사회적 관계를 폭넓게 확장한다. 특히, 이성 교제는 신중히 선택된 관계다. 즉, 이성 친구는 사춘기의 험난한 과정을 함께 이겨 낼 소중하고 든든한 내 편이다. 또한, 이성 교제 자체로 자신의 인기를 증명하고, 또래들로부터 부러움을 산다. 이런 인기는 또래 내 지위를 높이는 효과가 있다. 이뿐 아니라 이성에게 자신의 성격적 특성이나 매력을 확인받으면서 자존감이 올라간다. 많은 연구에 따르면, 사춘기 시기 건강한 이성 교제를 경험한 아이는 이후 성인이 되어서도 성숙한 교제를 할 가능성이 높다. 자아 정체성에는 성 정체성이 포함된다. 사춘기 시기 다양한 경험과 폭넓은 인간관계를 통해 자신의 역할을 깊이 탐색할 기회를 갖지 못한 사람은 이후 성인이 되어서도 이성 관계에서 문제를 겪을 확률이 높다. 이들은 대인관계에서의 친밀감을 두려워하거나 진정한 친밀감 없이 성적으로만 문란해질 위험이 있다.

물론 사춘기 시기 이성 교제에는 부정적인 측면도 존재한다. 가장 대표적인 게 바로 이별 경험이다. 대다수의 사춘기 아이들은 갑자기 닥친 이별에 어떻게 대처해야 하는지를 모른다. 연구에 따르면, 청소년의 우울과 자살 시도의 가장 큰 예측 요인 중 하나가 이별이다. 하지만 이별 경험이 무조건 나쁜 것만은 아니다. 만약 아이가 이별에 따른 상실감과 슬픔을 적절히 잘 극복하고 견뎌 내면, 살아가는 데 꼭 필요한 대처 기술을 갖게 된다. 이처럼 이별 경험은 중요한 성장 요인이 되기도 한다. 그 외에도 학교 부적응 문제나 부모와의 갈등도 부정적 요인 중 하나다. 이외에도 이성 교제를 하다 보면 주변 친구들의 놀림이나 소문의 대상이 되기 쉽다. 또한, 친구들의 간섭과 또래 압력을 견뎌야 할 때도 있다. 용돈이 바닥나고 주머니 사정이 나빠지는 것도 이성 교제의 걸림돌이다. 이성 교제를 하면 아무래도 시간을 많이 뺏기다 보니 공부에 방해될 때도 많다. 이는 부모가 가장 염려하는 부분이기도 하다.

사춘기 아이는 이성 교제를 통해 이성에 대한 지식을 얻는 것은 물론 자연스럽게 성에 대한 태도도 갖춘다. 반면에 성에 대한 올바른 의식도 갖추지 않은 상태에서 너무 이른 나이에 이성 교제를 하게 되면서 왜곡된 성 태도에 빠질 위험도 있다. 따라서 이성 교제를 하기에 앞서 이성 교제에 대한 교육이 꼭 필요하다. 부모는 아이의 이성 교제를 뜯어말리기만 해서는 안 된다. 오히려 금지하면 할수록 충동과 호기심은 더 강해질 뿐이다. 부모는 아이에게 성에 대한 올바른 지식과 건전한 태도를 심어 주어야 한다. 이성 교제에 대한 교육은 이성 교제에 대한 호기심이 생기기 전이나 이성 교제를 처음 시작하기 직전의 아이들에게 가장 효과적이다.

이성 교제, 이제는 가르쳐야 해요

사춘기를 위한 바람직한 이성 교제 3단계

"너 뽀뽀 해 봤어?"

"너희는 어디까지 진도가 나갔어?"

아이들 사이에 이성 교제를 한다고 하면 가장 먼저 하는 질문이다. 아이들은 주변에서 어쭙잖게 주워들은 이야기와 대중 매체 속에서 다루는 성을 모방하는 경향이 있다. 이들은 드라마나 만화 속에서 배운 대로 각종 기념일뿐 아니라 스킨십의 진도까지 챙기는 그야말로 '연애 놀이'에 빠져든다. 각종 매체는 성을 왜곡하거나 과장하는 경우가 많다. 무엇보다 성차별적인 고정관념을 확산하고 있다. 가장 대표적인 게 '남자는 모름지기 박력 있어야 한다'와 '열 번 찍어서 안 넘어가는 나무 없다'다.

사춘기 이성 교제는 발달상 자연스러운 현상이다. 부모가 임의대로 성장의 방향을 틀 수는 없다. 이제 더 이상 '만나지 마'는 통하지 않는다. 부모의 이 말은 아이를 습하고 어두운 곳으로 몰아갈 뿐이다. 부모가 금지하면 할수록 아이는 자기 안에서 자연스럽게 생겨나는 욕구를 수치스럽게 여긴다. 먼저 부모는 내 아이가 언제든 이성 교제를 할 수 있다는 사실을 받아들여야 한다. 그리고 이성 교제를 하기 전에 '사랑'에 대한 충분한 교육을 해야 한다. 늦어도 초등학교 고학년, 즉 사춘기 초기에는 이성 교제에 대한 교육이 반드시 이루어져야 한다. 구체적으로는 이성 교제 시 주의해야 할 것, 지켜야 할 예절 및 예기치 못한 이별이나 갈등을 견뎌 내는 법에 대해서 미리 가르쳐 주는 게 현명하다.

1단계 관계 맺기 - 존중과 동의

수년 전 모임에서 만난 삼십 대 여성의 이야기다. 같은 대학교 같은 학과에서 만난 남자 친구와 10년 넘게 관계를 유지하고 있었다. 문제는 남자의 폭력성이었다. 처음 만날 때부터 남자는 은연중에 크고 작은 폭력을 일삼았다. 처음에는 가벼운 욕과 함께 밀치거나 툭

치던 버릇이 점점 과격해졌다. 지금은 발로 차거나 주먹으로 때리기까지 한다. 이 사실을 안 친구들은 너나없이 당장 헤어지라고 종용했지만, 여성은 그러지 못했다. "남자 친구가 원래는 마음이 따뜻한 사람이에요. 저를 많이 사랑하는데, 너무 속상해서 저러는 걸 거예요"라고 씁쓸하게 말했다. 상대방의 잘못된 행동을 사랑이라는 필터로 걸러 내는 그녀는 오히려 남자 친구를 향한 연민으로 꽉 차 있었다. 누가 봐도 폭력이지만, 이 여성에게만은 사랑으로 비치는 이유는 뭘까?

'나쁜 남자'가 한창 인기를 타던 때가 있었다. 영화나 드라마 속 거칠고 야성적인 남자가 여자를 함부로 다루는 장면에서 오히려 열광하는 기이한 현상이 벌어지기도 했었다. 하지만 나쁜 남자는 그저 나쁜 놈에 지나지 않는다. 어떤 의도든 누군가를 괴롭히거나 힘들게 하는 건 정당화될 수 없다.

나쁜 남자와는 상반되는 개념으로 '츤데레'라는 표현이 있다. 쌀쌀맞고 인정이 없어 보이지만 실제로는 따뜻하고 다정한 사람을 이르는 말이다. 나쁜 남자든 츤데레든 관계 능력에서는 낙제점이다. 사람 간 관계에서는 해석의 여지가 없어야 한다. 자칫 잘못 해석하면 생각지도 못한 결과로 치달을 수도 있다.

"짝꿍이 자꾸 내 물건을 함부로 가져가서 짜증 나요"라는 딸의 말에 엄마는 무표정하게 대답한다. "걔가 널 좋아하나 보다." 예전 부모 세대에서는 이런 행동을 관심을 드러내는 것으로 여기기도 했다. 하지만 이건 부모 세대의 통념에 지나지 않는다. 부모가 이런 식으로 말하면 아이는 혼란스럽다. 남의 물건을 함부로 가져가는 것도 문제지만, 그런 상대의 행동을 잘못 해석하는 건 더 큰 문제로 이어진다. 어릴 때는 소소한 해프닝으로 끝나겠지만 성인이 되어서는 자칫 위험한 상황으로 빠질 수도 있다.

부모는 사춘기 아이에게 마음을 있는 그대로 솔직하게 표현하도록 가르쳐야 한다. 좋아하는 마음을 잘못된 방식으로 표현해서는 안 된다. 좋아하면 좋아한다고 솔직하게 말해야 한다. 에둘러 표현해서는 안 된다.

고백에도 용기가 필요하다. 마음을 드러내는 일은 어려운 일이다. 앞서 사춘기의 감정에서도 말한 바 있지만, 자기감정을 알아차리고 솔직하게 표현하는 건 단시간에 되지 않는다. 부모가 아이의 감정을 자연스럽게 받아들이고 공감해 주면, 아이 또한 이성 친구에게 솔직하게 마음을 표현한다. 대충 얼버무리거나, 어버버하지 않고 상대방의 어떤 매력에 끌렸는지를 말할 수 있다.

간혹 자기 의사가 아니라 주변 친구들의 성화에 못 이겨 고백하는 아이도 있다. "저 애가 널 좋아하는 것 같은데, 한번 만나 봐"라는 친구의 부추김에 자기 마음은 확인도 하지 않은 채 성급한 고백을 하기도 한다. 십중팔구 잘못된 만남으로 이어진다. 너무나 당연한 말이지만 이성 교제에서는 무엇보다 내 마음이 중요하다.

만약 고백 후 상대가 거절한다면, 거절을 견뎌 내는 힘도 필요하다. 언제든 상대가 NO라고 한다면 상대방의 그 마음도 존중해야 한다. 사람의 마음은 같지 않다. 나는 좋아해도 상대는 나를 싫어할 수 있다. 상대가 분명히 거절의 의사를 밝혔음에도 불구하고 도끼로 나무 찍듯이 반복하는 것은 옳지 않다.

물론 자신의 어떤 점이 마음에 들지 않는지는 물어볼 수 있다. 하지만 상대방의 거절을 무시하고 계속 밀어붙이거나 혹은 위협을 가하는 건 위험하다. 상대의 의사를 존중하지 않고 주변을 맴돌아도 안 된다. 의외로 거절에 약한 아이들이 많다. 거절당하는 것에도 연습이 필요하다.

고백받은 입장에서도 마찬가지다. 누군가에게 고백받을 때 성급하게 답을 주기보다는 심사숙고해야 한다. 때로 상대방의 고백을 거절하기가 힘들어서 억지로 만남을 이어 가는 아이들도 있다. 거절하는 데도 연습이 필요하다. 이성 교제를 하기 전 가장 먼저 배워야 하는 건 바로 잘 거절하고 잘 거절당하는 법이다.

2단계 관계 유지하기 - 예절

처음에는 온통 설레는 마음과 긴장감으로 시작했지만, 어느 정도 서로에게 익숙해지면 느슨해지기 마련이다. 이성 교제 시 관계를 잘 유지하기 위해서는 서로 예절을 지켜야 한다. 아무리 가까운 사이라도 넘지 말아야 할 선이 있다. 특히, 사춘기는 자기 욕구가 무엇보다 중요한 시기다. 자의식이 커지고 자기에게 몰두하다 보니 상대방을 배려하기 어렵다. 더군다나 다른 사람의 입장이나 감정을 잘 알아차리지도 못한다. 따라서 자기 식대로 해석하고 상대를 함부로 대하기 쉽다. 상대방이 싫다는 의사를 명확히 표현한다면 어떤 행동이라도 멈추어야 한다. 장난이라도 괴롭히지 말아야 한다. 도가 지나친 행동은 금물이다. 서로에게 좋은 친구가 되도록 노력해야 한다. 무엇보다 상대를 배려하려는 마음이 필요하다. 벽돌을 쌓을 때 벽돌이 무너지지 않게 하려면 벽돌 사이에 시멘트를 가득 채워야 한다. 마찬가지로 두 사람이 오랫동안 건강한 관계를 유지하려면 둘 사이에 예의와 예절을 가득 채워야 한다.

이성 교제가 유지되는 동안 주변으로부터의 반응에도 민감하게 대처해야 한다. 성인의 이성 교제와 달리 사춘기의 이성 교제는 둘 간의 관계로 끝나지 않는다. 그 둘을 에워싸고 있는 또래 집단이 있다. 이들은 알게 모르게 사춘기의 이성 교제에 크고 작은 파장을 일으킨다. 이성 교제를 잘 유지하려면 또래들의 놀림에도 적절히 잘 대처해야 하지만, 또래 압력도 견뎌 내야 한다. 무엇보다 이성 교제를 하는 동안 동성 친구들과 잘 지내지 못하면서 갈등을 겪기도 한다.

몇 달 전 보호자 특별 교육에서 만난 엄마의 이야기다. 중학교 3학년 아들이 성추행으로 신고되어 보호 처분을 받았다. 그런데 아들을 신고한 아이는 바로 아들의 여자 친구다. 둘이 데이트하던 중 허락 없이 껴안고 가슴에 손을 댔다는 이유다. 아들은 사귀는 사이인데 당연한 것 아니냐고 억울해한다고 한다.

이성 교제 시 고려해야 하는 가장 중요한 것은 바로 스킨십 예절이다. '사귀는 사이는 포옹하거나 뽀뽀하는 것까지는 괜찮다'라고 생각하는 아이들이 많다. 사귀자는 고백에 동의했다고 해서 모든 스킨십에도 동의했다고 착각하는 모양새다. 비단 사춘기뿐 아니라 모든 관계에서 중요한 건 동의다. 어떤 행위를 하든지 상대에게 동의를 구하는 게 먼저다. '우리는 사귀는 사이니까 이 정도는 괜찮겠지'라는 생각은 위험하다. 가까울수록 더 예의를 갖춰야 한다. 뽀뽀할 때도, 안을 때도, 심지어는 손을 잡을 때도 동의를 구해야 한다. 혹시라도 상대가 침묵한다면 기다려야 한다. 침묵은 동의가 아니다. 사춘기 사이에 공공연하게 퍼진 '스킨십 진도'는 무시하는 게 맞다. 관계에서 정해진 진도는 없다. 스킨십보다 마음이 중요하다. 부모는 아이에게 상대의 동의 없이 하는 스킨십은 폭력이라는 사실을 가르쳐야 한다.

서로 합의한 후 이성 교제를 한다고 할지라도 어떤 경우라도 상대방에게 강요해서는 안 된다는 걸 가르쳐야 한다. 또한, 상대방에게 신체적으로나 정신적으로 피해 주지 않도록 해야 한다. 특히, 부모는 사춘기 아이의 스킨십과 성 경험을 무조건 막으려고만 해서도 안 된다. '하지 마!'라는 부모의 말은 오히려 아이들의 호기심에 불을 지핀다. 앞서도 말했지만, 사춘기는 청개구리 기질이 강해지는 시기다. 부모가 금지하는 걸 일부러 함으로써 자기 안의 힘을 확인하기도 한다. 무엇보다 '하지 마!'는 올바른 교육이 될 수 없다. 부모는 무조건 금지하기보다는 아이에게 건전한 성 태도는 물론 스킨십에 대한 예절도 알려 주어야 한다. 언제든 성행위를 할 수도 있다는 걸 전제하고, 사전에 올바른 성교육이 이루어져야 한다. 특히, 사춘기 초기는 먼 미래를 내다보거나 앞날을 예측하기가 어렵다. 지금의 성행위가 앞으로 미칠 파장에 대해서는 생각하지 못하는 게 사춘기다. 따라서 부모는 아이가 자기 행동이 미칠 영향에 대해서도 끊임없이 생각해 보도록 해야 한다. 겁을 주는 방식이 아니라 일상에서 편안하고 자유롭게 대화하는 게 중요하다. 무엇보다 사춘기 아이는 스스로 자기 행동에 대해서 책임질 수 있어야 한다.

3단계 관계 마무리하기 - 성숙한 이별

만남이 있으면 헤어짐도 있다. 하지만 사춘기 아이에게 이별 경험은 두렵다. 그래서 어떻게든 피하고 싶다. 이성 교제에서도 가장 어려워하는 부분이 바로 이별이다. 헤어지고 나면 사귀었던 이성 친구를 대하기가 껄끄럽다. 이별 경험이 없다 보니 갑자기 닥친 이별에 어떻게 대처해야 할지 몰라 당황한다. 간혹 이별을 받아들이지 못하고 상대를 계속해서 괴롭히거나 심지어 범죄로까지 이어질 때도 있다. '안전 이별'이란 말도 있지만 '이별 범죄'라는 말도 있다. 이별에도 연습이 필요하다. 부모는 아이가 안전하게 이별할 수 있도록 도와야 한다. 사실 이별에 대한 교육은 사춘기의 이성 교제뿐 아니라 삶의 전반에서도 필요하다. 우리는 살아가면서 맞닥뜨리는 모든 헤어짐과 거절에 대한 올바른 태도를 배워야 한다.

이별은 상실감을 부른다. 상실감은 어른도 감당하기 어려운 감정이다. 하물며 감정적으로 불안정하고 혼란스러운 사춘기 아이들은 말해 무엇하랴. 부모는 아이의 상실감뿐 아니라 상실감에 따르는 슬픔을 소중하게 여겨야 한다. 아이의 슬픔에 함께 머물면서 편안하게 표현할 수 있도록 도와야 한다.

상실감에는 충분한 애도가 필요하다. 아이의 감정을 결코 가볍게 여겨서는 안 된다. 잘 헤어졌다고 쌍수 들어 환영하는 건 금물이다. 혹여 차였다고 놀리거나 조롱해서도 안 된다. 이때야말로 공감적 경청이 절대적으로 필요하다. 아이가 자신의 이별을 잘 마무리하면 이후 관계로도 긍정적인 영향을 미친다는 사실을 기억하라. 참고로 방금 헤어진 아이에게 아래와 같은 말들은 위로가 아니라 오히려 불난 집에 부채질하는 것과 같다.

"곧 이겨 낼 거야. 시간이 지나면 나아질 거야."

"누구나 그 정도 이별은 해."

"첫사랑은 원래 이루어지지 않는 거야."

사실 부모가 사춘기 아이의 감정을 진심으로 이해하기는 어렵다. 하지만 아이가 느끼는 감정이 진짜라고 인정하라. 아이의 슬픔과 함께하려는 마음이 중요하다. 이성 교제는 단순히 이성 친구를 만나는 것이 아니다. 사춘기 이성 교제는 삶에 대한 전반적인 태도나 가치관을 형성하는 중요한 토대가 된다. 부모는 사춘기 우리 아이가 건강한 이성 교제 속에서 삶의 태도를 배울 수 있도록 도와야 한다.

성교육이 아니라 성담론이 필요할 때

아직도 성교육하나요?

"성교육은 언제 하는 게 좋을까요?"

부모는 언제 성교육을 해야 하나 고민한다. 실제 유치원만 들어가도 아이 눈높이에 맞는 성교육이 한창이다. 초등학교에서도 아이들을 위한 성교육은 기본적으로 진행된다. 초등학교 고학년이 되면 열에 아홉은 성교육을 받은 경험이 있다. 학교에서 진행하는 성교육뿐 아니라 성교육을 위한 프로그램이나 기관은 손쉽게 찾을 수 있다. 성 지식만을 놓고 본다면, 어쩌면 부모보다 아이가 더 많이 알고 있을지도 모를 일이다. 사춘기의 성은 발달상 자연스러운 현상임에도 불구하고 부모는 아이들의 성에 관한 관심과 호기심을 지나치게 우려한다. 이런 사회적 분위기는 아이들이 어른들의 눈을 피해 몰래 성적인 문제들을 해결하도록 부추긴다. 사정이 이렇다 보니 사춘기들은 성을 자연스러운 삶의 일부분으로 받아들이지 못하고 부끄럽고 거북한 이야기로만 치부한다. 그래서일까? 성교육은 부모 세대보다 활발한데도 여전히 성을 입 밖으로 꺼내는 걸 부끄러워하는 아이들이 대다수다.

성교육이라고 하면 성 관련 지식이나 정보를 전달하는 것을 쉽게 떠올리지만, 넓은 의미에서 성교육은 생활 속에서 자연스럽게 이루어지는 성담론을 의미한다. 물론 사춘기가 되면 성적 지식에 대한 교육도 꼭 필요하다. 아이들은 성에 대해서 다 알고 있는 듯 행동하지만, 생각보다 모르는 게 많다. 또 아이들의 머릿속에는 잘못된 정보들로 가득하다. 따라서 부모는 성적 지식에 대해서 제대로 알려 주어야 한다. 성 지식을 전달할 때는 이성 부모보다는 동성 부모가 하는 게 좀 더 자연스럽고 효과적이다. 만약 부모 스스로 하기 어렵다면 전문가나 혹은 기관 등에서 운영하는 프로그램 등을 찾아봐도 좋다. 요즘은 성과 관련한 정보를 다루는 책도 많으니 참고하길 바란다. 성 지식이 많으면 많을수록 성 행동에 있어서 잘못된 선택을 할 확률은 낮아진다.

성 지식만을 전달하는 게 성교육의 전부라고 오해하지 말자. 포괄적 의미의 성교육은 성 의식과 성 태도 등 올바른 성 가치관을 형성하는 걸 의미한다. 성 가치관은 단기간에 만들어지지 않는다. 성과 관련한 가치관은 머리가 아닌 온몸으로 습득한다. 성 가치관만큼은 아무리 족집게 일타 강사(?)라도 속성으로 가르칠 수 없다. 성 의식이나 성 가치관은 생활 속에서 자연스럽게 습득한다. 따라서 '교육'이라는 표현보다는 '생활 속 습득'이 더 적합하다. 아이는 태어나 자라면서 주변 사람들의 말과 몸짓을 통해 성과 관련된 태도를 쌓아 간다. 이는 부모가 의도를 가지고 가르치려고 하지 않더라도 가랑비에 옷이 젖듯이 저절로 물든다. 아이는 은연중에 부모가 서로를 대하는 태도를 참조한다. 만약 '남자는 하늘, 여자는 땅'이라는 구시대적이고 여성 차별적인 인식이 팽배한 가정에서 자란다면, 아이 또한 은연중에 성차별적인 인식을 갖게 된다. 또는 부모 중 어느 한쪽이 일방적으로 희생하는 걸 오랫동안 지켜본 아이라면 젠더 감수성을 기르기는 어렵다. 특히, 쉽게 접하는 드라마나 예능 프로그램을 통해서도 아이는 성과 관련한 지식과 정보를 저장한다. 무엇보다 직접적으로 영향을 미치는 건 바로 부모의 성 인식이다. 이렇듯 성 가치관은 어린 시절부터 차곡차곡 쌓여서 사춘기 시기에 굳어진다. 이때 자칫 왜곡된 성 의식이나 성 태도가 형성되면 이후 성인이 되어서 바로잡기가 쉽지 않다. 따라서 잘못된 성 가치관이 고착되지 않도록 부모는 아이들의 성에 관해서도 관심을 기울여야 한다. 사춘기에 올바른 성 가치관을 형성하면 사춘기뿐 아니라 성인이 되어서도 책임 있는 성 행동을 하게 된다.

성에 있어서만은 성교육보다는 성담론이 필요하다. 일상에서 편안하고 자연스럽게 성과 관련한 소통이 가능해야 한다. 하버드 의대 연구에 의하면 부모님과 섹스 토크를 많이 한 아이일수록 성에 대한 의식이 건강하고 성적 위험에 노출될 확률이 줄어든다고 한다. 부모와 의사소통을 원활하게 하는 자녀는 성을 남녀 간의 친밀한 의사소통으로 보고 성에 대한 책임감이 높다. 반면에 부모와 의사소통이 차단된 자녀는 성을 도구로만 여길 뿐 아니라 성에 대해 지나치게 허용적인 것으로 나타났다. 이들은 성을 단순히 생물학적인 차원에서만 이해하고 상대방을 성적으로 대상화하기 쉽다. 여기서 잠깐! 성담론이라고 해서 부모의 성관계까지 적나라하게 말하는 건 아니니 오해하지 말자. 어떤 부모는 아예 아이와 성 관련 영상을 함께 보기도 하지만, 이는 불필요한 행동이다. 아이 입장에서는 불편하고 어색한 기분을 지우기 어렵다. 자칫 성을 너무 가볍게 다룰 수 있으니 주의해야 한다. 성담론에서 중요한 것은 성을 음지에서 양지로 꺼내는 것이다.

잘못된 성폭력 예방 교육은 오히려 독!

고등학교 1학년 딸과 하루가 멀다고 전쟁 중인 엄마의 사연이다. "야! 너 상의 다른 걸로 갈아입어. 배꼽이 다 보이잖아!" 엄마는 딸이 외출할 때마다 딸의 옷차림에 일일이 간섭하면서 문을 막아선다. 그럴 때마다 딸은 엄마를 흘겨봤다. 왜 그렇게 딸의 옷차림에 민감하게 반응하냐는 질문에 엄마는 대답했다. "요즘같이 위험한 세상에 행여라도 성폭력이라도 당하면 큰일 나잖아요. 사전에 미리미리 예방하는 게 좋지요."

딸을 키우는 부모는 혹시 있을지도 모를 폭력과 위험으로부터 아이를 안전하게 지키기 위해서 입이 마르도록 조심을 강조한다. 아이의 옷차림을 단속하고, 혼자서는 아무 데나 가지 않도록 장소에 제약을 가한다. 간혹 안전에 대한 민감도가 지나친 부모는 밤에는 아예 외출 자체를 금지하기도 한다. 사실 조심해서 나쁠 건 없다. 하지만 교육이 예방 차원에서만 그친다면 오히려 안 하느니만 못한 결과를 낳는다. 피해 방지에만 치우친 교육은 독이 된다. 방어적이고 예방적인 차원의 교육만을 받은 아이는 자칫 사고가 발생했을 때 자신을 비난하게 된다.

'엄마 말을 들었어야 해. 내가 조심하지 않아서 생긴 일이야.'

우리 사회는 은연중에 성 관련 문제는 피해자가 조심하면 예방할 수 있다고 생각한다. 그렇다 보니 위해를 가한 가해자를 탓하기에 앞서 미리 조심하지 않은 자신을 탓한다. 이에 그치지 않고, 아이들에게 불안감을 조성하여 혼자 있으면 마음이 불안하게 만든다. 지나가는 사람들이 괜히 의심스럽다. 엘리베이터를 혼자서 타는 것도 두렵다. 혼자서 밖에 나가기가 두렵다. 생활 속에서 누려야 할 것들을 제대로 누리지도 못한 채 마음이 쪼들린 삶을 산다.

어렸을 때 같은 동네에 사는 아저씨는 일주일에 한두 차례 부인을 폭행했다. 집 안에서뿐만 아니라 마당으로까지 질질 끌고 나와 때리기도 했다. 그러면서 늘 "네가 맞을 짓을 하니 때린다"라고 소리를 고래고래 질렀다. 그때마다 참을 수없이 화가 났다. 세상에 맞을 짓이란 없다. 누구에게도 다른 사람을 함부로 때리거나 폭력을 행사할 권리는 없다. 그런데 사태가 일단락되고 나면, 약속이나 한듯이 아줌마들이 우르르 가서 위로랍시고 말했다. "그러게 고분고분하게 있지.

왜 자꾸 말대꾸해서 이 사단을 만들어." 때리는 아저씨보다 이렇게 말하는 아줌마들이 더 참기 어려웠었다. 우리는 맞지 않기 위해 어떻게 해야 하는지가 아니라, 때리는 것이 얼마나 비인간적이고 폭력적인 행위인지를 가르쳐야 한다. 때리는 건 어떤 식으로든 정당화될 수 없는 행동이다.

어떤 형태의 폭력이든 폭력은 가해자의 문제다. 어떤 경우라도 피해자를 탓해서는 안 된다. 하다못해 발가벗고 다닌다고 해서 폭력이 정당화될 수 없다. 물론 이에 대한 처벌은 받겠지만 말이다. 은연중에 피해자를 탓하는 이런 기형적인 태도는 피해자에게는 또 다른 폭력이다. 다시 말하지만, 피해자가 문제라는 사회적 시선은 피해자에게 수치심을 안긴다. 피해자는 꼼짝없이 수치심에 잠긴다. 자기 존재가 쓸모없고 흠결이 있다고 여길 수밖에 없다. 수치심은 우리를 숨어들도록 만든다. 피해자는 문제를 해결해 볼 의지조차 꺾인 채 세상으로부터 단절된다. 심지어 부모에게조차 말하지 못한다. 성폭력 피해자가 목소리를 내지 못하고 깊숙이 숨어 버리는 사이 가해자는 떳떳하게 세상을 활보한다.

성교육은 가해와 피해를 막는 예방 교육에 그쳐서는 안 된다. 나와 타인에 대한 권리 침해로 이해해야 하며, 궁극적으로는 인간 존중 교육이라야 한다. 우리는 존엄과 가치를 평등하게 누릴 권리가 있다. 누구든 사람답게 살아갈 권리가 있다. 누구도 타인의 권리를 함부로 침해해서는 안 된다. 모두는 서로 간의 경계를 존중하고 지켜 주어야 한다. 부부나 연인이라도 이 경계를 함부로 넘나들 수는 없다. 하지만 아이러니하게도 가장 가까운 관계일수록 경계를 침범하기 쉽다. 특히, 부모 자녀 간 경계가 가장 취약하다. 부모는 어떤 경우라도 자녀를 인격적으로 존중해야 한다. 어떤 경우라도 부모와 자녀 간의 경계를 침범하지 말아야 한다. 부모는 걸어 다니는 '성 백과사전'이라는 걸 잊지 말자. 아이는 이 백과사전에서 성적 지식뿐 아니라 성 가치관을 형성한다. 따라서 부모는 자기 행동과 태도를 수시로 점검해 보아야 한다. 백과사전 속 지식을 시대에 맞도록 업데이트하는 것도 잊지 말아야 한다.

자기 결정권

사실 이성 교제든 성교육이든 그 핵심은 자기 결정권이다. 자기 결정권이란 행동에 대한 모든 권리는 자기에게 있다는 것을 알고 실천하는 걸 말한다. 자기 결정권이 단단하게 뿌리내려진 사람은 분위기나 상대에게 휘둘리지 않고 자신에게 가장 바람직한 선택을 할 가능성이 높다. 하지만 자기 결정권은 아이가 자란다고 저절로 형성되지 않는다. 어릴 때부터 가정 내에서 부모로부터 충분히 존중받는 경험이 필요하다. 어릴 때부터 부모는 아이의 선택과 결정을 지지해 주어야 한다. 그리고 자기 선택에 대해서는 책임지도록 가르쳐야 한다. 이런 과정을 통해서 자기 결정권은 커 간다. 가정에서부터 스스로 결정해 본 적 없이 부모의 뜻에만 따른 아이라면 자기 결정권은 언감생심이다.

"네가 뭘 한다고 그래. 이리 줘. 엄마가 해 줄게."

"그렇게 하면 안 되지. 제대로 할 줄 아는 게 아무것도 없구나."

이런 부모의 말은 아이의 선택을 존중하지 않는 말이다. 아이로서는 스스로 선택하지 않았으니 책임질 일도 없다. 아이는 부모의 말에 순종하는 것과 부모 탓하는 걸 배울 뿐이다. 집 밖을 나서면 다른 사람의 말에 순종하거나 남 탓하기 쉽다.

자기 결정권은 성적 자기 결정권으로 이어진다. 성적 자기 결정권이란 성적인 행위에 대한 권리가 다른 누구도 아닌 자신에게 있다는 사실을 알고 스스로 결정할 수 있는 걸 말한다. 쉽게 말해, 사귀는 사이라도 손 잡기나 뽀뽀를 거부할 권리가 있다. 간혹 자신은 원하지 않음에도 불구하고 상대방이 실망할까 봐 두려워서 마지못해 성적인 행위를 하는 경우가 있다. 성적 자기 결정권도 자기 결정권과 마찬가지로 가정에서부터 시작된다. 예를 들어 보자. 아무리 부모라고 할지라도 "이리 와, 안아 줄게"라며 아이의 의사와 상관없이 아이를 강제적으로 안아서는 안 된다. 아이가 몸을 뒤로 젖히면서 완강하게 거부 의사를 밝히는데도 불구하고 부모가 오히려 역정을 내면 아이는 혼란스럽다. 부모와의 스킨십이 불편하고 싫은 자신의 마음이 잘못되었다고 여긴다. 이런 경험이 누적될수록, 자기 안에서 저절로 올라오는 내적 신호를 믿기 어렵다. 결과적으로 자기 신뢰는 낮아지고 이는 자존감을 야금야금 갉아먹는다. 자신이 원하는 것을 명확하게 깨닫고 원하는 바를 선택할 때 삶은 풍요로워진다. 나아가 삶에 대한 만족도도 높아진다.

자기 결정권을 키우는 것은 그렇게 어렵거나 거창한 게 아니다. 책의 전반부에서 누누이 말했듯이, 부모는 아이의 말에 귀를 기울여야 한다. 아이의 말을 들어야 아이의 마음을 알 수 있다. 아이의 마음을 알아야 아이 스스로 선택하도록 도울 수 있다. 만약 아이가 거부 의사를 밝히면 아이의 뜻을 존중해 주어야 한다. 부모로부터 존중받는 아이는 집 밖에서도 존중을 실천한다. 부모가 자녀를 대하는 방식은 자녀가 다른 사람을 대하는 방식을 결정짓는다. 사춘기 아이에게 꼭 필요한 것은 바로 존중과 동의라는 걸 기억하자. 말로 가르치는 것도 중요하지만, 존중과 동의는 생활 속에서 자연스럽게 스며든다.

사춘기 사용 설명서

사춘기의 이성 교제 편

첫째, 사춘기 아이의 이성 교제는 발달상 나타나는 자연스러운 행동임을 인정해야 해요. 내 아이의 이성 교제를 불편한 시선이 아니라 따뜻한 시선으로 바라보세요.

이 말은 하지 마세요	이렇게 말해 주세요
학생이 공부할 시간도 부족한데 연애질이 가당키나 해?	이야~ 우리 아들(딸)에게도 드디어 남친(여친)이 생겼다는 거지? 언제 이렇게 컸지?

둘째, 내 아이의 이성 교제를 무조건 막기보다는 언제든 이성 교제를 할 수 있다는 것을 전제하고, 이성 교제와 관련해서 적절한 교육을 제때 하는 게 중요해요. 다만 일상에서 자연스럽게 이야기하는 게 좋아요.

이 말은 하지 마세요	이렇게 말해 주세요
남친(여친)은 대학 가고 나서 만나도 늦지 않아. 좋은 대학 들어가면 훨씬 더 근사한 애들을 만날 수 있어.	이성 친구를 만날 때도 지켜야 할 것들이 많아. 네가 생각할 때 최악(최고)의 이성 친구는 어떤 사람이야?

셋째, 사춘기 아이의 성 충동이나 성적 감정을 가볍게 여기지 말고 존중해 주세요. 아이가 건강한 성 의식과 성 가치관을 형성할 수 있도록 일상에서 성과 관련한 이야기들을 해 보세요.

이 말은 하지 마세요	이렇게 말해 주세요
그런 건 나중에 때 되면 알게 돼. 지금은 몰라도 돼.	(드라마나 예능을 보면서) 너는 저 사람의 행동을 어떻게 생각해?

주의할 점!

사실 성교육은 일반 교육과는 조금 달라요. 부모가 성에 대한 인식이 건강하지 않으면 어떤 식으로든 새어 나오기 마련이지요. 입으로만 하는 성교육은 오히려 아이에게 불편감과 저항감만 부추길 수 있어요. 부모가 먼저 자신의 성 가치관과 성 의식을 점검해 보는 게 중요해요.

9장

사춘기 부모 십계명

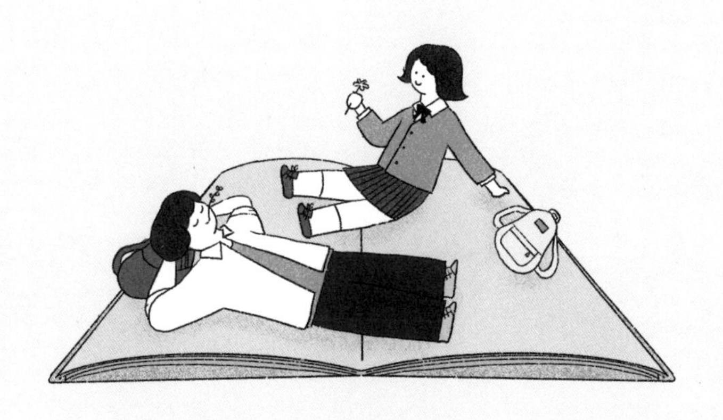

사춘기 부모 십계명

첫째, 부모로서 책임을 다하라

이 세상에 태어나기 위해서 부모에게 청탁을 넣는 아이는 없다. 출산은 온전히 부모의 선택이다. 우리는 스스로 선택한 일에 대해서는 책임을 다해야 한다. 부모 역할도 마찬가지다. 준비되지 않은 상태에서 불쑥 태어난 아이라고 해서 양육을 포기할 수 없다. 아이가 나를 닮지 않았다고 해서 돌보지 않고 내칠 수는 없다. 사춘기가 된 자녀가 시시때때로 말썽을 일으킨다고 해서 홧김에 부모 사표를 던질 수도 없다. 부모가 된 이상 좋든 싫든 부모 노릇을 해야만 한다.

우리는 아이를 낳는 동시에 저절로 부모가 된다고 착각한다. 단언컨대, 저절로 되는 부모는 없다. 그 어디에도 베테랑 부모는 없다. 누구에게나 부모 역할은 처음이다. 자녀가 제아무리 많아도 마찬가지다. 첫째를 키웠다고 둘째는 좀 더 쉬울 것이라는 착각이 더 큰 실망과 좌절을 불러온다. 아이마다 욕구와 기질이 다르기 때문이다. 흔히 부성과 모성은 타고나는 것이라 믿지만 실상은 그렇지 않다. 놀랍게도 아동 학대의 가해자 중 80퍼센트 가까이가 친부와 친모다. 이 사실만 봐도, 생물학적 부모라고 해서 모두 자녀를 위해 희생하고 사랑하는 것은 아니라는 걸 알 수 있다. 실상이 이러한데, 우리 사회는 부모에게 '슈퍼맨'이라는 왕관을 씌우고 그 무게를 오롯이 견디라고 압박한다. 부모라면, 특히 아빠라면 슈퍼맨 정도는 되어야 한다는 사회적 시선이 오히려 부모를 주눅 들게 한다. 슈퍼맨은 TV 화면 속에서나 가능하다. 부모가 된다고 해서 심 봉사가 눈을 뜨듯이 세상 모든 이치를 한꺼번에 깨닫게 되지 않는다. 부모가 되는 순간, 없던 능력이 샘솟는 것도 아니다. 아이를 낳는다고 해서 갑자기 성숙해지지 않는다. 오히려 부모가 되면서 자기 안에 숨겨진 취약하고 못난 부분을 여실히 깨닫는다. 이렇듯 부모가 되는 일은 나의 약한 부분을 드러내고 인정하는 용기가 필요하다. 부모로서 책임을 다한다는 것은 완벽해지라는 말이 아니다. 오히려 그 반대다. 부족한 부분이 있음을 받아들이고 부모 또한 성장하기 위해 부단히 노력해야 한다. '부모됨'에는 공짜가 없다. 한 아이를 키워서 사회로 내보내는 일은 절대로 허투루 할 수 없는 일이다. 좋은 부모가 되기 위해서는 사회 심리적으로 준비가 필요하다. 이를 위해 부모는 부단히 공부해야 한다. 부모 교육이 중요한 이유이기도 하다. 요즘은 점차 아빠의 참여율이 증가하고 있지만, 불과 몇 년 전만 해도 부모 교육은 엄마들의 장이었다.

흔히 부모 역할을 이야기하면 가장 먼저 엄마를 떠올린다. 예전 부모 세대에 비해 덜하기는 하지만, 여전히 자녀 양육의 주된 책임은 엄마에게 있다고 생각하는 경향이 있다. 특히, 애착은 엄마와의 전유물이며 초기 형성된 엄마와의 애착이 아이들의 이후 성장과 발달에도 중요하게 영향을 미친다고 믿는다. 이처럼 엄마의 역할과 책임에 대해 강조하는 사회적 시선은 '직장맘'에게 과도한 죄책감을 안겨 주기도 한다. 하지만 부모의 역할은 엄마뿐 아니라 아빠에게도 해당한다. 아빠는 아빠 노릇의 책임과 의무를 다해야 한다. 육아를 도와준다는 개념이 아니라 함께한다는 마음이 필요하다. 아빠는 엄마와 적극적으로 대화하고 육아와 가사에 동등하게 참여해야 한다. 어느 정도가 동등한 수준인가에 대해서는 정답이 없다. 부부가 대화와 협의를 통해서 상황에 따라 유연하게 대처하는 게 중요하다. 다만 아빠가 제2의 엄마가 아니라는 사실은 명확하다. 아빠는 엄마의 조력자이기보다 파트너가 되어야 한다. 양육을 돕는 게 아니라 함께한다는 마음가짐이 필요하다. 양육에서는 엄마가 대신할 수 없는 아빠만의 역할이 분명히 존재한다. 아빠와 엄마의 차이는 아이의 성장에 서로 다른 영향력을 미친다. 영국 국립아동발달연구소는 1958년생 17,000여 명을 대상으로 현재까지 지속적인 추적 조사 연구를 하고 있다. 옥스퍼드대학교는 이 자료를 활용해 자녀 양육에 관한 결과와 요인을 분석했다. 그 결과 아이의 발달과 교육에 적극적인 아빠를 둔 아이는 학업 성취도가 높고, 사회성이 좋고, 결혼 생활에 성공적이라는 사실이 밝혀졌다. 로스 D. 파크 교수는 이를 '아버지 효과father effect'라고 불렀다. 아빠와 엄마의 차이는 놀이만 봐도 알 수 있다. 많은 연구에 따르면, 양육에서 엄마는 아이의 내면이나 정서적인 부분에 초점을 맞춘다. 즉, 엄마는 아이의 내면 세계를 주로 다룬다. 반면에 아빠는 외부 세계를 다룬다. 아빠는 아이의 정서보다는 세상을 살아가면서 맞닥뜨리는 상황을 어떻게 헤쳐 나갈지를 가르친다. 즉, 다양한 전략과 방법을 제시하고 규칙과 규범을 가르친다. 아빠와의 놀이는 대체로 느닷없고 예측 불가능하며 다소 위험이 따른다. 이처럼 새롭고 흥미롭고 동적인 경험은 아이의 성장에도 긍정적인 영향을 미친다. 엄마와의 상호작용 안에서는 얻기 힘든 이런 경험을 통해서 아이는 보다 역동적이며 다양한 사회적, 정서적, 지적 자극을 얻는다.

아이가 사춘기가 되면 아빠의 역할이 더욱 중요해진다. 사춘기 아이를 엄마 혼자서 감당하기에는 역부족이다. 특히, 아들이라면 엄마가 이해하기 어려운 부분이 분명히 있다. 내 아이의 심리·정서적 성숙과 인지 발달에 아빠가 미치는 영향을 간과해서는 안 된다. 따라서 아빠들은 자율적이고 주도적으로 양육에 참여해야 한다. 사춘기 아이에게는 엄마뿐 아니라 아빠와의 시간도 반드시 필요하다.

안타깝지만 충분히 준비된 상태에서 부모가 되는 경우는 흔하지 않다. 대체로 얼떨결에 부모가 되고 순식간에 학부모가 된다. 그리고 어느 순간 아이의 사춘기를 함께 겪어 내고 있는 자신을 발견한다. 부모라고 해서 내 아이에 대해 모든 걸 알고 모든 걸 할 수 있지는 않다. 양육은 완전한 상태에서 하는 게 아니라 하면서 배우고 익히는 일이다. 부모로서 책임을 다한다는 것은 부모로서 최선을 다하겠다는 마음가짐이다. 다시 말하지만, 부모는 저절로 되지 않는다. 모성과 부성은 선천적인 것이 아니라 부단한 노력의 산물이다. 아이와 함께하는 시간조차도 아까워하면서 모성과 부성을 논하는 건 어불성설이다.

둘째, 피할 수 없는 갈등은 안고 가라

우리는 전혀 다른 환경에서 삼십 년 가까이 지내 오다가 어느 날 갑자기 부부가 된다. 흔히 부부는 일심동체一心同體라고 한다. 이 말에는 모든 욕구까지 동일시하는 위험이 숨어 있다. 하지만 부부가 된다고 해서 갑자기 상대의 가치관이나 신념을 이해하거나 수용하기는 쉽지 않다. 오히려 함께하는 시간이 늘어날수록 이심이체二心異體라는 사실을 뼈저리게 느낀다. 사실 10년 이상 부부 생활을 해 왔다고 해도 서로의 가치관은 엄연히 다르다. 다른 게 정상이다. 살아가면서 가치관을 서로 조율해 가는 게 필요하다. 그런데 아무리 세월이 흐르고 나이를 먹는다고 해도 절대로 변하지 않는 가치관이 있다. 이 가치관은 우리 몸의 척추처럼 개인의 삶을 지탱해 주고 방향을 가리킨다. 이런 가치관에 있어서 만큼은 단군 할아버지가 와도 꿈쩍도 하지 않는다.

미국의 심리학자 존 가트맨 워싱턴주립대학교 교수에 따르면, 결혼은 단순히 둘의 합이 아니다. 결혼과 동시에 부부는 저마다 머리에 커다란 보따리를 이고 온다. 그 보따리 속에는 수십 년 동안 살아오면서 형성된 갖가지 신념과 가치관, 경험들이 가득 들어 있다. 결혼하는 동시에 둘은 서로의 보따리를 보란 듯이 풀어헤친다. 둘의 보따리는 얼레설레하는 사이 마구 뒤섞인다. 각자의 보따리 속에 있을 때는 괜찮아 보이던 것들이 서로 뒤섞이면서 문제가 발생한다. 이때부터 생각지도 못한 갈등이 수면 위로 떠오른다. 그리고 부부는 피 터지게 싸우기 시작한다. 하지만 부부 싸움은 칼로 물 베기라는 말이 있다. 원래는 칼로 물 베는 듯하여 다시 화합한다는 뜻이다. 하지만 조금 다르게 해석해 보자. 실제 칼로 물을 베는 사람은 어디에도 없다. 칼로 물을 수백 차례 베어 봤자 팔만 아플 뿐, 물은 그대로다. 부부 싸움이 그렇다. 해 봤자 큰 소득이 없는 게 대부분이다. 부부간 갈등이 이와 같다. 가트맨의 오랜 연구에 따르면, 부부간 갈등 중 변화시킬 수 있는 것은 고작 31퍼센트가량에 지나지 않는다. 나머지 69퍼센트는 아무리 애쓰고 머리를 굴려 봐도 해결이 안 되는 영속적인 갈등이다. 쉽게 말해, 부부간에 열 개의 문제가 있다고 한다면 이 중에서 일곱 개는 절대 풀지 못한다는 말이다. 만약 이 영속적인 갈등이 견디기 어려워 헤어진다고 가정해 보자. 결혼할 때 가지고 왔던 짐 보따리를 다시 주섬주섬 싼다. 머리에 이고 다른 사람을 만난다. 그리고 결혼과 동시에 다시 풀어헤친다. 이제 첫 번째 결혼 생활 중 더해진 짐까지 있다. 물론 앞선 결혼 생활과는 사뭇 다르지만, 또 다른 형태의 갈등이 수면 위로 떠오른다. 그리고 이때도 마찬가지로 갈등

중 69퍼센트, 즉 대략 열 개 중 일곱 개의 문제는 절대로 해결할 수 없는 영속적인 속성을 지닌다.

이처럼 부부간 갈등은 필연이다. 그렇다면 답은 하나다. 아무리 노력해도 어찌할 수 없는 영속적인 갈등은 안고 가는 수밖에! 피할 수 없으면 즐기라고 하지 않았던가? 서로의 차이를 인정하면 삶이 한결 가벼워진다. 서로 다르다고 해서 틀린 것은 아니다. 다름과 틀림을 엄격히 구분해야 한다. 이 둘의 차이를 구분하지 못할 때 차별과 폭력이 일어난다. 나와 다른 누군가의 행동이나 성격을 '틀렸다'라고 보면 어떻게든 바로잡으려고 애쓰게 된다. 10년 조금 넘게 살아온 사춘기 아이조차도 바꿀 수 없다. 하물며 수십 년을 살아온 배우자는 말해 무엇하랴. 기계로 찍어 내는 공산품이 아닌 이상 이 세상에 똑같은 건 아무것도 없다. 사람은 오죽하랴. 다름을 인정하라. 다르다는 걸 호기심 어린 눈으로 바라보라.

- 아, 당신은 이게 견디기 힘들구나.
- 당신한테는 이게 세상 무엇보다 중요하다는 거지?
- 내가 이렇게 말하면 당신은 상처받는구나.
- 일부러 안 하는 게 아니라, 당신한테는 이렇게 하는 게 도무지 안

되는구나.

- 당신한테는 그게 최선이라는 거지?

서로의 차이를 인정하면 부부의 결혼 만족도는 올라간다. 그뿐만 아니라 부모를 보면서 아이는 갈등을 이해하고 관계를 풀어 가는 방법을 자연스럽게 터득한다. 아이의 성장에서 가장 중요한 환경은 정서적으로 안정된 가정이라는 사실을 잊어서는 안 된다.

셋째, 서로가 서로에게 의존하라

“저는 지나치게 감정적이고 마음이 여린 편이라 아이랑 이야기할 때마다 제 감정을 주체하지 못할 때가 많아요. 며칠 전에도 아이와 이야기하는 중에 나도 모르게 울먹거리게 되더라고요. 그런데 그때 아이 아빠가 나서서 아이와 이야기를 이어 가서 얼마나 고마웠는지 몰라요. 남편은 저와 달리 이성적이고 논리적인 편이거든요.”

얼마 전 만난 지애 엄마의 말이다. 초등학교 5학년인 지애가 학교에서 친구 문제로 힘들어하는 상황이다. 엄마는 지애의 마음이 십분 이해되어 말을 꺼낼 때마다 가슴이 답답하고 먹먹하다. 물론 엄마의 감정 이입 능력은 지애의 마음을 어루만지는 데는 더할 나위 없다. 자기 마음을 알아주는 엄마를 통해 지애는 위로받는다. 하지만 부모라면 여기서 그쳐서는 안 된다. 꼬일 대로 꼬인 친구 관계를 어떻게 풀어 갈지를 함께 고민해야 한다. 여기에는 이성적이고 논리적인 사고가 반드시 요구된다. 부모는 따뜻한 가슴뿐 아니라 필요에 따라 차가운 머리 또한 작동시킬 수 있어야 한다. 하지만 누구에게나 전천후 기능은 쉽지 않다. 이때는 엄마와 아빠 양쪽의 장점을 최대한 발휘하는 전략이 필요하다. 혼자서 해결하기 어렵다고 여겨지면 그 즉시 배우자에게 도움을 요청하자. 배우자를 괜히 반쪽이라고 부르겠는가? 반쪽이 합심하여 '온쪽'이 될 때 더 나은 결과를 도출할 수 있다. 아이는 부모 중 어느 한쪽만이 아니라 부모 모두에게서 적절한 문제해결 방안을 배울 수 있으므로 일석이조가 아닐 수 없다.

많은 연구에 따르면, 서로 같은 유형보다는 전혀 다른 유형이 만나서 결혼에 골인하는 경우가 많다. 이처럼 부부는 성격이나 기질 혹은 사고방식이 서로 다를 확률이 높다. 그도 그럴 것이 내가 가지지 못한 무엇에 우리는 매력을 느낀다. 수줍어서 말 한마디 못 하고 쭈뼛거리는 사람에게는 자신감에 넘치는 목소리로 자기주장을 하는 사람이 끌린다. 반대로 지나치게 활발하고 수다스러운 사람은 조용하고 잘 들어 주는 사람에게 매력을 느낀다. 이런 부부의 다름은 때때로 갈등을 불러일으키기도 하지만, 문제를 해결하는 과정에서는 상승 효과를 내기도 한다. 실제로 둘이 함께 머리를 맞대면 생각지도 못한 해결책이 떠오르기도 한다. '백지장도 맞들면 낫다'라는 말이 있다. 백지장조차도 혼자 들기보다는 누군가와 함께 들면 그만큼 힘이 덜 드는데, 하물며 사춘기 자녀의 고민이라면 두말할 필요가 없다. 부모 중 어느 한쪽이 일방적으로 독박 육아를 한다면 사춘기쯤에는 지쳐 나가떨어지기 십상이다. 더군다나 아이가 여러 다양한 문제 상황에 노출된다면 더 말할 것도 없다.

한 아이를 키워 내는 일은 쉽지 않다. 특히, 사춘기 자녀를 키우는 일은 몇 배의 노력을 요구한다. 혼자서 감당하기에는 역부족이다. '한 아이를 키우려면 온 마을이 필요하다'라는 아프리카 속담이 있다. 요즘은 마을이라는 개념도 희미해지고 있다. 마을까지는 바라지도 않지만 적어도 부부만큼은 한마음으로 힘을 보태야 한다. 서로가 합심하여 부족한 부분을 보완해야 한다. 양육에 있어서 부부는 언제든 상호 의존할 수 있어야 한다. 무엇보다 양육은 부부 모두의 몫임을 인정해야 한다.

작년 보호자 특별 교육에서 만난 민석 아빠의 사연이다. 강제 전학이라는 처분이 내려지자마자 민석 부모는 크게 다투었다. 사실 학교 폭력 문제가 제기되고 절차가 진행되는 동안 민석의 폭력 문제보다 오히려 부부간 불화가 더 큰 문제로 자리 잡았다.

"당신은 집에서 노는 사람이 애 간수를 대체 어떻게 하는 거야?"

"내가 문제를 일으키라고 민석이를 부추긴 것도 아니잖아. 그런데 왜 나한테 소리를 질러? 그러는 당신은 민석 아빠 아냐?"

"뭐라는 거야? 나는 회사에서 하루 종일 일하니까 애를 볼 시간이 얼마 없잖아. 애 교육은 당신이 전적으로 책임지고 잘했어야지. 애가 이 지경이 된 건 바로 당신 탓이야!"

"그게 어떻게 내 탓이야? 민석이가 폭력을 누구한테 배웠겠어? 바로 당신이잖아. 허구한 날 술 먹고 들어와서 애한테 윽박지르고 협박이나 하는 아빠한테서 애가 뭘 배우겠냐고! 민석이가 이렇게 엇나가는 것도 결국 당신한테서 배운 거지 뭐."

"지금 뭐라 그랬어? 애가 폭력을 일삼는 게 나 때문이라고? 당신 말 다 했어?"

아이로서는 난감하기 그지없다. 따지고 보면 아들의 학교 폭력 문제 때문에 불거진 사태다. 그런데 일이 이렇게 커지는 과정에서 정작 당사자인 민석은 쏙 빠져 있다. 지극히 당연한 말이지만, 아이가 겪는 모든 문제의 주인공은 아이 본인이다. 따라서 문제를 해결하는 과정에서도 아이가 주체가 되어야 한다. 부모는 자녀가 스스로 문제를 해결해 가도록 물심양면으로 도와주는 존재다. 어떤 경우라도 문제로부터 아이를 밀쳐 버려서는 안 된다.

자기 문제로 부모가 격하게 싸우는 모습을 보는 민석은 어떤 생각을 할까? 사춘기 아이들은 부부 싸움을 극도로 싫어한다. 겉으로는 '또 싸우네. 싸우든지 말든지'의 태도를 보인다고 할지라도 아이 마음은 크게 요동친다. 부모의 부부 싸움은 가정이 해체될 수도 있다는 경고 신호다. 자신을 보호하고 감싸 줄 보호막이 무너진다고 느낄 때, 아이의 불안과 두려움은 걷잡을 수 없이 커진다. 정서적으로 불안정한 아이는 문제 행동을 일으키기도 쉽다. 또한, 부모의 격한 싸움은 아이에게 쓸데없는 죄책감과 수치심을 부추긴다. 민석도 마찬가지다. 자신의 문제 때문에 부모가 서로 죽일 듯이 싸우고 있다. 이 싸움을 목격하면서 민석은 생각한다.

'다 나 때문이야. 나만 아니면 엄마 아빠가 저렇게 싸울 일이 없을 거야.'

아이의 문제 앞에서 부모는 한 팀이어야 한다. 혼성 배드민턴 경기라고 가정한다면, 부모는 같은 코트에 서야 한다. 상대편에서 공이 넘어올 때마다 서로 협력해서 대응해야 한다. 무조건 'my ball'을 외치면서 날아오는 모든 공을 혼자서 감당할 수는 없다. 어느 경우든 가장 잘 받아칠 만한 선수가 앞장선다. 자신 있는 선수가 달려나가면, 다른 선수는 그 선수를 응원하고 파이팅을 외친다. 마음이 급하다고 반대편 선수의 코트를 함부로 넘어가지 않는 것처럼, 부모는 서로를 향해 공격해서는 안 된다. 부모가 서로를 향해 공격하는 순간, 아이는 부모의 시야에서 멀어진다. 부모의 시야에서 벗어난 아이는 사각지대에 방치된다. 따라서 무슨 일이 있어도 부모는 같은 코트에서 자녀를 양육해야 한다. '내' 아이일 뿐 아니라 '우리' 아이라는 사실을 잊지 말아야 한다. 부모가 서로 손발이 척척 맞을 때 자녀는 안정감을 느낀다.

다섯째, 서로의 권위를 세워 주라

흔히 우스갯소리로 남편을 큰아들, 부인을 큰딸이라고 표현하기도 한다. 애정이 살짝 어리기는 했으나 바람직한 표현이라고 볼 수는 없다.

"차라리 아들 하나 키운다고 생각하면 마음이 편해요. 중학교에 다니는 아들이나 마흔 넘은 남편이나 하는 짓이 똑같아요!"

이런 불평불만을 참 많이 듣는다. 그런데 이런 말에는 위험한 요소가 숨어 있다.

"아니 글쎄, 아들이 잘못해서 제가 마음먹고 아이를 훈육하고 있는데, 지나가는 와이프가 저를 한심하게 쳐다보더군요. 그러면서 '당신이나 잘해!'라고 비아냥대는데, 그 순간 얼굴이 화끈거려서 죽는 줄 알았습니다."

물론 아이를 훈육하는 배우자를 보면서 마음에 들지 않을 수 있다. 하지만 마음에 들지 않는다고 해서 아이가 지켜보는 가운데 상대 배우자를 깎아내리는 말을 해서는 안 된다. 만약 엄마가 아빠를 보면서 잔소리하거나 비아냥댄다면, 아이는 아빠를 자기와 동급으로 볼 가능성이 크다.

'칫, 아빠는 엄마한테 꼼짝도 못 하면서 괜히 나한테만 큰 소리야.'

엄마는 은연중에 아이가 보는 앞에서 아빠의 권위를 무너뜨리는 실수를 범한다. 이와 비슷한 사례로, 엄마는 안 된다고 목에 핏대를 세우는데, 정작 아빠는 너무나 손쉽게 허락하는 상황이 종종 발생한다. 이런 상황이라면 아이는 누구에게 달려갈까? 필요한 게 있을 때마다 엄마를 무시하고 아빠에게 달려갈 확률이 높다. 더군다나 엄마의 '안 돼!'라는 말은 귓등으로도 듣지 않는다. 아이는 되도록 엄격한 부모를 피하려 한다. 아이가 엄격한 부모와 상대할 필요가 없다는 걸 알게 될 때, 한쪽 부모의 말은 효력을 잃는다. 그와 동시에 부모로서의 권위 또한 실추된다. 추락하는 부모의 권위에는 날개가 없다. 사춘기 정도가 되면 오히려 자신이 원하는 걸 갖기 위해 엄마와 아빠를 교묘하게 이간질하거나 틈을 벌리기도 한다. 아이로서는 부모의 관계보다는 그 순간을 모면하고자 하는 마음이 크기 때문이다.

부부라고 해서 교육관이 완전히 일치할 수 없고, 또 그럴 필요도 없다. 교육관과 권위는 다르다. 교육관은 다를 수 있고 서로 조율해가는 과정이 필요하다. 하지만 어떤 이유에서든 부모로서의 권위에 흠집을 내서는 안 된다. 특히, 아이가 지켜보는 앞에서 서로의 권위를 훼손하는 것만큼 위험한 것은 없다. 아이와 처음 대화를 시작한 사람이 어떤 결정을 하면, 다른 부모는 무조건 편을 들어주는 것이 현명하다. 상대의 결정을 아이가 지켜보는 앞에서 손바닥 뒤집듯이 바꾸어서는 안 된다. 생각이 완전히 다르다 해도 그 자리에서 상대를 비난하고 면박을 주어서도 안 된다. 일단 그 자리에서는 먼저 결정을 내린 상대의 편을 들어주자. 비록 상대의 결정이 마음이 내키지 않더라도 말이다. 이후 아이가 없는 자리에서 부부는 서로 의견을 교환하고 조율해야 한다. 하지만 만에 하나 상대 배우자가 아이를 학대하는 상황이라면 이야기는 달라진다. 그런 경우라면 반드시 즉각 중재해야 한다.

부모는 하늘이 두 쪽이 나더라도 부모여야 한다. 아이를 올바르게 양육하려면 부모에게는 권위가 필요하다. 그리고 부모의 권위는 서로가 세워야 한다. 간혹 친구 같은 부모가 되겠다고 다짐하는 부모를 본다. 친구처럼 내 마음을 잘 알아주고, 내 이야기를 들어 주는 부모를 말하는 것이라면 괜찮다. 하지만 친구처럼 격의 없고 권위가 없는 부모를 일컫는다면 위험하다. 스포일드 어덜트 신드롬spoiled adult syndrome이라는 말이 있다. 어른이 되어서도 자기 뜻대로 되지 않으면 떼를 쓰고 행패를 부리는 등 어른으로서 자신의 사회적 관계적 책임을 다하지 못하는 어른들을 말한다. 예의 없는 어른이라고 봐도 무방하다. 예의 없는 어른은 버릇없는 아이spoiled child의 결과물이다.

가족 체계에서 부모 체계와 자녀 체계는 엄연히 다르다. 아이가 가장 먼저 배우는 경계는 바로 부모와 자녀 간 경계다. 부모와 자녀는 엄연히 다르다. 양육은 아이가 어른으로서 살아갈 수 있도록 준비시키는 과정이다. 자녀는 부모를 통해 바람직하고 올바른 가치관뿐 아니라 살아가는 방식도 배운다. 따라서 아이에게 부모는 반드시 어른이어야 한다. 아이는 부모를 어른으로 보아야 한다. 때에 따라 부모의 의견 일치보다는 부모 각자의 권위가 더 중요하다는 사실을 기억하라. 부부가 의견이 다르더라도 서로를 옹호해 주면 얻는 게 많아진다. 부모가 같은 마음이라는 사실을 안다면, 아이는 별수 없이 둘 중 더 엄격한 부모의 규칙을 따를 수밖에 없다. 심각한 일탈 행동을 할 가능성이 그만큼 작아진다.

여섯째, 자녀에게 좋은 본보기가 되어라

회사 일로 많이 상심한 아빠와 엄마가 이야기를 나누고 있다.

"이놈의 회사 때려치워야지. 내가 회사 다닌 지가 몇 년 차인데, 아직도 이런 대접을 받아야 하는 건지 원."

반응 A

"당신만 힘들어? 누구나 다 힘들어. 지금 당장 때려치우면 별수는 있고? 애가 벌써 중학생인데, 당신이 회사를 그만두면 우리는 뭐

먹고 살라고? 책임감 좀 가져!"

반응 B

"당신 정말 많이 힘들구나. 평소보다 안색도 안 좋고 기운도 많이 없어 보여. 회사에서 안 좋은 일이 있었나 봐. 무슨 일이야?"

아이가 부모의 대화를 듣는다면, 반응 A와 B 중 어느 쪽이 아이의 성장에 더 도움이 될까? 엄마가 아빠에게 반응하는 방식은 생생한 교육의 현장이다. 아이는 부모가 주고받는 대화를 통해 관계를 배운다. 부모가 갈등을 풀어 가는 방식이나 문제를 해결하는 방식 모두 자녀에게는 좋은 본보기가 된다. 아이가 귀를 막거나 눈을 감지 않은 이상, 습자지에 먹물이 스미듯이 부모의 모든 건 아이에게 전달된다. 조금 과장되게 표현하자면, 아이는 부모라는 공기 중에 살고 있다.

아이는 태어나서 자라는 과정에서 사회화를 겪는다. 사회화는 가정에서부터 시작된다. 가정은 생애 최초의 학습장이다. 부모는 아이에게 무엇을 어떻게 가르칠지를 머리 싸매고 고민한다. 하지만 부모의 의도와는 별개로, 부모의 태도와 행동은 아이의 온몸 구석구석 깊숙이 스며든다. 그래서 아이가 보는 데서는 물도 함부로 마셔서는 안 된다. 아이에게 가르치고자 하는 바를 부모가 먼저 실천하는 게 중요하다. 만약 부모에게조차도 힘든 일이라면, 아이에게 당연하게 요구해서는 안 된다. 이제 사춘기 정도가 되면 부모의 충고와 조언도 달갑지 않다. 사춘기는 부모의 말이라면 턱을 치켜들고 반항하기 일쑤다. 그렇지만 부모가 실제 '살아가는 모습'은 아무런 저항 없이 그대로 흡수한다.

사춘기 아이는 부모로부터 거리를 두려고 안간힘을 쓰지만, 사실 어른이 되고자 하는 데 있어서 가장 많이 참조하는 대상은 역시 부모다. 속된 말로 욕하면서 닮아 간다는 말도 있다. 부모처럼 되지 않겠다는 말을 입에 달고 살지만, 정작 부모의 영향으로부터 자유롭지는 못하다. 그렇다고 부모가 완벽해야 한다는 말이 아니니 오해하지는 말자. 세상에 완벽한 사람이란 존재하지 않는다. 부모도 피가 흐르고 심장이 뛰는 한낱 인간이다. 넘어지면 아프고, 소외당하면 외롭고, 비난받으면 욱한다. 이때 완벽한 척 연기하는 건 위험하다. 이제는 솔직해질 필요가 있다. 부모가 본보기가 되라는 말은 있는 그대로를 보여 주라는 말이다. 넘어지면 아프다고 표현하라. 얼마나 아픈지, 어떤 도움이 필요한지를 표현하고 치료하는 과정을 보여 주라. 소외당하면 외롭다는 걸 인정하라. 누구나 외로울 수 있으며, 외로움을 견디는 법을 보여 주라. 부모가 외로움과 기꺼이 함께하는 모습이 아이들에게는 중요하다. 아이는 부모와 감정도 닮아 간다. 정확히 말해, 감정을 다루는 방식을 닮아 간다. 화가 난다면 화를 '표현'하라. 표출과 표현은 다르다. 화를 행동으로 드러내는 건 표출에 가깝다. 표현은 행동이 아닌 말로 적절하게 내면을 드러내는 것을 말한다. 인간이라면 누구나 화가 날 수 있다는 사실을 알려 주라. 그리고 화를 적절히 처리하는 과정을 낱낱이 보여 주라.

> "지금 엄마는 온몸이 터지기 직전이야. 지금이라도 너를 세게 때리고 욕을 하고 싶지만, 그렇게 하지는 않을 거야. 화를 그런 식으로 처리하는 건 안 좋은 결과를 낼 게 분명하니까!"

> "너무 답답해서 지금 당장이라도 선생님을 찾아가 따지고 싶지만, 그러지는 않을 거야. 섣불리 행동했다가 오히려 상황을 더 악화시킬 수도 있기 때문이야. 그 전에 먼저 너의 이야기를 듣고 상황을 파악하고 싶어."

한껏 꾸며 내서 성숙한 척하지 않아도 괜찮다. 물론 아이가 어리다면 이런 부모의 말이 위험할 수 있다. 이들은 부모의 말을 곧바로 내적으로 경험하기 때문이다. 즉, 때린다는 말만 했는데도 벌써 맞은 것과 진배없는 경험을 한다. 하지만 사춘기 정도가 되면 부모의 생각을 읽는다. 부모 입장에서는 하고 싶은 것(때리고 욕하는 것, 선생님을 찾아가 따지는 것)을 말로 뱉어 내는 순간, 마치 그렇게 한 것처럼 후련함을 경험할 수 있다. 하지만 실제 그렇게 하지는 않았고, 무엇보다 그 방법이 나쁘다는 것을 명확히 말했다는 사실이 중요하다. 이런 부모의 말은 두 가지의 효과를 낸다. 하나는 부모의 감정을 처리하는 것이고, 다른 하나는 아이에게 본보기를 보여 주는 것이다. 감정, 생각 그리고 욕구를 적절하게 표현하되, 행동화하지 않는다는 걸 실제 보여 줌으로써 아이 또한 부모로부터 배울 수 있다.

사춘기가 되면 이제 부모의 정체를 안다. 부모는 더 이상 본모습을 감출 필요가 없다. 부모도 불완전한 존재라는 사실을 알려야 한다. 사춘기 아이에게 필요한 것은 '그럼에도 불구하고'다. 비록 완전하지 않지만, 그럼에도 꿋꿋하게 문제를 해결해 가는 부모의 모습이 사춘기 아이에게는 필요하다. 부모는 아이들에게 '우리 부모님은 나름대로 인생을 잘 헤쳐 나가고 있어'라고 느끼게 할 의무가 있다. 어린아이에게는 그저 시상대 위에 올라선 선수의 목에 걸린 금메달이 중요하겠지만, 사춘기 아이에게는 금메달의 화려함에 감춰진 피땀 어린 노력이 중요하다. 사춘기 부모라면 그 과정을 함께할 용기를 내야 한다. 그동안은 완벽한 척 연기하느라 수고가 많았다.

일곱째, 부부 공동의 양육 목표를 세워라

중학교 1학년 아들 하나를 둔 부부의 이야기다. 부부는 금이야 옥이야 아들 사랑이 지극하다. 엄마와 아빠는 마치 경쟁하듯이 아들을 향한 사랑을 표현하기에 바쁘다. 자로 잰다면 한 치의 오차도 없이 똑같을 것이라 믿어 의심치 않는다. 그런데 어쩐 일인지 아들을 사이에 두고 둘은 싸움이 잦다. 일례로 아빠는 아이에게 늘 명품을 입히고자 한다. 아직 중학생인데도 수십만 원에 달하는 옷을 거리낌 없이 사서 입힌다. 옷뿐 아니라 신발도 웬만하면 명품을 사 준다. 이렇게 값비싼 옷을 입고 다녀야 친구들이 함부로 하지 않을 것이라 믿기 때문이다. 정작 아빠 본인은 중저가의 편안한 옷을 고집한다. 하지만 엄마의 생각은 다르다. 중학생 아이가 입고 다니기에는 지나치게 비싸다고 생각한다. 더군다나 활동성이 강한 아이는 아무리 비싼 옷도 얼마 못 가 망가뜨리기 일쑤다. "아니 스웨터를 산 지 하루도 안 지나서 올이 풀려서 왔어요. 애들하고 축구하고 노느라 그랬다는데, 어이가 없어서 말도 안 나오더라고요." 그녀는 자라는 아이에게는 비싼 옷이 아니라 질기고 편안한 옷이 필요하다고 믿는 편이다. 하지만 그녀의 이런 말은 남편에게는 소귀에 경 읽기다. 비단 옷과 신발뿐 아니다. 이 부부는 아이 양육과 관련해서 일치하지 않는 가치관 때문에 하루가 멀다고 싸운다. 용돈 문제에서 시작하여 귀가 문제, 심지어는 이성 교제에 이르기까지 어느 것 하나 일치하는 게 없다. 매사 정반대이다 보니 서로의 의견을 고집하면서 싸우는 일이 다반사다. 아이는 엄마와 아빠 사이에서 이러지도 저러지도 못하고 늘 불안하다. 엄마와 아빠가 언성을 높여서 싸울 때마다 숨이 막힌다. 그럴 때마다 엄마와 아빠가 자신을 정말 사랑하는지 의심이 든다. 어서 빨리 독립해서 이 전쟁터에서 도망치고 싶어진다.

이 부부뿐 아니라 많은 부부는 양육에서의 목표가 달라 갈등을 겪는다. 특히, 사춘기 정도가 되면 갈등은 최고조에 달한다. 사춘기 아이의 문제 행동에서부터 학업, 진로 문제에까지 사사건건 다툼이 이어진다. 마치 부모가 아이의 팔을 양쪽에서 있는 대로 힘껏 잡아당기는 형국이다. 아이는 부모 사이에서 한 걸음도 떼지 못하고 우왕좌왕한다. 누누이 말하지만, 양육은 아이가 독립해서 살아갈 수 있도록 성장을 돕는 과정이다. 그렇다면 그 성장의 방향은 하나여야 한다.

부모는 아이의 손을 잡고 같은 방향을 향해 가야 한다.

앞서도 말했지만, 서로 다른 환경에서 오랫동안 살아온 부부는 삶에 대한 가치관도 당연히 다를 수밖에 없다. 문제는 부모의 서로 다른 가치관이 자녀 양육에서도 티격태격 불협화음을 만든다는 점이다. 아이를 키우는 데 있어서 부부가 서로의 가치관을 공유하고 점검해 보는 건 중요하다. 부모라면 적어도 자녀 양육에서 꼭 지켜야 하는 부부 공동의 목표를 정한다. 그리고 공동 목표 외는 서로의 방식을 인정해야만 한다. 성장하는 아이는 다양한 방식을 경험할 필요가 있다. 공동의 목표를 세우기 위해서는 부부간 충분한 대화가 필요하다.

사실 부부가 서로의 가치관을 조율한다는 건 쉽지 않다. 식탁 테이블에 앉아서 긴 시간 이야기 나눈다고 해서 쌈박한 답이 도출되지도 않는다. 더군다나 부부 모두의 입맛에 딱 맞도록 가치관을 정립하는 건 불가능하다. 하지만 그럼에도 부부가 자녀를 키우는 데 있어서 양육의 방향을 설정하는 것은 매우 중요하다. 아이를 키우는 과정에서 부부의 의견이 일치하지 않을 수 있다. 그럴 때는 언제든 마주 앉아서 허심탄회하게 이야기 나누기 바란다. 비록 결론에 이르지 못하더라도 이야기 나누는 자체가 의미 있다. 서로의 차이를 좁히면서 방향을 정해 가는 게 중요하다. 사실 양육만큼 모호하고 어려운 건 없다. 이 어려운 과정을 부부는 함께해야 한다. 앞서 1장에서 사춘기를 키우는 일은 2인 3각이라고 표현한 바 있다. 이제 이를 정정해야겠다. 사춘기 자녀를 키우는 일은 3인 4각이어야 한다. 셋이 함께 호흡을 맞추면서 가야 한다. 결승점은 하나다. 부모와 아이 모두는 같은 결승점을 바라보고 달려야 한다.

여덟째, 부부만의 대화 기술을 익혀라

언젠가 TV 프로그램에서 차를 타고 어딘가로 이동하는 중년 부부를 보았다. 차 안에는 단둘이 있지만, 이 둘은 묵언 수행 중이었다. 간간이 침묵을 깨고 주고받는 이야기는 대부분 자녀에 관한 내용이었다. 아이의 학교생활이나 성적 또는 진로에 대해서 간단하게 이야기를 주고받고는 다시 기나긴 침묵이 이어졌다. 이 부부뿐 아니라 많은 중년의 부부는 대화가 서툴다. 대화다운 대화의 유통 기한은 연애 때까지인 것 같다. 결혼하고 아이를 출산하고 나면 부부의 중심에는 자연스레 아이가 자리 잡는다. 아이 이야기를 빼고 부부가 나눌 만한 대화는 딱히 없는 듯하다. 간혹 아이가 학교에서 말썽을 일으키기라도 하면 부부는 바빠진다. 하지만 그뿐이다. 아이가 빠진 부부의 삶은 단조롭기 짝이 없다.

"여보, 우리 대화 좀 해요."

이 말만큼 중년 부부에게 무서운 말이 또 있을까? 남편은 부인이 대화 좀 하자는 말만 들어도 심장이 철렁 내려앉는다. 이들은 평소에는 서로를 소 닭 보듯이 한다. 생사만 간간이 확인하다가 가정에 문제가 터졌을 때나 소위 대화라는 걸 한다. 즉, 금전적으로 긴급한 상황이거나 아이에게 심각한 문제가 터졌을 때라야 대화다운 대화를 한다. 이 부부에게 대화는 뭔가 크게 잘못되었다는 암시다. 그러니 대화하자는 말이 편할 리가 만무하다. 대화라는 말만 들어도 뇌에서는 경고등이 울리고 몸에는 스트레스 반응이 따른다. 슬프지만, 중년이 되면 신체의 기능뿐 아니라 대화의 기술도 퇴화하는 것 같다.

행복하게 사는 부부와 헤어지는 부부는 무엇이 다를까? 존 가트맨 교수는 이 질문의 답을 찾기 위해 36년간 부부 3000쌍 이상을 분석했다. 우리는 흔히 헤어지는 부부들은 대부분 성격 차이 때문이거나 경제적인 문제라고 생각하는 경향이 있다. 하지만 연구 결과 성격 차이나 경제력은 의외로 큰 변수가 아니었다. 사이가 나쁜 부부의 가장 큰 요인은 성격 차이도 아니고 경제적인 문제도 아닌 바로 싸우는 방식이었다. 돈 때문이 아니라, 말이 안 통해서 결국 돌아오지 않는 강을 건넌다. 아무리 어른이고 부모라도 싸울 수는 있다. 싸움 자체가 나쁘다고 볼 수는 없다. 하지만 자녀를 키우는 부모라면 부부 싸움에 대해 심사숙고해야 한다. 부모의 싸움이 자녀의 성장에 직간접적으로 영향을 미치기 때문이다. 사실 아이가 사춘기라면 부부간 다툼을 감출 수도 없지만, 굳이 감출 필요도 없다. 아이들의 안테나는 부모에게 맞춰져 있어서 감춘다고 감춰지는 것도 아니다. 치열하게 싸우되 다음은 주의하도록 해 보자. 앞서 '졌잘싸'는 부부 사이에도 해당하는 말이므로 앞 장을 참고하자.

첫째, 부모 사이에 의견 차이가 있고, 이 문제로 싸우고 있지만 결국에는 잘 해결하기 위해 최선을 다하고 있다는 사실을 말해 주라. 무엇보다 부모의 다툼은 아이와 하등의 관련이 없음을 명확히 일러주는 게 중요하다.

둘째, 애꿎은 아이들을 심판의 자리에 세워서는 안 된다. 즉. 아이에게 엄마나 아빠 어느 한쪽을 편들도록 해서는 안 된다. 이는 아이 선에서 해결할 수 있는 문제가 아니다. 자기 선택으로 인해 결국 부모 중 어느 한쪽이 상처 입는다. 아이들은 부모에게 상처 주도록 강요받게 되는 셈이다. 부모를 상처 입히는 일은 아이에게는 고문에 가깝다.

셋째, 아이 앞에서 (아이가 없는 자리에서도!) 절대로 폭력을 행사해서는 안 된다. 부모 간 폭력을 목격하는 것만으로도 아이에게는 지울 수 없는 트라우마가 된다. 이는 아이가 직접 맞는 것보다 더 참혹한 결과를 초래할 수도 있다. 부모는 감정적인 문제를 안고 있을 때, 이를 적절하게 표현하는 법을 반드시 배워야 한다.

부부가 건강하게 소통하기 위한 전략으로 나 전달법을 소개하고자 한다. 나 전달법은 나는 감정적 불편함을 느끼지만, 상대방은 아무 문제가 없다고 느낄 때 하는 대화다. 나 전달법은 우리의 욕구를 비난 없이 표현할 수 있도록 한다. 나 전달법은 간단하다. 아래의 3단계를 따르면 된다.

1단계, 일어난 상황을 구체적으로 설명한다. 즉, 나의 감정에 영향을 미친 상대방의 행동을 구체적으로 말해 준다. 이때 그릇된 주장이나 판단이 섞여 들어가면 안 된다. 그냥 일어난 상황을 본 그대로 사진 찍듯이 말하자.

난 당신이 정말 이기적이라고 생각해!	평가와 판단
당신이 식사를 마치고 빈 그릇을 치우지 않고 자리를 뜨는 걸 봤어.	있는 그대로를 구체적으로 묘사

우리는 상대방의 평가나 판단에는 욱하는 반응을 보이기 쉽지만, 구체적인 행동을 있는 그대로 말하면 토를 달기 어렵다.

2단계, 상대방의 행동이 나에게 미친 영향을 말한다. 즉, 상대방의 행동이 어떻게 나의 욕구를 방해하는지 이유를 들어 설명한다. 이때 솔직한 감정을 표현하는 게 좋다.

당신은 늘 그렇게 이기적이고 자기 생각만 해. 정말 이지 게으른 인간이야.	판단과 비난
당신이 그릇을 치우지 않고 자리를 뜨는 걸 볼 때마다 가슴이 턱 막히고 답답해. 당신이 집안일은 모두 내 몫이라고 생각하는 것 같아서 때로는 화가 나.	솔직한 감정을 표현

우리는 내 남편(아내)이라면 적어도 내 마음을 알겠지라는 헛된 희망을 품는다. 하지만 내 마음은 내 안에 있다. 안타깝게도 남편(아내)은 독심가가 아니다. 내가 겉으로 표현하지 않으면 절대로 알 수가

없다. 그러니 헛된 희망을 버리고 나의 마음을 적절하게 표현하자.

3단계, 당신이 필요로 하는 걸 명확하게 요구한다. 다만 명령이나 지시가 아니라 정중하고 정당하게 요청해야 한다.

먹고 난 다음에 당신 그릇과 수저는 설거지통에 넣어 뒀으면 좋겠어.

참고로 요청하는 데까지가 우리가 할 수 있는 영역이다. 이후 당신의 요청을 들어줄지 말지는 상대방의 몫이다. 우리는 나 아닌 타인을 조정하거나 바꿀 수 없다. 다만 상대방의 행동이 나에게 미치는 영향을 알려 줄 수 있을 뿐이다. 나 전달법 대화가 상대의 행동을 바꾸지는 못하지만, 적어도 상대방이 자발적으로 변화할 수 있도록 약간의 자극을 줄 수는 있다. 비록 빈 그릇과 수저를 설거지통에 넣지 않을지라도 마음은 더없이 찜찜해진다. 궁극적으로 나 전달법 대화는 서로 다른 사람을 이해하는 데 도움을 준다. 하지만 대화가 익숙하지 않은 사람에게 나 전달법은 쉽지 않을 수 있다. 뭐든 시작이 중요하다. 일단 상대에게 할 말을 연습장에 적어 보라. 연습장에 적힌 문장을 여러 차례 연습하다 보면 용기가 생긴다.

아이가 사춘기가 되면 아이를 중심으로 움직였던 가족 관계에 변화가 필요하다. 사춘기를 지나면 아이는 결국 부모를 떠난다. 평생을 함께할 동반자는 아이가 아니라 바로 부부다. 이제는 아이에게 쏠렸던 시선과 관심을 서서히 배우자에게 돌려 보자. 그동안 먹고사는 일과 자녀 양육에 몰두하여 자신을 희생한 배우자의 흰머리와 주름살이 보일 것이다. 남은 인생의 여정이 행복하기 위해서는 부부간 대화는 필수다. 서로에게 관심을 기울이고 대화하라.

아홉째, 서로에게 칭찬을 선물하라

"넌 대체 누굴 닮아서 하는 행동이 그 모양이니?"

아이를 키우다 보면 한번쯤 내뱉게 되는 말이다. 이 말은 잘못을 저지른 아이뿐 아니라 아이의 잘못과는 전혀 상관없는 상대 배우자까지 은근하게 비난하는 말이기도 하다. 아이가 잘못을 저질렀을 때 우리는 밑도 끝도 없이 상대 배우자를 탓하기 쉽다. 하지만 씨도둑은 못 한다는 말처럼, 아이는 엄마와 아빠를 골고루 닮는다. 생김새뿐 아니라 부모의 부정적이고 못난 부분까지도 닮는다. 요즘 유행하는 말 중 '거울 치료'라는 말이 있다. 자신과 똑같은 행동을 하는 상대방을 보며 스스로 반성하는 행동을 일컫는다. 반면교사나 역지사지와 같은 맥락으로 쓰이는 말이다. 아이의 행동을 보면서 한 번쯤은 뜨끔했다면 거울 치료가 되었다는 말이다.

모든 아이에게는 엄마와 아빠 모두를 좋아할 권리가 있다. 그리고 아이는 엄마와 아빠에게 물려받은 특성에 대해 조금이라도 자부심을 가질 수 있어야 한다. 만약 부모 중 한 명이 다른 한 명을 '괴물'로 낙인찍어 버린다면, 이는 궁극적으로 내 아이를 괴물로 만드는 것과 다를 바 없다. 따라서 자녀가 보는 앞에서 혹은 자녀에게 배우자의 험담을 하는 건 매우 위험하다. 자녀에게는 엄마와 아빠 모두 기댈 수 있는 든든한 버팀목이다. 버팀목에 칼집을 내는 건 자녀의 심리적 안정을 흔드는 것과 같다.

칭찬은 아이의 전유물이 아니다. 아무리 나이가 들어도 칭찬만큼 상대를 기분 좋게 만드는 건 없다. 하루에 한 번 배우자를 칭찬하라. 칭찬할 거리가 없다면 눈 씻고 찾아보자. 정말 사소한 것이라도 좋다. '칭찬해야지' 하는 마음으로 배우자를 찬찬히 관찰해 보라. 모르던 모습이 눈에 들어올 것이다. 칭찬거리를 발견했다면, 그 즉시 호들갑을 떨면서 입 밖으로 표현하라. 칭찬거리가 무덤까지 갖고 갈 '나만 아는 비밀'이 되어서는 안 된다.

- 벗은 옷을 이렇게 세탁실에 넣어 둬서 고마워.
- 밥을 맛있게 먹어 주니 기분이 좋네.
- 이렇게 둘이서만 이야기하니 새삼 옛날 연애하던 생각이 나.
- 오랜 시간 함께 해 줘서 얼마나 고마운지 몰라.
- 살면서 당신만큼 가족을 위해 최선을 다하는 사람은 못 본 거 같아.

사춘기 아이를 둔 부모는 대체로 중년기에 접어든다. 중년은 신체적 능력과 건강이 현저히 떨어지는 시기다. 남성 호르몬과 여성 호르몬이 급격히 감소함으로 인해 정서적으로 우울과 불안을 느끼며, 자녀에 대한 염려와 자아실현의 문제 등을 겪기도 한다. 주로 피로감이 쌓이고 수면 장애를 겪기도 한다. 지금껏 뭘 하며 살았나 하는 생각에 자괴감을 느끼거나 정체성을 상실하기도 한다. 엎친 데 덮친 격으로, 그동안 애지중지 키운 자식들은 부모의 이런 심리적 불안을 오히려 부채질한다. 이제는 부부가 서로를 의지하고 기대야 할 때다. 서로에게 든든한 버팀목이 되어 줄 때 삶은 비로소 활기를 띤다.

간혹 칭찬이 다소 어색하고 싫다는 부부를 만난다. 이들은 인위적으로 하는 칭찬의 효과에 대해서도 의문을 품는다. 칭찬하기가 불편하면 어쩔 수 없지만, 적어도 배우자를 아이 앞에서 비난하는 건 절대로 금물이다.

"네 아빠가 얼마나 무책임한 사람인지 넌 모를 거야. 너 아니었으면 엄마는 벌써 아빠랑 이혼했을 거다."

물론 엄마의 솔직한 마음을 표현하는 건 괜찮다. 하지만 어느 정도의 적당한 선이 필요하다. 아이에게는 부모의 부부 생활을 세세한 부분까지 강제적으로 알아야 할 의무가 없다. 우리는 은연중에 부부간의 갈등 상황에 아이를 끌어들일 때가 있다. 내 편을 만들기 위한 작전이지만 아이로서는 혼란스럽다. 이렇게 가족 내에 '편 먹기'가 들어가면 부모 체계와 자녀 체계가 흔들리고 부모로서의 권위가 손상된다. 아이에게는 가정이 더 이상 안전지대가 아니다. 지진이 나고 쓰나미가 몰아치는 것도 위험하지만, 바닥에 금이 가고 물이 새는 것도 위험한 건 매한가지다. 한쪽 부모에 대한 지나친 비난과 질책은 아이를 불안하게 하고 충성심을 흔든다. 또한, '너 때문에 이혼하지 못했어'라는 부모의 말은 아이에게 죄책감을 안겨 준다. 어른들의 세계는 어른들 간에 해결해야 할 문제다. 아이를 어른의 세계로 끌어들이는 것만큼 위험한 초대는 없다.

열째, 부모부터 먼저 행복하라

가족은 정서적으로 끈끈하게 연결된 집단으로서 세대 간 전이가 일어나는 곳이다. 긍정적인 것뿐 아니라 부정적 정서나 태도 혹은 편견 등도 배우고 확산될 가능성이 높다. 따라서 행복한 부모 아래서 행복한 자녀가 자란다. 불행한 부모는 부지불식간에 자녀에게도 불행하게 사는 법을 전수한다. 그렇다고 해서 아이들 앞에서 행복한 모습만을 보여 줄 수도 없는 노릇이다. 현관문을 나서는 순간 우리는 얼마든지 꾸며 낸 모습으로 살아가는 게 가능하다. 집 밖에서는 옷을 갖춰 입고 예의를 차리는 게 어렵지 않다. 하지만 현관문을 열고 들어오는 순간 나를 옥죄는 모든 걸 풀어헤치기 마련이다. 누구나 가정 내에서는 가감 없이 솔직하게 자신의 본모습을 드러낸다. 따라서 집 안에서는 부정적인 태도나 편견 등이 가감 없이 고스란히 전이된다. 특히, 부모의 정서 상태는 아이를 대하는 태도에 영향을 미칠 수밖에 없다. 부모가 즐거우면 아이와 몸으로 신나게 놀아 주지만, 부모가 우울하면 아이 존재가 귀찮게 여겨진다. 이런 부모와의 상호 작용 속에서 아이의 감정도 무럭무럭 자라게 된다. 감정은 이런 식으로 알게 모르게 자녀에게 대물림된다. 자녀가 행복하게 살기를 바란다면, 부모 먼저 행복한지 생각해 보라. 부모가 행복하다면, 자녀가 행복할 확률이 그만큼 높다.

가족은 세대와 성별이 교차하면서 일상생활이 끊임없이 이루어지는 장소다. 가족 위계질서, 역할 기대와 역할 갈등, 집단주의적 가족 가치관 등으로 인해 가족 구성원 간 인권이 충돌되는 현장이기도 하다. 부부간 갈등뿐 아니라, 부모 자녀 간 갈등도 피할 수 없다. 행복한 가족이란 가족을 이루는 구성원 모두가 지위와 역할에 상관없이 인간으로서 존엄과 가치를 누릴 때 가능하다. 인간으로서 존엄과 가치를 누릴 수 있는 행복 추구권은 누구에게나 있다. 부모와 자녀가 가족 내에서 다 함께 행복해지려면 한 사람도 소외되지 않고 자기 목소리를 낼 수 있어야 한다. 가족 간에 문제나 갈등이 생기더라도 서로 대화를 통해 문제 해결 방법을 찾는 것이 필요하다. 무엇보다 가족 협상의 목표는 아이디어를 함께 발전시켜 나가는 데에 있다. 이 과정에서 아이를 포함한 모든 가족 구성원의 관점과 견해를 주고받는 게 중요하다. 함께 의견을 내고 결과를 도출할 때, 그 결과에 대한 책임은 가족 모두의 몫이 된다. 그 누구도 무언가에 대한 책임을 홀로 질 필요가 없고, 혼자 모든 걸 해결하지 않아도 된다. 가족 구성원이 공동으로 끌어낸 결론은 모두가 흔쾌히 따르게 된다.

가족이라는 맥락 안에서 가족 구성원 모두는 각자의 역할과 권리의 적절한 균형을 잡을 수 있어야 한다. 어떤 경우라도 가족 안에서 '나'를 잃지 않으면서 건강한 가족 관계를 유지하도록 애쓰는 게 중요하다. 가족 구성원이 서로의 권리를 이해하고 존중하고, 서로 공감하고 소통하면서 갈등을 잘 관리하고 해결할 때 행복은 찾아온다. 행복한 삶이란 즐겁고, 의미 있고, 적극적이어야 한다는 데 많은 행복학자는 동의하고 있다. 부모와 자녀와의 시간도 즐겁고, 적극적이며, 의미 있는 시간이 되도록 노력해야 한다. 아동기에 행복하면 앞으로도 행복할 가능성이 높다는 점을 기억하자.